全国教育科学"十三五"规划2018年度教育学一般课题（BCA180090）成果

农村教学点课堂教学行为研究

基于数字双轨学校的案例

陈 实 王继新 左明章 著

科学出版社

北 京

内 容 简 介

本书聚焦我国农村地区基础教育中的教学实践与数字化转型,以"数字双轨学校"为研究案例,通过田野调查、课堂观察与深度访谈,揭示农村教学点面临的资源短缺、师资薄弱等现实挑战,同时探讨"线上+线下"双轨教学模式如何通过数字技术赋能课堂,优化教学行为,促进教育公平。本书还结合具体教学场景,系统剖析了农村教学点的专递课堂教学点规模与学习行为的相关性、数字双轨学校课堂师生交互形式、教学信息传递中社会线索的弱化对数字双轨学校学生学习效率的影响、数字双轨学校课堂教学画面类型与学习效果的相关性、农村教学点教室空间形制及助教非言语行为对学习效果的影响等,总结了双轨教学模式在课程设计、师生互动、学习效果提升等方面的实践经验,为农村教育创新提供了可复制的路径参考。

本书适合教育政策研究者、农村一线教师、教育技术开发者及师范院校师生阅读,也可供关注教育均衡发展、农村数字化转型的学者、实践者及政策制定者参阅。

图书在版编目(CIP)数据

农村教学点课堂教学行为研究:基于数字双轨学校的案例 / 陈实,王继新,左明章著. -- 北京:科学出版社,2025.6. -- ISBN 978-7-03-082207-9

Ⅰ.G632.421

中国国家版本馆 CIP 数据核字第 20251H5P97 号

责任编辑:朱丽娜　高丽丽 / 责任校对:王晓茜
责任印制:徐晓晨 / 封面设计:有道文化

科学出版社 出版
北京东黄城根北街 16 号
邮政编码:100717
http://www.sciencep.com

北京建宏印刷有限公司印刷
科学出版社发行　各地新华书店经销
*
2025 年 6 月第 一 版　开本:720×1000　1/16
2025 年 6 月第一次印刷　印张:15
字数:255 000
定价:108.00 元
(如有印装质量问题,我社负责调换)

目　录

第一章　我国农村教育及其研究概述 …………………………………… 1
　第一节　我国农村教育的发展历程 ………………………………………… 2
　第二节　新时代农村教育发展的机遇与挑战 …………………………… 10
　第三节　我国农村教育研究概述 ………………………………………… 19

第二章　农村教学点与数字双轨学校 …………………………………… 33
　第一节　农村教学点概述 ………………………………………………… 34
　第二节　数字双轨学校的类型 …………………………………………… 42

第三章　数字双轨学校教学信息传递的时空分析 ……………………… 73
　第一节　数字双轨学校教学环境分析 …………………………………… 74
　第二节　数字双轨学校教学信息传递的时空特点 ……………………… 86

第四章　数字双轨学校课堂教学行为分析方法与模型 ………………… 99
　第一节　数字双轨学校课堂教学行为分析要素 ………………………… 100
　第二节　数字双轨学校课堂教学行为分析方法 ………………………… 109
　第三节　数字双轨学校课堂教学行为分析模型 ………………………… 122

第五章　数字双轨学校教学点教学行为分析案例 ················· 133

第一节　专递课堂教学点规模与学习行为有效性相关分析——以湖北省咸宁市崇阳县实验小学音乐同步互动专递课堂为例 ············ 134

第二节　基于伯明翰 IRF 话语模式的小学音乐同步互动专递课堂师生交互形式及其效果分析 ············ 148

第三节　同步互动专递课堂教学画面类型与学习效果的相关性分析——以湖北省咸宁市崇阳县某美术教师的课堂为例 ············ 165

第四节　教室空间形制及助教行为对学生学习效果的影响研究——以湖北省咸宁市咸安区大坪教学点美术同步互动专递课堂为例 ············ 177

第五节　直播教学模式下的教学临场感表现质量评估探究——以山东省淄博柳泉中学 15 节直播课为例 ············ 193

第六节　基于 GCITIAS 的名师课堂教学行为研究——以山东省淄博柳泉中学为例 ············ 209

参考文献 ············ 229

第一章
我国农村教育及其研究概述

当代中国，通常把在农村实施的基础教育称为农村教育。[①]农村教育对于提高农村居民素质、推动经济与社会发展、促进农业科技进步等具有重要作用，能够为乡村振兴战略的实施保驾护航。然而，当前受城乡二元结构的影响，农村教育水平仍相对偏低，农村教育仍面临诸多挑战。本章首先介绍我国农村教育的发展历程，并分析新时代农村教育的发展情况，探讨信息技术应用给农村教育发展带来的机遇和挑战；随后，对我国农村教育的相关研究进行文献梳理及方法说明，为后续研究的开展奠定基础。

---

① 肖建彬. 中国教育问题分析：基于政策与实践的思考[M]. 广州：广东人民出版社，2015：119.

第一节　我国农村教育的发展历程

我国关于农村教育的探讨由来已久，最早可以追溯到清朝末年，因此本节以新中国成立这一伟大历史转折为界，将农村教育的发展历程分为"近代中国"和"新中国成立后"两个阶段展开介绍。

一、近代中国的农村教育

近代中国的农村教育经历了传统与现代交织的转型过程。19 世纪中叶至 20 世纪上半叶，农村教育仍以私塾为主体，延续科举制度下的儒家经典教育，但随着西学东渐及社会剧变，传统教育模式逐渐受到冲击。清末新政时期，新式学堂开始向乡村渗透，但受制于经费匮乏与观念滞后，普及程度有限。民国时期，乡村教育运动兴起，晏阳初、陶行知、梁漱溟等教育家推动平民教育与乡村建设实验，主张"教育救国"，通过扫盲、农业技术培训等方式提升农民素质，探索教育与社会改造的结合路径。与此同时，中国共产党在根据地开展大众化教育实践，创办夜校、冬学班，以识字教育为基础，融入革命思想与生产技能教学，构建"教育为工农服务"的新型模式。这一时期农村教育呈现多元探索特征，既面临战乱频发、资源短缺的困境，又承载着启蒙民众、重塑乡村的社会使命，为现代农村教育体系的建立奠定了基础，亦折射出近代中国社会变革的复杂性与阶段性特征。

（一）1840—1911 年

19 世纪末，以变法图存为主要目标的维新派人士最早开始关注农村教育的发展。康有为、梁启超等认为，近代中国国力衰微、国民思维僵化与八股取士制度密不可分，学校教学内容缺乏实用价值，使得国家在真正遇到时事问题时缺乏可用的人才，并据此提出"才智之民多则国强"[1]，上书请求光绪皇帝下诏普及乡立小学，并通过实施强制义务教育要求 7 岁以上的适龄儿童入学读书。同时，他们批判了古时三纲五常对女子的束缚，提倡男女均拥有受教育的权利。这些主张扩大了应接受教育的对象，使学校能够在乡村普及，农民子女也能够接受基础教育。但由于清政府的腐败统治，许多教育思想未能真正落实。

清末，在内忧外患的困境下，慈禧太后为巩固清政府的封建统治，以光绪皇帝的名义颁布"预约变法"，拉开了清末新政的序幕，其中涉及诸多教育改革措施，如兴办学堂、废除科举制度、制定学校系统改革方案等，这些政策对全国范围的农村基础教育产生了或多或少的影响。1904 年，张之洞主持制定《奏定学堂章程》(癸卯学制)，首次以国家法令形式确立新式学堂体系。虽然受到经费不足、灾祸频发等因素的影响，部分条例难以在全国普及，但各村均要求设蒙学，且儿童不入学父母将会被处罚等，使得农村教育的实施有了正式的法律保障。

(二) 1912—1926 年

辛亥革命胜利后，清末教育发生了一些改变。1912 年 9 月，教育部颁布《小学校令》，对乡、镇等基层行政单位的教育原则和行政领导等做出了明确指示[2]，这对农村教育的发展具有重要的引领作用，促进了民国时期基础教育的发展。在经过长时间的改制和研究后，1922 年"壬戌学制"正式颁行，其作为中国近代史上持续时间较长的一个学制，明确提出教育应易于普及，在注重公平性和生活性的同时，为各地留有一定的伸缩余地。在此后较长的时间里，关于农村教育的相关政策和发展文件均以此作为核心内容进行拟定，这对农村教育的发展方向和宏观把控具有重要的导向作用。

---

[1] 转引自璩鑫圭，童富勇. 中国近代教育史资料汇编·教育思想[A]. 上海：上海教育出版社，2007：142-143.

[2] 中国第二历史档案馆. 中华民国史档案资料汇编（第三辑 教育）[A]. 南京：江苏古籍出版社，1991：443-447.

（三）1927—1936 年

1927 年，军阀混战频发，地主阶级对农民的剥削进一步加剧，教育经费被人为缩减，农村教育的发展举步维艰，大量适龄儿童失去受教育的机会。面对这一严峻的社会现象，陶行知、梁漱溟等开始对如何挽救中国乡村进行探讨，成了农村教育的先驱。陶行知提出"平民教育是到民间去的运动，就是到乡下去的运动"[①]，教育的目的是提高农民的文化素养和道德水平，在教育过程中应充分利用农村生活中的各种资源，将其融入教育中，让学生在实践中学习知识、掌握技能，这样不仅可以提高农村教育的效果，还可以提高学生的实践能力，为农村发展提供更多的人才支持。梁漱溟认为，乡村是中国文化的根，只有从农村教育着手重塑中国传统文化，才能促进整个社会的进步。同时，他提出的"社会式教育"思想，将教育纳入整个社会系统中，使得农村教育和乡村建设相结合，通过教育的力量推动乡村建设整体进步。[②]除此之外，如晏阳初提出的"文艺、生计、卫生、公民"四大教育，黄炎培主张的以职业教育为抓手提高农村经济发展水平等理念，都引起了知识分子对农村教育的重视，推动着教育逐步由城市向农村转移。

（四）1937—1944 年

1937 年，抗日战争全面爆发，全国人民同仇敌忾面对外敌。在社会动荡不安的背景下，农村教育事业发展受到严重阻碍，在"抗战建国"基本国策的引导下，农村教育开始进入调整发展状态。1937 年 8 月，中共中央政治局在洛川开会时发布《抗日救国十大纲领》，提出教育应为抗战服务[③]；同年 8 月，国民政府颁布《总动员时督导教育工作办法纲领》，要求各地区学校在发生战争时尽可能地维持正常教学，并设法扩容接收战区学生[④]。1940 年 3 月，中共中央发布《中央

---

① 华中师范学院教育科学研究所. 陶行知全集（第一卷）[M]. 长沙：湖南教育出版社，1984：494.
② 中国文化书院学术委员会. 梁漱溟全集（第二卷）[M]. 济南：山东人民出版社，2005：150-152.
③ 新华社. 洛川会议（1937 年）[EB/OL]. （2009-09-25）[2025-05-10]. https://www.gov.cn/test/2009-09/25/content_1426413.htm.
④ 陈杏年. 抗战时期国民政府的教育政策论略[J]. 徐州师范学院学报，1995（2）：12-17.

关于开展抗日民主地区的国民教育的指示》①，规定各村至少需要有一所中心小学或模范初级小学，以此建立覆盖面较广的学校网络，促进基础教育的进一步普及；1940年4月，国民政府教育部则颁布了《国民教育实施纲要》，通过政治力量推动地方教育发展。②为应对时局变化，各地政府尝试整合学校组织及基层行政体系，以加强国家对基层学校的影响及控制，因此这一阶段的农村教育受到全国统一国民教育制度的约束，承担着普及知识、输送人才的重要功能。

（五）1945—1948年

抗日战争胜利后，百废待兴，国内外环境发生了变化，各地政府在明确复兴教育的基础上，进一步提出全面普及国民教育的拓展方案。1945年，晋察冀边区行政委员会颁发的《关于普遍深入开展冬学运动的指示》指出，解放区人民在经历抗日民主教育后，政治觉悟得到明显提高，而基础文化知识的学习迫在眉睫，因此应着重在农村群众中开展识字运动，并将其与时事教育紧密联系。③1946年，国民政府教育部颁布《全国实施国民教育第二次五年计划》，其中详细规定了教育的实施程序、经费分配及学龄儿童入学的强制性，并提出战时失学的民众也可以参与学校学习，保障了国民接受教育的权利，对农村基础教育发展起到了重要的政策保障作用。1948年后，国民党在解放战争中失利，关于国民教育的发展更多是以加强思想控制为目的，关于三民主义原则的教育法规逐渐失去了意义。

二、新中国成立后的农村教育

新中国成立后，农村教育逐渐步入正轨，焕发出勃勃生机，大体可以分为

---

① 蒋积伟. 抗战时期新民主主义话语的建构（2）[EB/OL].（2015-08-24）[2023-10-08]. https://cpc.people.com.cn/n/2015/0824/c69120-27507818-2.html.
② 于建琳，宣朝庆. 儿童国家化与现代国家建设——观念链引发的积极儿童福利实践[J]. 青年研究，2022（4）：26-34，95.
③ 徐继存等. 中国乡村教化百年嬗变[M]. 北京：中国社会科学出版社，2019：116-118.

"探索发展期""稳步发展期""全面发展期""快速发展期"四个时期。

(一)探索发展期(1949—1976年)

中华人民共和国中央人民政府成立,毛泽东主席宣布接受《中国人民政治协商会议共同纲领》为本政府的施政方针。该纲领明确规定"中华人民共和国的文化教育为新民主主义的,即民族的、科学的、大众的文化教育",为新中国农村教育的发展指明了方向。

1957年,在北京召开第三次全国教育行政会议,要求中学的布局要面向农村发展,打破了20世纪上半叶普通中学多集中在城镇的教育格局,进一步完善了农村教育体系。同年,《1956年到1967年全国农业发展纲要(修正草案)》颁布后,全国兴起了群众办学的新高潮。1958年9月,中共中央、国务院发布了《关于教育工作的指示》,在该文件的指导下,再一次掀起全民办学的高潮,农村小学教育快速发展。在新中国成立后的17年中(即1949—1966年),农村基础教育实行公办为主、民办为辅、国家与集体并举的办学体制,在发扬老解放区优良教育传统、吸取有益经验、借鉴苏联模式的基础上,初步形成了一个从无到有、由小到大的农村中小学教育体系。[1]

"文化大革命"时期,刚刚建立的农村教育体系遭受严重破坏,农村教育也经历一个畸形发展的时期,表现为贫下中农管理学校、学校下放、教师遭返、学制缩短、课程精简。总而言之,农村教育革命的核心是以广阔的农村为校园,实行开门办学,请农民到学校讲课,到生产合作社参加劳动。这一时期,农村教育大规模普及,但农村中小学教育教学秩序不佳、教学质量下降。[2]

(二)稳步发展期(1977—1984年)

1978年,国务院批转教育部《关于加强中小学教师队伍管理工作的意见》,全面整顿中小学教师队伍,农村教育重新焕发生机。同年12月,党的十一届三中全会确立了解放思想、实事求是的指导方针,在教育战线上推翻了"两个凡

---

[1] 王慧. 中国当代农村教育史论[M]. 北京:光明日报出版社,2014:10.
[2] 王慧. 中国当代农村教育史论[M]. 北京:光明日报出版社,2014:40-55.

是"，推动了农村教育的发展。有学者指出，新的教育指导思想和教育方针应当充分体现教育为社会主义现代化建设服务、以教为中心，要反映教育与生产力的关系，认识到教育促进经济发展的巨大功能，确立一个具有时代特点的完整的培养目标[1]，为建立科学的农村教育观指明了方向。

1982年，党的十二大将教育列为经济发展的战略重点之一。时任教育部部长何东昌在文章中表示："把教育提高到全党战略重点之一的地位，在党的历史上这还是第一次。这是对社会主义建设规律认识上的一个飞跃。实践必将证明，十二大对社会主义现代化建设具有深远的意义，也是我国教育发展史上的巨大转折。"[2]同年5月，《人民日报》发表社论《大力加强农村教育事业》，指出农村教育发展滞后，同现代化建设的矛盾日益尖锐，强调了发展农村教育的迫切性。[3]在此背景下，部分省市对农村教育改革的方向展开积极探索，部分地区对管理体制、办学方向、教育结构等进行了初步改革，走上了健康、全面发展的轨道。

（三）全面发展期（1985—1993年）

1985年，中共中央颁布《关于教育体制改革的决定》，明确了农村教育改革的政策和方向，拉开了农村教育综合改革的序幕。该文件提出了"分级管理"，即将"农村教育"和"城市教育"区分开，分属不同层级的行政和财政管理。具体到农村教育，即实行县、乡（镇）两级管理，县、乡、村三级办学。这一体制改革使地方政府对农村教育更加重视，有效改善了农村学校的办学条件。1986年，《中华人民共和国义务教育法》颁布，各地实施"村村办学"的分散布局模式，以满足偏远地区适龄儿童的就学需求[4]，促进了农村九年义务教育的普及。

1987年，国家教委召开"海城会议"，明确农村教育的目的是为当地培养人才，促进当地经济、社会发展和农村社会主义建设，扭转了农村不合时宜的办学方向，促进了基础教育课程"乡土化"。[5]同年2月，国家教委提出"燎原计划"，至1988年正式实施，将农村教育目的的理论设想落地，成为农村教育综合

---

[1] 潘益大. 关于教育方针的探讨[N]. 文汇报，1980-11-04（003）.
[2] 何东昌. 十二大指明了开创教育事业新局面的道路[J]. 江苏教育，1982（11）：2-5.
[3] 转引自：王慧. 中国当代农村教育史论[M]. 北京：光明日报出版社，2014：60.
[4] 雷万鹏，张雪艳. 论农村小规模学校的分类发展政策[J]. 教育研究与实验，2011（6）：7-11.
[5] 转引自：王慧. 中国当代农村教育史论[M]. 北京：光明日报出版社，2014：105.

改革的"突破口"和"助推器"。

1992年，党的十四大提出"到本世纪末，基本扫除青壮年文盲，基本实现九年制义务教育"的"两基"目标。后来，相继发布《中国教育改革和发展纲要》《关于深化教育改革全面推进素质教育的决定》等一系列文件，对农村教育改革产生了深远影响。

经过这一时期的全面发展，农村教育综合改革取得了明显成效，农村劳动力素质普遍提高，促进了农村的经济发展和文明进步，初步探索了义务教育经费的投入体制，转变了农村学校的办学思想，初步改变了单一的普通教育模式，各类学校的整体实力得到加强。[①]

（四）快速发展期（1994年至今）

1995年，国家教委印发《关于深入推进农村教育综合改革的意见》，提出农村教育综合改革要继续坚持"点上深化，面上推广"的教育方针。也就是说，要在优秀的改革试点继续深化，将上一阶段的优秀经验推广开来，以更好地实现"两基"目标。

2001年，《国务院关于基础教育发展与改革的决定》确立了农村义务教育"以县为主"的管理体制，并指出因地制宜地调整农村义务教育学校布局。因此，自2001年起，各地政府纷纷制定本地区的农村中小学布局调整规划，具体来说，就是大量撤销农村原有的中小学，使学生集中到小部分城镇学校，俗称"撤点并校"。在调整过程中，"两极分化"现象明显，一些经济较发达农村地区因地制宜、实事求是地合理调整中小学布局，提高了"撤点并校"后中心校的规模效益及教师教学水平；有一些地方政府不能科学合理、因地制宜地执行调整政策，盲目撤并和缩减当地的农村中小学校，片面追求办学的集中和学校规模的扩大，不切实际地要求各村的初中、小学完全集中到乡镇中心学校，有的地方甚至立下"三年任务，一年完成"的"宏伟"目标，不少原本能就近入学的农村儿童及其家庭居住地离学校较远，陷入求学困境，由此出现了学生上学远、上学难，辍学率反弹，以及被暂时保留的农村教学点生存困难等问题。[②]"撤点并校"虽

---

① 王慧. 中国当代农村教育史论[M]. 北京：光明日报出版社，2014：113-118.
② 庞丽娟. 当前我国农村中小学布局调整的问题、原因与对策[J]. 教育发展研究，2006（4）：1-6.

然在一定程度上集中了地方教育资源，但也给农村小规模学校和教学点带来了教学压力，城乡教育质量的差距进一步拉大。

21世纪以来，教育信息化逐渐进入大众视野。2002年，《教育信息化"十五"发展规划（纲要）》颁布，开始对基础教育信息化加大经费投入，加快软硬件平台建设、加强技术应用。2003年，教育部办公厅、国家发展改革委办公厅、财政部办公厅印发《关于实施现代远程教育工程试点示范项目的通知》，启动"现代远程教育工程试点示范项目"，实施教学光盘播放点、卫星教学收视点、中心学校计算机教室3种模式的试点项目。2004年，在总结试点项目经验的基础上，《农村中小学现代远程教育工程总体实施方案》（简称"农远工程"）正式颁布，农村教育信息化进入全面实施阶段；到2007年底，"农远工程"共计投资110亿元，配齐了基础设施，进入深化应用阶段；到2010年底，"农远工程"基本完成了教育资源建设的阶段性任务，为农村中小学提供了信息化环境和信息资源[1]，有效缩小了城乡教育环境的差距，提高了农村教育质量，减轻了农村教学点的教学负担。

2010年，《国家中长期教育改革和发展规划纲要（2010—2020年）》提出"均衡发展"的理念，要求"加快缩小城乡差距。建立城乡一体化义务教育发展机制，在财政拨款、学校建设、教师配置等方面向农村倾斜。率先在县（区）域内实现城乡均衡发展，逐步在更大范围内推进"。这促使各地大规模推行以城带乡、城乡合作发展的城乡教育一体化发展模式，标志着城乡教育迈入均衡发展的新阶段。此后，农村教育进入新的发展阶段。[2]

---

[1] 汪基德，冯永华."农远工程"的发展对我国基础教育信息化的启示[J]. 教育研究，2012（2）：65-73.

[2] 杨聚鹏，吴珊. 城乡教育一体化政策的百年历程及启示[J]. 宁波大学学报（教育科学版），2023（5）：26-35.

第二节　新时代农村教育发展的机遇与挑战

2012年11月，党的十八大召开，标志着中国特色社会主义进入新时代。在新时代社会经济发展方针的指引下，依托科技进步与信息技术的普及，农村教育迎来了新的变革，同时也面临着新的机遇与挑战。

一、新时代农村教育发展的机遇

信息时代，教育的发展走上了"快车道"，但由于城乡教育基础的差异，农村教育很难跟上城市教育的发展，城乡教育发展失衡，追求更大规模、更高质量的"教育公平"成为民之所向。

（一）国家政策不断向农村倾斜

为了解决我国城乡发展失衡问题，进行资源的有效配置，党的十八大报告指出"促进城乡要素平等交换和公共资源均衡配置，形成以工促农、以城带乡、工农互惠、城乡一体的新型工农、城乡关系"，要求统筹发展，进一步推进"以城带乡"。

2012年，全国教育信息化工作第一次电视电话会议首次提出要发展"三个课堂"，集中力量开发音乐、美术、英语、科学等短缺课程，加快优质教育资源共享。

2014年，中央编办、教育部、财政部印发《关于统一城乡中小学教职工编制标准的通知》，目的是统一城乡教师待遇。2015年，国务院发布《乡村教师支持计划（2015—2020年）》，旨在形成"下得去、留得住、教得好"的局面，大力推动城市教师向乡村流动，提升了农村教师的获得感和幸福感，减少了农村地区教育人才的流失。

2017年，党的十九大报告提出了乡村振兴战略。2018年，习近平总书记进一步强调要实现"乡村产业振兴、人才振兴、文化振兴、生态振兴、组织振兴"[1]。这五个方面都离不开农村教育的发展，只有农村教育不断为乡村建设培养人才，乡村才能真正振兴。党的十九大还提出了"城乡融合发展"的理念，意味着城乡教育进入融合发展的新阶段。[2]

2018年，国务院办公厅发布《关于全面加强乡村小规模学校和乡镇寄宿制学校建设的指导意见》，明确了对农村中小学的规划、办学条件、师资、资金保障、办学水平、组织领导等方面的要求，高度重视农村教育。

2019年，中共中央、国务院印发《关于深化教育教学改革全面提高义务教育质量的意见》，强调"优化教师资源配置"，加大县域内城镇与农村教师的双向交流，加强薄弱学校的建设。

2020年，教育部印发《关于加强"三个课堂"应用的指导意见》，继续推动"专递课堂""名师课堂""名校网络课堂"的建设，提高农村教育质量，促进城乡教育公平。

党的二十大报告指出，办好人民满意的教育，加快建设高质量教育体系，加快义务教育优质均衡发展和城乡一体化，优化区域教育资源配置，发展素质教育，促进教育公平。

2023年，中共中央办公厅、国务院办公厅印发《关于构建优质均衡的基本公共教育服务体系的意见》，提出要优先发展乡村教育，全面推进城乡学校共同体建设，健全城乡学校帮扶激励机制，确保乡村学校都有城镇学校对口帮扶，科学制定城乡学校布局规划，进一步加强寄宿制学校建设，办好必要的乡村小规模学校。此外，该文件还特别强调"发达地区不得从中西部地区、东北地区抢挖优秀校长和教师"，以此保障欠发达地区的教育质量。

从"有学上"到"上好学"，从"全面普及"到"优质均衡"，可以看出，为

---

[1] 习近平对实施乡村振兴战略作出重要指示[EB/OL].（2018-07-05）[2025-05-30]. https://www.gov.cn/xinwen/2018-07/05/content_5303799.htm.

[2] 杨聚鹏，吴珊. 城乡教育一体化政策的百年历程及启示[J]. 宁波大学学报（教育科学版），2023（5）：26-35.

了解决城乡教育不均衡的问题，发展农村教育，国家政策在不断向农村倾斜，为新时代农村教育的改革发展指明了方向。质量为本，农村学校要紧扣育人质量，丰富农村教育发展的内涵，全面提升农村学生的整体素质，实现乡村教育振兴。

（二）信息化办学环境及教学实践的发展

党的十八大以来，我国更加重视农村学校标准化建设，2012—2021年，我国财政性义务教育经费从1.17万亿元增加到2.29万亿元，占国家财政性教育经费投入的比例始终保持在50%以上[①]，农村办学环境得到极大改善，信息化教学水平不断提高。

《中国农村教育发展报告2020—2022》显示，2020年农村小学生人均教学仪器设备值为1652元，比2015年增长了93.67%，高出全国平均增幅20.39个百分点；农村初中生均教学仪器设备值为2541元，比2015年增长了67.72%，略高于全国平均增幅；农村每百名小学生拥有教学用计算机为11.9台，比2015年增长了54.66%，显著高于全国平均水平（38.82%）；全国每百名初中生拥有教学用计算机为16.3台，农村初中为15.6台，比2015年增长了31.09%，也高于全国平均增幅（28.35%）；农村小学建立校园网学校比例为67.3%，比城市小学低17.2个百分点；全国农村初中建立校园网学校比例为74.1%，比城市初中低12.6个百分点。[②]

为助力农村学校和教学点开齐、开好课，更好地利用信息技术提升教育教学效果，促进县域义务教育的均衡发展，在信息化教学实践中发展出了"双师教学"模式、共同体模式等适应农村教育的教学实践模式。

1. "双师教学"模式

2015年，汤敏提出了"双师教学"模式，旨在借助信息技术实现发达地区与欠发达地区共享优质教师资源。[③]"双师"即两位教师，一位是视频中的优秀教师，另一位是本地教师。本地教师利用优秀教师现场录制的上课视频进行教学，当优秀教师提出问题后，本地教师停止播放视频，与学生进行答疑互动。

[①] 高毅哲，林焕新. 十年，义务教育实现县域基本均衡发展[N]. 中国教育报，2022-06-22（001）.
[②] 邬志辉，秦玉友等. 中国农村教育发展报告2020—2022[M]. 北京：科学出版社，2022：7-8.
[③] 汤敏. 用"双师教学"模式改造乡村教师培训[J]. 中国教师，2015（19）：78-80.

"双师教学"模式使用简单、可操性强，不仅有助于解决农村教学点开不齐、开不好课的问题，而且能够对本地教师进行培训。此外，还可以将"国家中小学智慧教育平台"上的资源作为课堂教学的辅助材料，让视频中的优秀教师负责知识的传授和讲解，本地教师负责引导学生开展学习活动，提高教学质量。

2. 共同体模式

在教育改革中，人们一直在努力探寻能够有效促进基础教育均衡发展的模式、手段或方法。可以说，"教学共同体"理念为教育的改革和发展提供了一种新型教学组织形式，能够有效地推动成员学校间的协同互助与共同发展。[1]

教学共同体主要是指学校（包括教学点）之间建立的以课堂教学为核心，以学习任务为主线，实现跨校优质教育资源共享和教育均衡发展的一种新型教学组织形式。[1]共同体模式即基于"教学共同体"理念，将地理位置上相近的1所中心校和1—2个教学点组成共同体。中心校教师作为主讲教师，通过网络为教学点直播教学，教学点教师组织本地课堂教学，辅助主讲教师授课，同时在跟随式教学中提高专业素养及教学水平。[2]教学共同体内的教师一起完成教学任务，包括教学研讨、教研活动、教师发展等，学生共同完成学习任务，结成学伴，携手共进。

共同体模式实现了本地优质教师资源的共享，将线上和线下两种方式充分结合，扬长避短，促进了师生共同发展。

（三）教师队伍建设成效显著

党的十八大以来，国家聚焦农村教师队伍建设，不断补齐政策短板，加强政策之间的历时协同、部门协同和措施协同，出台了《乡村教师支持计划（2015—2020年）》《关于加强新时代乡村教师队伍建设的意见》等顶层设计文件，建构了一支补充机制多元化、结构科学合理、支持服务体系完善、留任意愿高且专业化水平明显提升的乡村教师队伍。[3]

---

[1] 方林佑. 虚拟教学共同体——大学教学模式的新探索[J]. 中国大学教学，2013（1）：43-45.
[2] 张伟平，王继新. 信息化助力农村地区义务教育均衡发展：问题、模式及建议——基于全国8省20县（区）的调查[J]. 开放教育研究，2018（1）：103-111.
[3] 姚岩. 党的十八大以来我国农村教育的改革与发展[J]. 中小学校长，2022（10）：18-22.

我国现已建立起包括"特岗计划"、公开招聘毕业生、本土定向培养、城乡教师交流轮岗、退休支教等多种方式在内的农村教师补充机制，成效显著。农村学校师资供给日益充裕，师生比由 2001 年的 1∶22.68 提升至 2018 年的 1∶11.51。①数据显示，2020 年，我国农村教师队伍中 35 岁以下的青年教师占比 43.4%，男教师占比接近 40%，本科以上学历的教师占比 51.6%，具有中级以上职称的教师占比 44.7%，教师队伍结构趋于科学、合理。②

（四）"三个课堂"政策全面推进

"三个课堂"作为扎根于本土的教育信息化创新实践探索，回应了中国教育现代化进程中的"公平"和"质量"两大时代主题。2012 年以来，随着经济的发展、社会的进步，教育公平问题日益凸显。在东西部地区和城乡教育差距短期内无法迅速弥合的大背景下，"三个课堂"在实践中被证明是利用信息技术优化资源配置、促进义务教育优质均衡发展行之有效的途径，其价值不是通过学术理论上的建树得以彰显，而是通过现实问题的解决获得普遍认可。③

许多地区通过跨区域教学共同体建设的规模化实践，落实对"三个课堂"政策的应用，在一定程度上缓解了农村地区师资力量不足、教学质量不高、专业学科教师缺乏等问题，让农村学校有机会享受与城市学校一样的教学资源，对于缩小区域、城乡、校际的教育发展差距裨益良多。④如今跨区域同步教学项目已在全国大部分地区开展，打造基于"专递课堂""名师课堂""名校网络课堂"的跨区域教学共同体，正逐渐推动农村学校的课堂教学转型升级、教师研修提质增效。例如，2020 年，广州市番禺区教育局对口帮扶毕节市赫章县 280 所成员学校，通过网络与实地指导相结合的方式传递名校办学特色，输出优质课堂范例，培训师资，不断提升成员校的自我"造血"功能，且保留各地域成员校原有的文

---

① 秦玉友. 农村义务教育师资供给与供给侧改革[J]. 教育研究，2020（4）：139-151.
② 任友群. 深化强师举措 激发制度活力 用心书写教师队伍建设新篇章[EB/OL].（2020-09-04）[2023-10-08]. http://www.moe.gov.cn/fbh/live/2020/52439/sfcl/202009/t20200904_485107.html.
③ 郑旭东，饶景阳，贾洋洋. "三个课堂"促进义务教育优质均衡发展：演进历史、战略价值、关系解析与概念框架[J]. 现代教育技术，2021（6）：14-22.
④ 赵冬冬，曾杰. "互联网+"视域下跨区域教学共同体建设研究——兼议"三个课堂"应用[J]. 中国电化教育，2021（2）：97-104.

化特色，形成自发生长的动力。①又如，青岛市积极采取集团化办学方式，推进教育从县域均衡向市域均衡跨越，形成了"名校+新校""城校+农校"等一系列合作办学模式，打破了原有的校际壁垒，实现了优秀师资、优质资源的高效流转。②

2020年，教育部印发《关于加强"三个课堂"应用的指导意见》，强调全面推进"三个课堂"的应用是信息化促进教育公平的实践重心。但是，由于各地办学水平不同、教育质量悬殊，所遇到的困难和政策执行方式也各有差异。受到各地基础条件和原有教育信息化发展路径的影响，政策落实执行的渗透性和持续性参差不齐，也暴露出实施方案缺乏统筹规划、信息化公共资源浪费严重等现象，凸显了教师信息技术应用效能较低、信息化融合程度不高、校际联盟协作性弱等诸多问题。①

二、新时代农村教育发展面临的挑战

新时代，城乡经济差异依然存在。农村人口流向城市，导致乡村生源"空心化"与留守儿童教育缺失，农村教育师资力量存在结构性短缺且流动性大。农村教育从教育观念到课堂教学实践，依然面临巨大挑战。破解困境，需要政策精准发力、多方协同，推动从"有学上"向"上好学"转型。

（一）教育观念难向"为农"转变

农村教育现代化是全面实现我国教育现代化建设的重点和难点。2021年，中共中央、国务院印发的《关于全面推进乡村振兴加快农业农村现代化的意见》提出开展耕读教育，强调农村教育"为农"。但是，在教育现代化不断推进的过程中，在现代性的裹挟下，农村教育观念严重"离农"。不少农村将现代化与城市

---

① 胡小勇，曹宇星，宋宇等."三个课堂"促进新时代教育公平发展的研究[J]. 中国电化教育，2021（10）：1-7.

② 刘鹏照. 集团化办学：扩增优质资源的创新之路[J]. 教育家，2020（36）：46-48.

化画等号，在盲目追求现代化的过程中，逐渐忽视了农村教育存在与发展的本源。①功利化使得农村教育的教育性本质被遮蔽，加速了农村教育在时空中的"失位"，使得农村教育严重异化。②

"离农式教育"，即将学习作为摆脱农民身份、离开农村的跳板，这对农村的发展非常不利。在发展农村教育的过程中，一些学校没有考虑将农村教育与农村发展相结合，一味地模仿城镇学校的办学理念和教学方法。这些学校通常只注重文化学习，推崇应试教育，将考试和分数作为衡量学生的标准，教育观念很难向"为农"转变。与此同时，在信息化时代，农村家庭也开始意识到教育的重要性及城乡教育的差距，便用"努力读书，走出大山，去大城市"之类的话语激励孩子认真学习，教育观念愈发"离农"。长期的耳濡目染，使得许多孩子开始对农村生活和农村劳动产生排斥。在农村教育"离农"倾向严重的大环境下，年轻人大多留在大城市发展或进城务工并且不愿意再回到农村，造成人才流失严重、乡村人才紧缺，乡村振兴难以实现。

（二）农村教育"小、差、弱"的状况依然存在

党的十八大以来，农村教育虽然在总体上有所改善，但不少农村地区的教育仍存在"小、差、弱"的问题，与城区的差距依旧难以显著缩小。

农村教育的典型形式之一是农村教学点。农村教学点规模较"小"，缺乏规模效益，生均资本性成本和生均人员成本相对较高。③农村教学点的学生总数大都在十几人到几十人，教师人数约为该教学点的年级数，即平均每名教师负责一个年级的大多数课程（包括语文、数学、英语、音乐、美术、体育、劳动等），有的教师甚至要负责多个年级的课程。④因此，课程和教学活动类型比较单一，学生文化接触不足，教师身兼多职，工作繁重，师生的竞争意识不强。另外，一个教学点能够分配的教育资源较少，经费不足，教学质量普遍不高。

首先，农村教学点生源较"差"。从地理分布上看，农村教学点主要分布在

---

① 陶青青. 乡村性的流失与重塑：基于空间、产业和身份的视角[J]. 理论与改革，2023（2）：61-72.
② 张桂. 乡村教育的位育之道：基于加速逻辑的哲学反思[J]. 当代教育论坛，2023（1）：108-114.
③ 雷万鹏，张雪艳. 论农村小规模学校的分类发展政策[J]. 教育研究与实验，2011（6）：7-11.
④ 王继新，施枫，吴秀圆. "互联网+"教学点：新城镇化进程中的义务教育均衡发展实践[J]. 中国电化教育，2016（1）：86-94.

山地和高原地区，地处偏远、交通不便。农村教学点所处的地区经济发展缓慢，很多学龄儿童的父母外出打工，由于长期缺乏父母的陪伴和关注，这些儿童更容易出现焦虑、自卑、孤独、自我否定等心理问题，缺乏学习积极性，很难形成正确的学习态度、掌握科学的学习方法，学习成绩令人担忧。

其次，农村教学点师资较"弱"。党的十八大以来，农村教学点"开不齐课"的现象虽有所好转，但"开不好课"的情况仍然存在，"下得去、留得住、教得好"的教师队伍依旧较难形成，教学质量堪忧。《中国农村教育发展报告2020—2022》显示，2021年，全国农村小学平均师班比只有1.88∶1，农村小学专任教师配置明显不足；全国农村初中平均师班比为4.52∶1，农村初中存在相对超员情况。[①]全国农村普通高中专任教师还存在一定缺口。为了中心校的建设和发展，当地政府往往忽视了教学点的建设，且常用公用经费来支付代课教师的工资，这进一步挤占了本就不足的办学经费。[②]虽然从表面上看农村教学点基本开设了国家义务教育阶段规定的所有课程，但由于教师专业素质的限制，英语、音乐、美术、体育等很多学科的教学工作仍然无法正常开展。[③]

（三）"三个课堂"的实施面临困境与挑战

目前，"三个课堂"的实施仍面临以下困境与挑战。

第一，重建设而轻应用的现象普遍，造成信息化资源的严重浪费。有些学校对新技术盲目推崇，忽视了本校已有的教学媒体和服务情况。这导致师生对已有技术还没有完全熟悉，尚未深刻发掘其应用方式，就立马要去适应新技术，在"学技术"的道路上疲于奔命。

第二，各级教育部门及相应学校都有各自的发展规划与组织利益，步调较难统一，核心资源较难共享，成效风险较难共担，在推进"三个课堂"建设时，常因时间进程、实施细则与相关的考核办法协调不当难以执行。另外，不

---

① 《中国农村教育发展报告2020—2022》正式发布，全景素描农村教育现状[EB/OL].（2022-12-29）[2024-10-30]. https://www.nenu.edu.cn/info/3171/257111.htm.
② 范先佐，郭清扬，赵丹. 义务教育均衡发展与农村教学点的建设[J]. 教育研究，2011（9）：34-40.
③ 王继新，施枫，吴秀圆. "互联网+"教学点：新城镇化进程中的义务教育均衡发展实践[J]. 中国电化教育，2016（1）：86-94.

同组织、不同部门的角色分工不明，甚至互为分隔，缺乏明晰、统一的组织结构体系。

第三，受教师教学思路的影响和信息技术应用能力的限制，即便城乡学校的基础信息化设备配置均衡，其应用也会呈现出较大差异。[①]然而，开展教师信息化教学能力培训的往往是城市的优秀教师，其经验多产生于城市的教育环境，与农村等偏远地区的教育环境差异较大，大多数农村教师仍认为"三个课堂"就是"视频课""录像课"等的"课堂搬家"，缺乏创新应用意识。另外，一些学校仍以"应试教育"为目的，利用"三个课堂"主要培养学生的应试能力，教师无暇关注学生情感、品格、价值观等维度的发展。

第四，"三个课堂"技术产品的部分建设缺乏有效的顶层设计，导致部分地方的建设流于形式。许多教育研发企业提供的教育技术和产品背离了教育教学规律，不符合不同学科的技术应用情境，远离教学实际，导致"三个课堂"的应用复杂或不符合教育教学场景而被用户抛弃。[②]例如，音乐、体育、美术等教学场景必然不同于语文、数学、外语等教学场景，但实际中的技术应用无区别，导致信息技术的应用不符合教学实际。

时代在不断发展，人们对"公平"的呼声越发高涨，而教育公平更是备受关注。要实现教育公平，促进农村教学点的转型升级，扭转农村地区"离农"的教育倾向，提升农村教育的质量，必须对城乡基础教育发展失衡更加重视，深入推进基础教育均衡发展。借助信息技术手段实现优质教育资源覆盖农村教学点和薄弱学校，是目前解决农村教学点和薄弱学校发展难题的有效途径与策略。[③]

---

① Kumar B T S，Kumar S U S. The digital divide in India：Use and non-use of ICT by rural and urban students[J]. World Journal of Science，Technology and Sustainable Development，2018（2）：156-168.

② 李雅瑄. 技术赋能乡村教育振兴的推进现状及路径研究——以"三个课堂"创新应用实践为例[J]. 教育与装备研究，2023（7）：61-66.

③ 张磊. 基于双轨数字学校的教学共同体发展研究——以咸安"郭林路小学—盘源、干坑"教学共同体为例[D]. 华中师范大学，2017.

第三节　我国农村教育研究概述

党的十八大以来，城乡一体化进程不断推进，我国为应对城乡教育发展不平衡、教育短板明显等问题，增加了对偏远农村地区的投入，一系列举措推动了农村教育的发展。截至 2017 年底，我国的农村小规模学校已达到 10.7 万所。[①]2018 年，《乡村振兴战略规划（2018—2022 年）》正式发布，指出应加强农村思想道德建设，弘扬中华优秀传统文化，丰富乡村文化生活。乡村振兴，教育先行。乡村振兴战略的实施，为农村教育提供了良好的发展环境和资源支持，促进了农村教育的现代化。基于此，关于我国如何提升农村教学质量、信息化水平等的探讨不断深入，农村教育研究旨在改善农村地区的教育条件，提升农村居民的文化水平，促进农村地区的经济发展。

一、农村教育研究内容

关于农村教育的界定，不同学者从多个视角出发提出了不同的观点。杜育红将农村教育与城市教育进行区分，认为教育存在二元结构差异，应将农村教育置于时代变化的动态背景下，从社会制度、生产方式与生活方式三方面进行分析。[②]郝文武则对农村教育与乡村教育的关系进行了探讨，认为乡村教育主要是指乡村地区的学校教育，而农村教育包含乡村教育、县城教育及乡镇教育。[③]钱志亮和石中英认为，农村教育的目标应是提高农村居民的素质，因此农村教育

---

① 底部攻坚，补齐农村教育短板 党的十八大以来我国城乡义务教育一体化改革取得新进展[EB/OL].（2018-08-17）[2023-10-08]. http://www.moe.gov.cn/jyb_xwfb/moe_2082/zl_2017n/2017_zl71/201808/t20180817_345469.html.

② 杜育红. 农村教育：内涵界定及其发展趋势[J]. 华南师范大学学报（社会科学版），2013（1）：19-22, 157.

③ 郝文武. 农村教育和乡村教育的界定及其数据意义[J]. 教育研究与实验，2019（3）：8-12.

主要是义务教育，应与农村的职业教育有所区分。[1]基于此，本书认为农村教育是指在经济、文化相对不发达的农村地区开展的，以提高农村人口素质和促进农村社会经济发展为目标的教育活动。从特点上看，农村教育具有区域性和低层次性，其结构及功能相对简单，不易向多元化延伸，教育潜力难以得到完全开发。当前，我国对农村教育的研究主要集中在义务教育。联合国教科文组织提出，农村教育还应囊括非正规的服务于成人的扫盲教育、职业技能培训及全日制正规教育等，形成完整的教育体系，只有不断丰富农村教育的内涵，形成综合的教育体系，才能够提升农民的整体素质，适应社会主义新农村建设的需求。[2]

21世纪以来，随着国家政策的扶持，关于农村教育的探讨角度日趋多样化，数量不断增多，相关研究逐渐成熟，主要集中于农村教育内容、农村教育问题、教育扶贫、教育资源、教育公平等方面。

（一）农村教育内容与教育问题

学校教育发展的前提是有正确的方向，而关于农村教育应向何处去，是教育发展的根本问题之一。《中华人民共和国教育法》指出："教育必须为社会主义现代化建设服务、为人民服务，必须与生产劳动和社会实践相结合，培养德智体美劳全面发展的社会主义建设者和接班人。"这为农村教育的发展指明了方向。

1. 农村教育的内容

关于农村教育应为农村服务还是为城市服务，不同学者持不同的观点。以农村为中心的教育方向即"为农"思想。20世纪二三十年代，陶行知等教育家认为城市教育课程不适宜农村学生成长，指出中国乡村教育之所以没有实效，是因为教育与农业都是各干各的[3]，因此提出了教育应符合乡土需要进行根本改造。持该观点的学者大多认为，农村教育应立足农村社会，将促进农村地区经济发展作为根本目标，以此培育适宜农村经济发展需要的实用型人才。廖其发认为，农村

---

[1] 钱志亮，石中英. 关注中国农村教育[J]. 教育科学，2004（6）：60-61.
[2] UNESCO. Global education monitoring report 2020：Inclusion and education：All means all[EB/OL]. (2020) [2023-10-08]. https://unesdoc.unesco.org/ark:/48223/pf0000247039.
[3] 中国陶行知研究会. 陶行知教育思想研究文集[C]. 北京：人民教育出版社，1985：155.

基础教育应适当体现农村特色，这种特色可以表现在课程设置、教学方式、教育资源等多个方面[①]；苗睿岚指出农村基础教育应该回归乡土，为乡村文明现代化发展服务，以此提高农村基础教育的质量和效益[②]。随着中国经济社会快速发展，一些当代学者认为前述思想难以适应现代社会发展和当代不断变化的局势，因此"离农"思想应运而生。以城市为中心的教育方向即"离农"思想。这种观点认为，即使是农村教育，其最终目的也应该是为培养能够融入城市生活、服务城市建设的人才服务，进而提高农村人口的文化素质、职业技能和生活水平，促进农村的现代化进程。王剑和冯建军较早地关注到了农村教育城市化的现状，并对其优势和弊端进行了探讨，最后提出加大政府投入等政策建议。[③]当前，我国农村学校课程单一化、应试倾向突出的现象还不同程度地存在，关于农村教育内容的研究，应注重乡土课程开发、实践教育与素质教育的融合，缩小城乡学生综合素质的差距。

2. 农村教育的问题

我国农村存在诸多值得研究的、本土化的实实在在的教育问题，破解这些问题是改变我国农村教育发展滞后局面的关键。

首先是农村儿童教育。很多农村学生是留守儿童，父母长期外出务工，亲子分离，隔代抚养（祖辈监护），家庭教育功能弱化，情感支持缺失。成长环境的特殊性，导致一些学生在自律性方面出现差异，部分学生因缺乏监督，学习拖延、作业完成率低。农村教育的学科短板明显，英语、科学等学科基础薄弱，与城市学生的差距逐年拉大。一些儿童存在孤独感、自卑心理，青春期叛逆行为（如逃学、沉迷手机）的发生率较高。另外，一些儿童的人际交往范围狭窄，表达能力与合作意识不足。

其次是农村师资队伍建设。我国关于农村教师队伍问题的探讨可以追溯到20世纪80年代。杨家寿和黄启后以唯物辩证法的观点分析了20世纪80年代以来教育观念的变化，探讨了农村教育由适应普通教育转变到适应职业技术教育的背

---

① 廖其发. 农村基础教育应适当体现农村特色[J]. 湖南师范大学教育科学学报，2015（3）：5-10.
② 苗睿岚. 乡土回归与农村教育：农村基础教育的目标与定位[J]. 教育理论与实践，2017（16）：24-27.
③ 王剑，冯建军. 对我国农村教育城市化的审视[J]. 教育发展研究，2005（15）：22-24.

景和必要性，并结合在云南省 100 余所乡镇中学收集的调查数据，探索了师范专科教育的人才培养与办学模式。①新时代，我国农村教师队伍存在结构性短缺（音乐、体育、美术等学科）、职业倦怠、流动率高等问题，探索定向培养、待遇提升、专业发展等激励机制，是解决农村教育问题的关键。

最后是提升农村教育质量的策略。新时代，农村教育发展虽然取得了巨大成就，但其中存在的一些问题仍未得到有效解决，因此部分学者聚焦于研究农村教育发展遇到的问题及解决对策。陈红娜指出，受教育资源投入不足、缺乏系统的培训体系等因素的制约，农村教育模式过于滞后，并借鉴日本和韩国两国的相关经验，提出应通过政策倾斜建立多元化的农村教育体系。②邬志辉将我国农村教育面临的问题归纳为"内忧"与"外患"两方面：一方面，农村教育发展难以更好地助力社会主义新农村建设；另一方面，城镇化的持续推进使得农村教育发展面临变动。③魏龙飞和丁莉则认为，目前家长管理不到位、学校生源少、教师外流人数多等问题制约了农村教育的发展，并从政府、社会及家庭三个层面提出了相关措施。相关研究为政府制定政策提供了依据，有利于农村教育现代化进程的推进。④

（二）教育扶贫的理论与实践

教育扶贫即通过教育手段脱贫，是对生活在贫困标准下的个人或家庭进行知识、技能等教育，以此使贫困群众具有脱贫能力，促进贫困地区经济发展。2018年，《中共中央 国务院关于打赢脱贫攻坚战三年行动的指导意见》明确提出，"坚持扶贫同扶志扶智相结合"，"着力实施教育脱贫攻坚行动"。由于农村地区经济发展相对滞后，如果不重视农村贫困地区人口受教育的权利，留守农村的群体只能持续从事传统农业，无法掌握现代农业技术应用，乡村振兴难以实现，且进城务工人员仍将被动地从事产业链底端的工作，难以实现真正的"职业转移"。

---

① 杨家寿，黄启后. 农村教育转轨与师专办学机制[J]. 昆明师专学报（哲学社会科学版），1991（4）：1-7, 23.
② 陈红娜. 现阶段我国农村教育发展存在的问题与路径选择——基于亚洲国家之间的比较[J]. 教育教学论坛，2012（S5）：193-194.
③ 邬志辉. 中国农村教育发展的成就、挑战与走向[J]. 探索与争鸣，2021（4）：5-8.
④ 魏龙飞，丁莉. 当前农村教育发展面临的问题及对策[J]. 山西广播电视大学学报，2023（1）：48-50.

因此，关于开展农村教育扶贫，以提高农村人口的科学文化素质，最终实现全面脱贫目标的相关研究，引发了我国学者的探讨。

在理论研究上，有学者在认可教育扶贫效能和作用的基础上，开展了与此相关的研究。例如，在内涵探索中，张翔提出教育扶贫是一种除根性扶贫，是贫困地区扶贫开发的重要内容之一，并在此基础上分析了教育扶贫对象精准识别的重要性，探讨了精准识别的主体、客体和程序。[①]李兴洲则认为，可以通过教育手段提升贫困人口的生存和发展能力，在教育扶贫过程中，只有注重公平和正义，才能确保每一个人都能够获得平等的教育机会和资源。[②]相关研究使得我国教育扶贫理论趋于成熟，更多学者开始对具体的农村欠发达地区、不同教育扶贫方式等开展本土化的探讨。

在实践探索中，当前研究主要以个案研究为主。汤敏对其参与的"双师教学""青椒计划"进行了讨论，指出社会组织用"新木桶理论"的方式来推动农村教育发展，并试图筹建"乡村振兴网络大学"，让教育扶贫走出学校教育。[③]胡建玮等以嘎查村为例，总结了"一村一名大学生计划"项目的实践探索路径，并使用问卷法对教学效果进行了跟踪调查。[④]欧阳明月以"社工筑梦"教育扶贫团队在四川乡村开展的一系列针对留守儿童的教育扶贫活动为例，总结了社会工作介入留守儿童教育扶贫的相关实践经验。[⑤]这些案例的探讨，丰富了农村教育扶贫的实践模式，为后续农村地区教育扶贫工作的开展提供了借鉴。

（三）农村教育资源配置与开发

教育资源是为保障教育教学活动顺利进行而投入教育领域的各种资源的总和，包括人力资源、物力资源及财力资源 3 个关键要素。人力资源主要是教学过程中的师资力量，物力资源是学校办学的消耗物品，财力资源则是教育过程中的

---

① 张翔. 教育扶贫对象精准识别机制探究[J]. 教育探索，2016（12）：94-96.
② 李兴洲. 公平正义：教育扶贫的价值追求[J]. 教育研究，2017（3）：31-37.
③ 汤敏. 教育扶贫：社会组织能做点什么？[J]. 中国教育发展与减贫研究，2018（1）：45-49.
④ 胡建玮，张永富，赵新宪等. 乡村振兴背景下开放教育实现教育扶贫和人才培养的实践探索——以包头"一嘎查村（社区）班子一名大学生"项目为例[J]. 现代农业，2022（5）：32-34.
⑤ 欧阳明月. "后扶贫"时代社会工作介入农村留守儿童教育扶贫实践经验[J]. 农村经济与科技，2023（4）：272-275.

经费投入。当前，农村教育在国家及地方政府、社会组织等的支持下快速发展，农村适龄儿童"无学上""开不齐课"的问题得以解决。但由于受到经济发展水平等多种因素的影响，教育资源的配置仍然是制约农村教育发展的关键问题，这直接影响了教育公平的实现和农村教育的高质量发展。

教育资源配置是将教育资源以一定方式配置到教育系统中，使教育资源布局能够充分满足社会需求。随着乡村振兴战略的提出，关于农村教育资源优化配置的探讨逐渐增加。袁宇较早聚焦于农村教育资源配置存在的问题，并分析总结了当前农村教育资源配置的方式，提出应在社区内配置农村教育资源，实行农村社区教育等建议。①张翠凤以青岛市为例，指出当前农村教育资源配置存在受教育人口向城镇集中、城市中小学超规模的问题。②黎锦兰指出农村学前教育中存在政策供给不足、资源配置不均衡和市场机制作用发挥不充分等问题，并提出了相应的优化策略。③

农村教育资源的开发同样是学者的关注点之一。当前，新课程的实施提出教师应加大课程资源的开发力度，但在教育资源相对匮乏的农村学校，受到师资力量欠缺、缺乏经济支持等因素的影响，课程创新开发受阻。刘丽群指出农村课程资源开发陷入困境的关键就在于，乡村文化在城市化快速发展中逐渐边缘化，难以得到普遍的文化认同。④随着教育信息化的发展，农村教育资源的开发迎来了新的契机。《教育信息化十年发展规划（2011—2020年）》要求"充分发挥教育信息化在教育改革和发展中的支撑与引领作用"，以此推进城乡教育的均衡发展。邓登明关注到了数字化教学资源对教育现代化的重要性，以湖南省为例随机走访85所农村学校，发现其中存在信息技术人才缺位及乡村师生信息技术素养薄弱等问题。⑤张睿和李孝川指出，在线教育资源的共建共享已成为提高农村地区教育信息化水平和促进农村地区在线教育健康发展的重要组成部分，并分析了农村地

---

① 袁宇. 析农村教育与农村教育资源配置[J]. 中国成人教育，2006（10）：191-192.
② 张翠凤. 新型城镇化视域下农村教育资源配置面临的挑战与策略——以青岛市为例[J]. 教育探索，2015（7）：28-31.
③ 黎锦兰. 乡村振兴背景下农村学前教育资源配置存在的问题及优化策略研究[J]. 南宁职业技术学院学报，2023（3）：110-114.
④ 刘丽群. 农村课程资源开发深层困境：乡村文化边缘化[J]. 中国教育学刊，2009（7）：63-65.
⑤ 邓登明. 农村中小学数字化教学资源应用现状调查与发展对策研究——以湖南农村中小学为例[J]. 中国教育信息化，2020（16）：16-20.

区优质在线教育资源建设的现状。①

（四）教育公平与教育质量提升

新时代，我国教育事业发展虽然已取得举世瞩目的成就，但当前现实社会中仍存在一些教育不公平现象，在城乡教育差距上体现得较为明显，直接表现为城镇与乡村资源配置的不均衡，这关系到农村教育的发展与国家整体现代化建设进程。因此，新时代的教育发展需要着力解决社会中的教育不公平问题，补齐教育事业发展中的短板，让各地区人民都能享有公平且优质的教育资源。党的十八大报告指出，应"大力促进教育公平"，《中国教育现代化2035》中要求发展更加注重面向人人，更加注重共建共享，坚持优先发展教育，促进教育公平。②2022年，全国教育工作会议则提出应"推动教育改革发展成果更多更公平惠及全体人民"③，这些都是对实现教育公平的战略部署。相关学者也关注到了农村教育发展的滞后，从教育公平的视角出发进行探讨，以便让贫困学生能获得公平的受教育权利。

当前，对城乡教育公平的研究角度较为广泛，主要集中于社会学、伦理学、教育学等领域。从社会学角度看，教育公平是推动城乡教育一体化的根本指导思想，是构建和谐社会的重要标志，应不限制地域、不分对象地赋予每个受教育者同等的受教育机会。④从伦理学角度看，教育公平牵涉价值判断，因此应考虑到利益的分类与调节，并分析我国教育不公平的具体体现。⑤从教育学角度出发，可以通过优化农村区域办学条件、加强信息技术建设等方式促进教育公平的实现。⑥具体如何通过信息技术手段提高农村教育质量，推动城乡教育公平的实践研究，还有待进一步探索。

学者普遍强调通过"政府主导+社会协同"的投入机制，提升农村教育质

---

① 张睿，李孝川. 农村地区优质在线教育资源的共建共享研究[J]. 职教通讯，2021（9）：87-93.
② 中共中央国务院印发《中国教育现代化2035》[N]. 人民日报，2019-02-24（001）.
③ 刘博超. 二〇二二年全国教育工作会议召开[N]. 光明日报，2022-01-19（008）.
④ 林涛涛. 促进初等教育公平与构建和谐社会[J]. 重庆社会科学，2007（4）：118-120.
⑤ 张冬毛. 关于教育公平的伦理学审视[D]. 湖南师范大学，2006.
⑥ 孙刚成，温保мос. 教育公平视角下的农村教育资源配置策略[J]. 延安大学学报（社会科学版），2014（2）：113-116.

量，通过特岗教师计划、定向培养等方式强化师资供给。[1]实证研究表明，特岗教师计划能提升农村学生的学业成绩[2]，同时借助"互联网+教育"实现优质资源共享，能明显提升农村教育的质量[3]，而"同步互动混合课堂""同步互动专递课堂""双师课堂"模式能有效缓解艺体类课程短缺问题，面向农村教学点的同步互动课堂教学结构设计探索，有效提升了农村教学点课堂的教学质量[4]。

二、农村教育研究方法

为了深入了解农村教育的现状、问题和发展趋势，探索有效的农村教育发展路径和策略，需要采用科学的研究方法进行系统研究和分析。当前，农村教育研究中使用较多的方法主要包括问卷调查法、实验研究法、访谈法、个案调查法及课堂观察法。

（一）问卷调查法

问卷调查法是一种在社会调查中被广泛使用的定量研究方法，通过向被试提供与研究相关的一系列问题，以大规模搜集其观点、态度、经验与信息，并进行统计分析，从而得出结论。这些问题可以是单选题、多选题、开放性问题和评分量表等多种形式，并采用纸质问卷、网络调查、面对面采访等多样化的形式进行数据收集。

在农村教学研究中使用问卷调查法进行相关研究时，需要做到以下几点：第一，应明确与之相关的定义和研究目标，在明确核心概念的基础上对其进行分

---

[1] 游旭群. 重塑教师教育培养体系 着力打造优秀乡村教师[J]. 教育研究，2021（6）：23-28.
[2] 孙冉，杜屏，杨靖. 特岗教师会促进农村学生发展吗——基于新人力资本理论的视角[J]. 湖南师范大学教育科学学报，2021（21）：105-115.
[3] 李孝川，高云梅. "互联网+"背景下农村中小学共享优质教育资源的路径探索[J]. 教育导刊，2021（4）：19-25.
[4] 黄涛，田俊，吴璐璐. 信息技术助力农村教学点课堂教学结构创新与均衡发展实践[J]. 电化教育研究，2018（5）：47-52.

解，以确定维度和指标，在维度的选择上还应注意遵循密切性、完备性和互斥性的原则。第二，选择具有代表性的样本，在考虑经济、文化及地域差异的基础上，面向与教育教学相关的多个主体，包括在校学生、教师、相关行政人员及学生家长。第三，根据研究问题及研究主体，针对性地设计问卷题目与选项，这些问题应清晰明了且易于回答，避免带有感情色彩或双关性的问题，确保问卷内容涵盖研究的各个方面。第四，在正式调查前，需要先使用德尔菲法咨询专家的意见，对问卷进行修改，并通过预测试的方式对问卷的信效度进行检验，以检测问卷的适用性，随后开始正式实施问卷调查，并收集数据。问卷发放形式主要包括网络发放、集中发放及专门递送发放。在这个过程中，应确保数据收集过程严谨，抽取的样本能推断总体情况。第五，在筛选有效问卷的基础上，对收集到的数据进行整理与分析，分析方式包括描述性统计、回归分析等。第六，根据分析结果，将其与研究问题相联系，找出当前农村教学中存在的问题，以此为依据提出相关建议，促进农村教育发展。

在农村教育研究中使用问卷调查法，有利于进行大规模的数据收集，辅助研究者了解农村教学现状和存在的问题。通过问卷调查，研究人员可以收集学生学习态度及学习兴趣等方面的信息，了解农村学生的需求与期望，以此为教育资源的配置、课堂教学内容和方式等的调整提供参考，开展更具针对性的个性化教学，提高学生的学习兴趣。当以农村教师为研究主体时，可以通过发放问卷收集农村教师的工作环境及面临的困扰等方面的信息，为教师的职业发展提供更好的支持。同时，应了解教师的相关教学方法和教学资源使用现状，有针对性地提出改进措施，提高农村学校的教学质量。问卷调查同样可以起到收集学生学习成果信息及进行学业水平测量的作用，以此对学生的学业成绩进行监测，发现学生在学业中的相关问题，对教学实践起到重要的借鉴作用。

（二）实验研究法

实验研究法是一种量化的研究方法，用于探究因果关系与验证假设。在实验中，研究者根据研究目的，运用一定的手段主动干预或控制研究对象，在典型的环境中或特定的条件下对现象的因果关系进行探索、验证。这种研究方法能够使人观察到在自然条件下难以遇见的情况，从而扩大研究范围。同时，它可以把某种特定的因素分离出来，便于分析这种因素的作用和效果，并能进行重复验证。实验过程是通过人为造成或在控制的状态下进行的，因此这种研究方法使人的主观能动作用得到了更充分的发挥。

在农村教育教学中使用实验研究法时，首先，通过文献梳理等方式明晰需要研究的问题，基于此提出研究的假设性答案。其次，需要根据研究假设设计实验方案，在这个过程中应对研究中的自变量（实验者操纵的对被试的反应产生影响的变量）、因变量（由操纵自变量引起的被试的某种特定反应）、额外变量（不用于研究的相关变量）及无关变量（对因变量不产生影响的实验条件）进行分辨。在选择实验组与对照组时，注意遵循随机分配原则，以减小个体差异对结果的影响。再次，开始实验的实施工作，在控制实验条件、减少额外变量影响的基础上开展操作，并根据拟定的数据测量方案对数据进行测量和分析。最后，对实验结果进行解释，探讨原先的研究假设是否成立，得出科学的结论，并指出研究存在的局限。

将实验研究法应用于农村教育教学中，能够更科学地探究不同教学模式或教学方法对学生学业表现及教育质量的影响等，具有重要的实践价值。在关于教学方法的比较中，研究人员可以通过操纵自变量，如在不同班级采用不同的教学方法，对学生的学业成绩及参与度进行测量，以此探索更适合农村教学环境的方法策略，为教师采取针对性的教育教学模式提供科学的借鉴。在教育资源的分配中，实验研究能够探索不同资源分配策略对教学质量的影响，通过操控师资分配、设施改进等自变量，了解不同资源投入措施对学生学习结果的影响，为农村学生提供更加优质的教育资源，有利于促进教育公平。

（三）访谈法

访谈法是通过研究人员与被访谈者直接交谈，收集个体或某一群体的观点、经验或见解等的研究方法，在教育学研究中的应用较为广泛。访谈开展的形式较为多样，在结构化的访谈中，研究者根据事先准备好的标准问卷，按顺序询问被访谈者，所有被访谈者回答的问题相同，常用于定量研究。与之相反，非结构化访谈不受严格问题的限制，访谈者与被访谈者围绕某一主题进行自由交谈，被访谈者回答时能够自由发挥，形式更加灵活，有利于双方更深入地探讨主题，往往用于探索性研究。半结构化访谈介于结构化访谈和非结构化访谈之间，包括特定主题的相关问题，但允许访谈者根据被访谈者的回答进行深入提问。焦点小组讨论则是将多个对象放在一起进行的集体访谈，通过组内成员的共同探讨，产生群体性的见解互动。访谈可以采用登门拜访、电话访谈、座谈会等方式进行，是一种能够深入了解被访谈者的观点和经验的方法。

在农村教育研究中使用访谈法，大致可以分为3个阶段。在准备阶段，应先明确研究目的，并选择合适的具有代表性的被访谈者，如教师、学生、校长、政府相关官员等，以涵盖不同的观点。随后，准备访谈工具，列出大致的提纲，与被访谈者建立良好的关系后确定访谈的时间和地点。在正式访谈阶段，应在征得被访谈者的同意后，使用录音设备或记录笔等记录访谈过程，确保数据的完整性和准确性，并注意保证提出的问题明确而具体，避免暗示性。在倾听时，访谈者需要将自己的注意力集中于被访谈者身上，始终扮演学习者的角色，用非语言行为给予对方真诚的关注。在结束阶段，应及时整理反思，将前面被访谈者提到的问题放至后续对被访谈者的提问中。在数据收集全部结束后，需要对访谈资料进行整理和分析，将其转化为文字资料，并对内容进行编码、分类和统计，找出概念及主体等，以期回答研究问题。

在农村教育教学研究中使用访谈法，能够收集丰富的质性数据。研究者与各教育主体进行深入交流，可以识别农村教学面临的具体挑战，并根据问题制定解决方案，从而提高教育教学质量，促进农村学生的全面发展。在开展特定农村教育项目时，访谈法可以被用于获取参与者的反馈与经验，评估实施项目的有效性，了解可供借鉴的成功之处及需要改进的问题所在，并通过与教师进行深入交流，为农村教师提供更具针对性的培训与支持，使农村学生获得更多的教育资源和机会，为提升教育质量提出科学的建议。

（四）个案调查法

个案调查法是对一个或少数个体、组织进行深入研究，以全面探索其特点、发展及影响的一种质性研究方法。这种方法在社会科学、医学等领域均有着广泛的应用，能够提供深入而详尽的信息，以了解个体或现象的特征与动态影响。其研究对象具有特定性，因此在开展研究时，可以根据研究对象自身的情况灵活制定研究方案，且数据来源于研究对象的真实生活，使研究更有针对性，收集的资料更加真实可靠，弥补了以前定量研究中难以从微观上深入细致地进行描述的不足。因此，研究者能够在没有提出明确假设的情况下开展探索性研究，并对研究结果进行推广，为类似场景中的研究及政策制定等提供参考。根据个案研究的目的，可以将其分为探究型个案调查（先对研究的问题进行预演或进行实验资料的收集）、描述型个案调查（对社会场景中的生活进行详细叙述和解释）、说明型个案研究（产生新的理论或验证已有理论）。

在农村教育研究中采用个案调查法，应注意以下几点：第一，应根据研究目的选取具有代表性或显著特征的项目或农村学校，并确保个案能够提供较为丰富的信息。第二，通过观察、访谈、测试、查阅学生学业档案或教学材料等方式，进行研究资料的收集，并确保研究对象的基本信息及发展情况等数据准确而翔实。第三，对收集的资料进行质性分析，如对文本的内容分析及对特定政策背景下的情境分析等，以此归纳研究对象的特点及存在的问题，并根据结果制定相应的教育教学策略。在分析过程中，如果存在模糊表述，可以与主要研究对象进一步深入交流和沟通，以了解其想法和需求。第四，根据分析结果解释个案的特点，并思考现象发生的内在逻辑，当涉及多个个案时，则可以对其进行比较，以期得出深层次的结论。第五，基于以上个案提出相应的理论和实践建议，促进现实教育问题的解决。

采用个案调查法能够深入挖掘农村学生的情况，探索农村教学环境的独特性，识别其教学实践面临的挑战，从而为农村教育提供针对性的指导和帮助。通过对个别学生的深入研究，可以了解他们在学习中遇到的困难，如研究一位乡村学生辍学的原因时，通过开放式访谈与其老师及家长进行交流，并对其说法进行相互印证，最后对本人情感因素进行分析，有利于最大程度地了解事件的真实情况。[①]由于具有实际案例支撑，研究结果具有较强的说服力，这也为政策制定者提供了真实可靠的数据信息。但应注意的是，该研究方法主要适用于具有典型意义的人（农村教师、学生）或事（农村教育资源配置）等组成的教育教学问题，且

---

① 陈向明. 王小刚为什么不上学了——一位辍学生的个案调查[J]. 教育研究与实验, 1996（1）: 35-45.

研究者必须有获取真实、丰富的数据的途径。

（五）课堂观察法

课堂观察法是指观察者带有一定目的，通过自身感知及相关辅助工具（如观察表及录音录像设备等），直接或间接地收集课堂教学中的教师或学生系列行为表现，并借助一定的分析方法归纳总结资料，评价课堂教学效果的研究方法。[①]这种方法具有客观性，研究者不得干预研究对象的活动，有利于获得真实的一手资料。同时，由于该方法指向一定的教育问题和教育现象，在观察时具有明确的选择性和聚焦性。根据观察情景的范围及观察的系统化程度，可以将其分为4种类型：开放式观察、聚焦式观察、结构观察和系统观察。

在农村教育研究中实施课堂观察，大致可分为三个阶段。在观察准备工作阶段，需要在明确研究目的及观察对象的基础上，建立研究框架，选择与制定合适的观察工具和观察量表，如针对师生言语互动的观察、针对农村学校学生学习行为的观察、针对农村教师教学行为的观察等，选择一所或多所农村中小学作为课堂观察地点，确保收集的数据具有代表性，并制定详细的观察计划。随后，应获取校方与教师的许可，在观察前与教师进行讨论，使被观察人员明确观察重点，了解相关注意事项。在实际观察阶段，研究人员需要根据观察工具及量表对学生的学习行为、课堂氛围等进行记录，并注意计划执行的灵活性，根据实际情况适当调整以适应不同情况。同时，要把握观察的重点，将观看、倾听、询问、查看及思考等方面结合起来，以确保后续能够做出更全面的分析。在观察时，应及时记录，避免遗漏重要信息或出现记忆错误，确保数据的准确性。在观察资料的整理与分析阶段，研究者要对观察记录的资料进行统计分析、抽象加工。当前，使用较为广泛的分析方法主要有针对师生互动行为进行定量分析的方法、评估课堂教学言语质量的分析方法及针对农村教学点教学画面信息传递效果进行分析的方法等，研究者可以结合研究主题灵活选用。

当前，课堂观察法在教育学研究中得到了广泛应用。在农村教育研究中使用这些研究方法，能够通过对实际课堂的记录评估教学资源的使用、学生学习效果

[①] 沈毅，崔允漷. 课堂观察：走向专业的听评课[M]. 上海：华东师范大学出版社，2008：89.

及教师的教学效果等，进而评估农村的教学质量。在农村教学点进行教学模式创新时，课堂观察法能够将定性研究与定量研究相结合，考察不同教学方式下学生的交流及注意力集中情况、教师的目标完成情况，以分析将信息化手段应用于农村教学（如同步互动专递课堂教学）中存在的问题，为教学模式的改进及农村基础教育的发展指明方向。

第二章
农村教学点与数字双轨学校

农村教学点主要分布在农村地区。这些地区以山区为主，交通不便，人口稀少，居住分散，客观上决定了教学点班级规模小，以复式教学为主。大多数教学点仅保留了低年级，将高年级学生转到中心校学习。随着我国城镇化步伐的不断加快，农村教学点生源逐渐向城镇涌入，"撤点并校"实施后，部分区域教学点的配置出现了问题。而后，在教育部的倡议下，各地开始控制并校，这一问题有所改善。乡村振兴战略的推行，使乡村教育发展迎来了新的契机。同时，信息技术的飞速发展给教育领域带来了创新与变革，"数字双轨学校"模式应运而生。本章首先阐述农村教学点的数量、分布及教学特征；其次，分别从同步互动混合课堂、同步互动专递课堂和名师课堂三种模式入手，详细介绍数字双轨学校的类型。

第一节 农村教学点概述

农村教学点是适应我国农村地区,特别是人口稀少、居住分散的偏远地区的教育发展而设置的以复式教学为主的小规模不完全学校。[①]农村教学点数量多,地理位置分布特殊,从教学上看,农村教学点在教学质量、师资、生源等方面都有其突出的特征。

一、农村教学点的数量及分布

(一)农村教学点的数量

我国农村义务教育学校经历了"撤点并校""控制并校"等发展阶段,目前仍存在大量的农村教学点,且多在偏远地区。

20世纪90年代中期,随着我国进城务工人员随迁子女数量的逐年增加、农村人口出生率持续降低,农村学龄人口不断减少,各地政府开始推行"撤点并校",农村义务教育学校大幅减少,导致部分学生上学路途变远、交通安全隐患增加,学生的家庭经济负担加重,并产生了农村寄宿制学校不足、一些城镇学校班额过大等问题。在学校撤并过程中,有些地方的规划方案不完善、操作程序不规范、保障措施不到位,严重影响了农村教育的健康发展。为了进一步加强农村义务教育、加快教育现代化、推进城乡基本公共服务均等化,国务院在《关于统筹推进县域内城乡义务教育一体化改革发展的若干意见》中提出,要合理布局义务教育学校,严格规范学校撤并程序和行为,重点关注农村小学和教学点的建设。

---

① 范先佐,郭清扬,赵丹. 义务教育均衡发展与农村教学点的建设[J]. 教育研究,2011(9):34-40.

根据《中国教育统计年鉴2021》中关于小学学校和教学点的统计数据（表2-1）可知，2021年，全国小学学校总数为154 279所，教学点数量达到83 623个。可见，从全国来看，教学点在学校总数中已占据了很大的比重。从教学点在城市、县镇和农村的分布情况来看，教学点主要分散在偏远农村地区。2021年，全国乡村小学学校数量为81 547所，乡村教学点数量为72 905个。[①]可见，无论是从绝对数量还是从相对数量来看，农村教学点的数量都是更多。

表2-1　2021年小学学校、教学点数量统计

项目	全国总计	城区合计	镇区合计	乡村合计
学校数（所）	154 279	30 055	42 677	81 547
教学点数（个）	83 623	1 658	9 060	72 905

注：学校数与教学点数分别计数
资料来源：根据《中国教育统计年鉴2021》的数据整理所得

（二）农村教学点的分布

1. 整体分布不均，集中于中西部

从教学点在各省的数量和分布情况来看，各省之间存在较大差异。由表2-2可知，教学点数量排在前十位的省份绝大多数在中西部地区。其中，排名前三位的河南、广西、江西，不仅教学点数量庞大，且教学点数量占农村小学学校总数的比例也很大，分别为99.57%、167.00%、173.43%。排在后十位的省份以东部地区的省级行政单位为主，约占一半。黑龙江、青海和宁夏三个省份的教学点数量较少，主要是由于这些地区农村适龄学生数量少、农村学校总体数量少，直接决定了教学点数量少，但其教学点在农村学校中仍占有相当大的比例，这一比例比东部发达省份高出很多；北京、天津、上海三地没有教学点。由此可见，各省份教学点数量的多少与其所处的地理位置、经济发展状况有着直接的联系。总体来看，大部分农村教学点集中分布在中西部不发达省份，这与中西部地区的地理环境、经济发展水平、人口居住特点密不可分。

---

① 中华人民共和国教育部发展规划司. 中国教育统计年鉴2021[A]. 北京：中国统计出版社，2022：140.

表 2-2　2021 年各省份农村小学学校数、教学点数及班数

地区	学校数/所	教学点数/个	教学点数占学校数的比例/%	班数/个	复式班/个	复式班数占班数的比例/%
河南	10 620	10 574	99.57	117 365	25	0.02
广西	5 063	8 455	167.00	63 284	687	1.09
江西	3 937	6 828	173.43	41 349	936	2.26
湖南	3 388	5 882	173.61	40 180	170	0.42
河北	6 403	5 428	84.77	69 090	258	0.37
广东	4 499	4 788	106.42	60 004	13	0.02
甘肃	3287	4694	142.80	33 953	537	1.58
四川	2053	4461	217.29	34 367	59	0.17
湖北	2502	2823	112.83	22 802	54	0.24
云南	8103	2646	32.65	62 490	32	0.05
安徽	4111	2321	56.46	43 396	173	0.40
贵州	3931	2181	55.48	36 475	62	0.17
山西	2326	1384	59.50	18 454	163	0.88
福建	2338	1319	56.42	21 349	54	0.25
陕西	1691	1315	77.76	14 789	296	2.00
山东	4622	1232	26.66	45 701	0	0
吉林	2173	996	45.84	11 115	0	0
重庆	1207	955	79.12	11 041	5	0.05
海南	803	927	115.44	7 845	0	0
辽宁	960	748	77.92	9 316	0	0
内蒙古	499	595	119.24	6 361	4	0.06
黑龙江	255	592	232.16	5 145	0	0
青海	434	585	134.79	5 508	22	0.40
新疆	2690	507	18.85	36 555	0	0
宁夏	710	417	58.73	5 349	16	0.30
江苏	930	149	16.02	12 130	0	0
浙江	891	59	6.62	12 693	3	0.02
西藏	642	44	6.85	5 734	0	0
上海	18	0	0	621	0	0
天津	293	0	0	2882	0	0
北京	168	0	0	2201	0	0

　　注：不包括港澳台数据；学校与教学点分别计数；个别省份教学点占学校的比例之所以超过了 100%，是因为有些农村和乡镇在中心校的统一管理下设置了几个教学点

　　资料来源：根据《中国教育统计年鉴 2021》中的数据整理所得

教学点在农村不同区域的数量分布也是不一样的。其中，不同区域主要是根据其经济发展水平及教育发展水平来划分的。①由于没有直接的关于教学点在不同区域的分布数据，分析教学点分布的区域特点要在表 2-2 的基础上进行，通过分析各省份的地形特点、经济和教育发展水平状况及各省教学点的数量，大致可以总结出教学点分布的区域特点。

2. 主要分布在海拔 500 米以上的山地和高原地带

我国农村教学点大多集中在海拔 500 米以上的山地和高原地带。由于地理环境的限制，这些教学点的交通不便、信息相对闭塞，导致教育资源相对匮乏，难以提供高质量的教育服务。例如，宁夏回族自治区的教学点主要分布在六盘山的南部山区和中部干旱地带，湖南省的教学点大多分布在湘西北山区，湖北省的教学点则主要分布在鄂西北、鄂西南、大别山等偏远山区。

3. 教学点的数量和分布与经济发展水平相关

根据各地区的自然条件、经济资源、经济发展水平、交通运输条件、经济效益等方面的差异，可以将我国划分为东部、中部、西部三大经济带。②同时，按照社会经济的发达程度来划分，区域教育包括发达地区教育、较发达地区教育和欠发达地区教育（不含港澳台的数据）。发达地区包括上海、北京、天津、浙江、广东、福建、江苏、辽宁和山东 9 个省份；较发达地区包括黑龙江、吉林、内蒙古、河北、河南、山西、湖北、湖南、重庆、广西、安徽、江西和海南 13 个省份；欠发达地区包括青海、宁夏、四川、云南、西藏、陕西、甘肃、新疆和贵州 9 个省份。③可见，区域教育的划分与经济带的划分基本保持一致。当前，我国大多数农村教学点主要分布在欠发达地区，发达地区的教学点很少甚至没有。由于经济条件不好，农村教学点普遍存在师资力量薄弱、教学设备不足等问题。一方面，这些地区的教师待遇普遍较低，难以吸引和留住优秀的教师资源；另一方面，教学设备不足导致学生无法拥有一个良好的学习环境，也缺乏实践操作能力。此外，这些欠发达地区往往地形复杂、地势陡峻，且交通不便、信息闭

---

① 赵丹. 农村教学点问题研究[D]. 华中师范大学，2008.
② 侯景新，蒲善新，肖金成. 行政区划与区域管理[M]. 北京：中国人民大学出版社，2006：6.
③ 彭世华. 发展区域教育学[M]. 北京：教育科学出版社，2003：243-263.

塞、文化教育发展滞后。

二、农村教学点的教学特征

农村教学点在我国的基础教育中是一个不容忽视的存在，农村教学点的教学具有与城市学校不一样的特征，体现了乡村教育的独特性和乡土特色，也暴露了城乡教育资源不均衡的深层次问题。分析农村教学点教育的独特性，是破解农村教育难题的关键，也为探索本土化、人性化的教育模式提供了独特空间。

（一）教学质量有待提高

21世纪初，由于师资力量薄弱、教学方式没有创新性等原因，农村义务教育学校普遍存在"开不齐课、开不足课、开不好课"的现象。随着乡村振兴战略的持续推进，农村教育逐渐引起了人们的关注和重视，国家也逐步加大了对农村教育的资源投入和师资帮扶，农村教育有了显著的发展。截至2020年，全国大部分农村教学点"开不齐课"的问题有了很大程度的改善。

当前，农村教学点的主要矛盾转向"开不好课"。一些农村地区由于信息闭塞，再加上教学点教师的培训机会有限，他们的教育思想观念保守且教学方式陈旧，传统的"一言堂""填鸭式"教学仍占据主导地位。[1]同时，农村地区的学生学习习惯有待改善，教师在授课过程中还需要将大量的时间和精力用于管理纪律、组织课堂教学、纠正学习习惯等方面，导致教师无法专注于教学内容的讲授，教学效果不好。再者，在一些教学点，体育和艺术类课程的主讲教师并非专业出身，体育课只是简单地做做操，音乐课也只是让孩子们跟唱几首歌，缺乏专业的教学规范。[2]

---

[1] 张伟平，王继新. 信息化助力农村地区义务教育均衡发展：问题、模式及建议——基于全国8省20县（区）的调查[J]. 开放教育研究，2018（1）：103-111.

[2] 付卫东，王继新，左明章. 信息化助推农村教学点发展的成效、问题及对策[J]. 华中师范大学学报（人文社会科学版），2016（5）：146-155.

（二）师资问题不容忽视

1. 师资短缺且流动性大

由于经济条件和社会发展相对滞后，一些农村地区交通不便、信息不畅、设施不完善、生活条件艰苦，难以吸引优秀的教师前来应聘。与城市和县镇的教师相比，农村教学点的教师工资水平较低、待遇普遍偏低，严重影响了教师的工作积极性，很多教师在农村工作一段时间之后便会选择离开。正因为教学点师资缺乏，留在教学点的教师往往需要承担多个学科的教学任务，增加了教师的工作负担。此外，由于经济和资源的限制，教学点的教师往往无法得到充足的培训和学习机会，他们的教学水平和能力难以得到提升，个人专业发展受阻，很多有能力、有追求的教师会选择"跳槽"到县镇或城市的学校，以寻求更好的发展机会。

2. 教师专业素养难以保证

菲利普·库姆斯指出："农村地区则常常像半干旱的教育荒漠一样而没有教育质量可言，不但教师通常都是水平最低的，而且贫穷儿童的比例也很高，他们得到的家庭支持也极小，这些儿童才真正需要最好的老师，然而他们却是最后才得到。"[1]尽管目前农村教学点大部分教师都是中师或大学本科毕业，学历基本达标，但往往会出现其所学专业与所教学科不一致的情况，即所教非所学。[2]另外，部分教师专业知识不足、教学技能欠缺，难以胜任一些高难度、高质量的课程教学。即使有个别优秀教师，他们也可能由于资源和条件的限制，缺乏培训和发展机会，再加上信息不畅，对学科知识的更新较慢，且难以形成先进的教育理念，教学方法传统、单一，教学技能的提升速度较慢。

此外，在教学点任教的教师普遍存在"老龄化"的现象，并且学校越偏远，"老龄化"程度越严重。一方面，年纪较大的教师大多怀着教学的热情及对农村孩子的不舍而选择继续留在教学点任教；另一方面，一些农村教学点的教师尚未享受到完善的养老保障、医疗保障等福利，他们不得不承担更多的生活压力和风险。一些老教师往往已经形成了较为固定的思维模式和教育方法，难以适应新时

---

[1] 菲利普·库姆斯. 世界教育危机[M]. 赵宝恒等, 译. 北京：人民教育出版社, 2001：126.
[2] 范先佐, 曾新, 郭清扬. 义务教育均衡发展与农村中小学教师队伍建设[J]. 教育与经济, 2013（6）：36-43, 53.

代的教育需求，并且大部分老教师对现代教育技术的应用不足，无法充分利用信息化教学资源来改善教学效果。

（三）学生质量不高且生源流失快

1. 留守儿童问题突出

农村地区的留守儿童问题是一个日益突出的社会现象。据华中师范大学付卫东课题组的调查，2016 年，我国中西部偏远地区农村教学点学生中留守儿童的比例超过了 70%，有些农村教学点已经接近 100%。[①]根据《中国教育统计年鉴2021》的统计，2021 年，我国小学教育中农村留守儿童在校生数已达 7 779 315 人，占全国小学教育在校生数约 7.22%。[②]由于长期缺乏父母的陪伴和关注，一些留守儿童容易出现焦虑、自卑、孤独、自我否定等心理问题。这些心理问题不仅会影响他们的心理健康，还会对他们的学习产生不良影响，例如，上课思绪飘散、无法专心听讲、学习积极性低。这些留守儿童以隔代监护为主，其监护人监护不力，导致其在学习方面发展滞后，缺乏正确的学习态度、学习方法等。再加上很多留守儿童要承担家庭的农业劳作，没有充足的时间和精力认真学习，因而学习成绩大多低于非留守儿童。此外，留守儿童父母一方或双方外出务工，其家庭德育环节断裂，隔代监护的老人"重养不重教"的监管方式，导致部分留守儿童德行失范，一心玩乐，屡次违反教学点的制度、规则，根本无心学习。

2. 农村生源向城市流动

受传统思想观念的影响，家长将教育视为子辈实现层级上升的重要途径。与城镇学校相比，农村教学点在师资、教学质量、基础设施等方面还存在一些问题。因此，当发现农村教学点无法满足其对优质教育的诉求时，一些家长便会拼尽全力让孩子进城读书，或陪读，或寄居，只为了让自己的孩子接受和城镇同龄人一样的教育。另外，随着城镇化的加速发展，越来越多的农村居民变为城市居

---

① 付卫东，王继新，左明章. 信息化助推农村教学点发展的成效、问题及对策[J]. 华中师范大学学报（人文社会科学版），2016（5）：146-155.

② 中华人民共和国教育部发展规划司. 中国教育统计年鉴 2021[A]. 北京：中国统计出版社，2022：144.

民，农村生源进一步向城市流动。

（四）复式教学弊端凸显

复式教学是把两个或两个以上年级的学生编成一班，由一位教师在同一节课对不同年级的学生进行教学的组织形式。在复式教学过程中，教师给一个年级讲课时，其他年级的学生做作业或复习。对于农村教学点来说，复式教学无疑是最合适的一种教学形式，然而其弊端也十分明显。首先，低年级、低龄学生的自我约束能力还不强，容易引起学生之间相互干扰，教师需要花大量时间去维持课堂纪律，会严重影响教学进度。其次，部分年轻教师由于缺乏教学经验，难以针对不同年级、不同年龄段的学生进行授课，再加上不同年级、不同年龄段学生的接受能力和学习速度存在差异，部分学生可能难以在课堂上充分理解和掌握所学知识，教学效果大打折扣。最后，在授课前，教师需要针对不同年级的学生，运用不同的教材进行备课，这无疑增加了教师的工作量，使教师的工作难度加大，教师显得心有余而力不足。

（五）信息化助力教学点振兴进程缓慢

21世纪以来，信息技术飞速发展，"互联网+"在教育领域的应用，带来了教与学形态的创新和变革。在此背景下，乡村教育发展迎来了新的契机，如"数字双轨学校"模式的应用、"三个课堂"的建设，但同时也出现了一些新的问题。

一方面，教育是一个复杂的系统，教育问题具有复杂性，并非所有的教育问题都能够通过信息化来解决；另一方面，尽管信息化是当前教学发展的一大趋势，但农村教学点在真实教学情境中往往会出现信息化教学落实困难的现象。原因包括：首先，农村教学点的一些教师年龄偏大、学历不高，其信息素养显然难以适应农村教学点数字教学的需要。其次，主讲教师难以有效地兼顾中心校和下辖农村教学点的教学，再加上农村教学点学生和主讲教师的接触少，回答问题不积极，直接影响了课堂教学效果。最后，在"数字双轨学校"模式下，农村教学点学生主要通过视频进行学习，但由于学生年龄小、精力容易分散，如果教学点没有助教管理，思想上更容易开小差。同时，由于信息网络的迅速普及，各种诱惑越来越多，学生对学习的专注程度越来越低，深入思考的机会越来越少，动手操作的机会也在持续减少，学习能力并没有得到显著提升。

第二节　数字双轨学校的类型

　　为了解决农村地区因师资力量缺乏导致的开不齐课、开不好课的问题，提高农村教学质量，推动教育资源均衡化，促进教育公平，数字双轨学校应运而生。数字双轨学校是一种由地方教育行政主管部门建立和管理的虚实结合学校。数字双轨学校通过建设数字教室、提供在线教学资源、开展远程培训等方式，建立起"线上+线下"两个教育轨道，它由 N 所中心校组成（图2-1）。一所中心校带 M 个教学点，共同组成一个教学共同体（图2-2）。为了维护数字学校的正常运行，学校设立了理事会，由校长负责学校的整体管理，下设校务管理部门、教学管理部门、学生管理部门、师资培训部门、后勤保障部门等。中心校负责与教学点对接，承担教学点的直播教学工作。从机制上而言，数字双轨学校实现了协同创新、应用导向和技术支持等多种机制的创新。协同创新机制，即数字双轨学校由政府投入，企业建设运营，将高等师范院校的教育教学理念融入一线课堂，多方协作，共同建设。应用导向机制，即数字双轨学校以信息技术为依托，为解决农村教学点开不好课、开不齐课的问题进行教学应用设计与开发。技术支持机制，即数字双轨学校做好硬件设施、网络的维护和管理工作，为课堂的平稳运行提供技术保障。[1]

---

[1] 王继新，施枫，吴秀圆."互联网+"教学点：新城镇化进程中的义务教育均衡发展实践[J].中国电化教育，2016（1）：86-94.

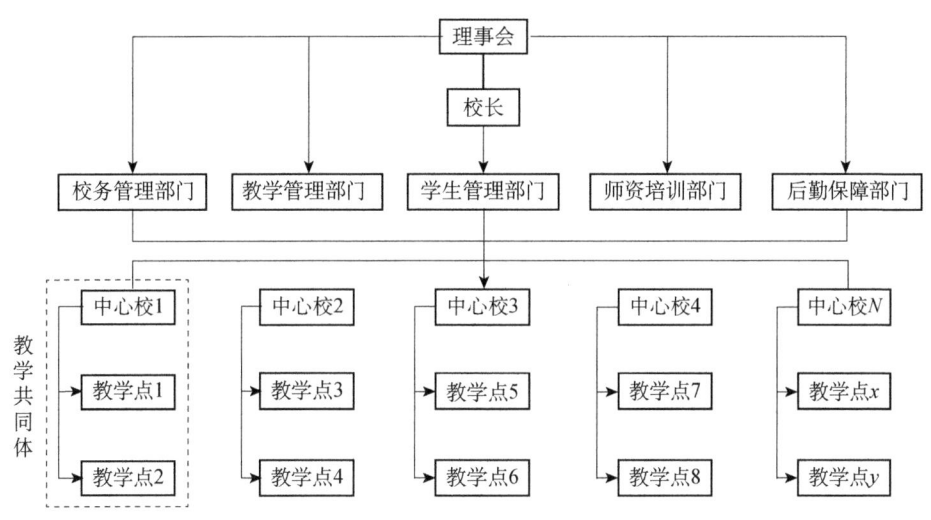

图 2-1 数字双轨学校的整体框架

资料来源：王继新，施枫，吴秀圆."互联网+"教学点：新城镇化进程中的义务教育均衡发展实践[J]. 中国电化教育，2016（1）：86-94

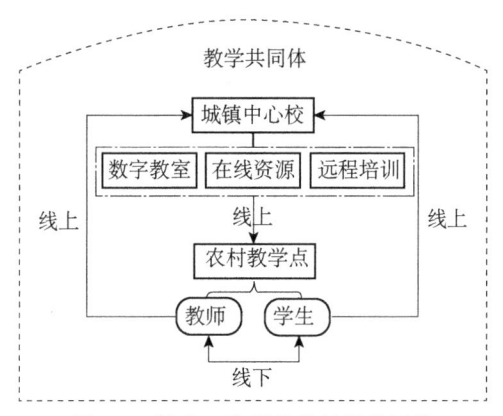

图 2-2 数字双轨学校的教学共同体

数字双轨学校的教学形式主要包括三种类型：同步互动混合课堂、同步互动专递课堂和名师课堂。其中，同步互动混合课堂和同步互动专递课堂的设置，主要是为了解决农村教学点英语、音乐、美术等科目开不齐课和开不好课的问题。名师课堂的设置，是为了解决农村师资质量不高的问题，主要是通过共享名师优质教育教学经验，构建"名师+普通教师"教学共同体，提高教师的教学能力。

一、同步互动混合课堂

（一）内涵

同步互动混合课堂是中心校教师面对本地学生和教学点学生同步授课的一种教学形式。当中心校教师面向本地学生授课时，借助互联网将课堂实况传输至教学点（中心校教师的"异地课堂"），让教学点的学生与中心校的学生同步学习（图2-3），实现中心校课堂和教学点课堂师生、生生、师师之间的交流互动，以达到共享优质教学资源、促进城乡教育公平的目的。

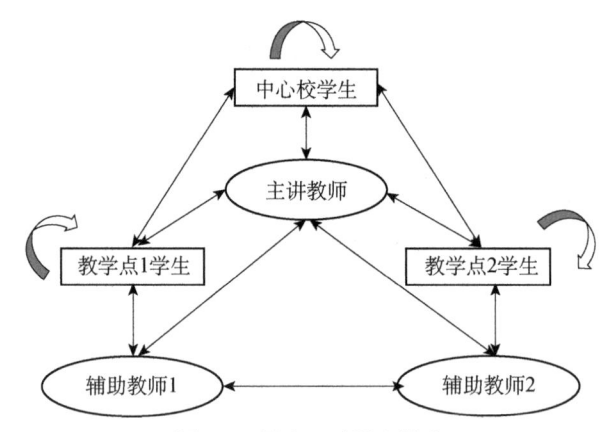

图 2-3　同步互动混合课堂

资料来源：王继新，施枫，吴秀圆."互联网+"教学点：新城镇化进程中的义务教育均衡发展实践[J]. 中国电化教育，2016（1）：86-94

（二）特点

1. 双师协同

同步互动混合课堂采用"线上名师+线下辅助教师"的教学形式。[①]中心校教师作为本地课堂和异地课堂的主讲教师，拥有丰富的教学经验，专业水平较高，

---

① 郝红喜. 县域推进双师课堂 助力农村教育均衡发展——以河北省沙河市为例[J]. 中国教育技术装备，2022（23）：19-21.

在同步互动混合课堂中承担教学工作。上课前，中心校教师在对本地学生和异地学生的知识基础、能力状况、认知风格、中心校课堂和教学点课堂教学环境的特点进行充分了解的基础上，认真备课。上课时，中心校教师按照教学计划开展教学活动，与中心校学生和教学点学生互动，并布置课后作业。

中心校教师同时面对多个课堂进行教学，在实际实施过程中很难同时兼顾每一名学生的学习情况。因此，为了保障教学活动的顺利开展，每个教学点都配备了一名辅助教师。辅助教师一般不承担教学任务，在同步互动混合课堂中主要起协同和辅助的作用[1]，如课前打印学习资料，课中维护课堂秩序或处理突发状况，协助中心校教师开展教学活动，课后监督学生完成作业等。线上名师和线下辅助教师携手教学，不仅使教学点学生体验到了与以往课堂不同的教学方式，激发了其学习兴趣，也让其享受到了与中心校学生相同的优良师资。

2. 多元互动

同步互动混合课堂中共有三种类型的互动方式。[2]一是师生互动，即中心校教师与中心校学生互动、中心校教师与教学点学生互动。中心校学生与中心校教师能够直接面对面互动，因此他们能直观地感受课堂氛围，获得及时的学习反馈。中心校教师在教学中创设情境，借助互联网与教学点的学生进行远程互动，帮助教学点的学生及时吸收、消化、理解知识。这种教学形式突破了传统录播课堂中教学点学生被动听课的困境。同时，远程互动也能提高教学点学生的临场感，缓解了因空间分离而导致的教学点学生认为中心校课堂和教师"可望而不可即"的心理。另外，教学点教师与教学点学生也会进行互动，具体表现为教学点教师组织课堂教学活动的开展、监督课后作业的完成、课下答疑解惑等。二是生生互动，即中心校学生与教学点学生的互动。双方在课堂中互动与协作，能够加强对彼此的了解，增进感情，开阔眼界，增长见识。三是师师互动，即中心校教师与教学点教师的互动。中心校教师因与教学点学生在空间上分离，无法及时跟进教学点学生的学习情况，因此教学点配备了一名辅助教师。在上课前，中心校教师与教学点教师沟通上课的流程，教学点教师按照中心校教师的教学计划准备

---

[1] 雷励华，左明章. 面向农村教学点的同步互动混合课堂教学模式研究[J]. 电化教育研究，2015（11）：38-43.

[2] 姚亚杰. 国内同步课堂文献综述[J]. 开放学习研究，2019（4）：41-45，53.

课堂教学所需的资料。课中，教学点教师密切配合中心校教师，组织教学点学生有秩序地开展学生活动。[1]课后，教学点教师及时向中心校教师反馈学生的学习情况。

（三）发展历程

1. 起始阶段

国内的同步互动混合课堂大致经历了起始阶段和发展阶段。为了提高西部地区的教学质量，实现东西部地区优质教育资源的共享，中国教育电视台和北京市海淀区教育委员会合作组织了"基础教育同步课堂"节目，于2001年12月28日正式开播，"同步课堂"一词得到使用。该节目依据教学大纲，以一般学校中级学生的理解能力和知识水平为基准，选取优秀教师进行讲解，播出与教师授课进度相同的课程。西部地区的师生有两种观看方式：其一，通过电视实时收看；其二，利用IP数据广播将教师的多媒体课件下载到电脑上，师生共同学习。[2]由此可见，在起始阶段，同步互动混合课堂具有以下特点：首先，技术设备简单，仅通过电脑或电视就能上课；其次，与学校的教学内容同步，但课堂采用录播形式，因此西部地区的学生与北京市学校学生的学习时间不同步，且西部地区学生无法与授课教师实时交流，学生的临场感不足。

2. 发展阶段

发展阶段分为发展前期和发展后期（表2-3）。为了缩小城乡教育差距，解决农村教学点开不齐课和开不好课的问题，同步互动混合课堂创新了教学形式，采用中心校与教学点结对的方式，通过网络直播将中心校的本地课堂实时传输到异地课堂，实现本地课堂和异地课堂在同一时间、不同地点、由同一位优秀教师共同上课和互动。[3]在教学过程中，中心校教师不仅能和本地课堂学生互动，还能关注异地课堂学生的学习状况，提供及时的学习反馈。同时，每个教学点课堂都

---

[1] 雷励华，左明章. 面向农村教学点的同步互动混合课堂教学模式研究[J]. 电化教育研究，2015（11）：38-43.

[2] 李晓华. 中国教育卫星宽带传输网"基础教育同步课堂"IP频道正式开播[J]. 中国电化教育，2002（1）：13.

[3] 范青. 互联网+同步互动课堂为农村教学点课堂教学注入新活力[J]. 中国教育技术装备，2021（19）：38-40.

配备一名辅助教师，主要协助中心校教师完成教学和课堂管理工作。由此可见，这一阶段的同步互动混合课堂实现了本地课堂与异地课堂师生、生生、师师互动，增强了教学点学生的"临场感"。但随着同步互动混合课堂的深入发展，教学点辅助教师因不参与具体教学工作，职业认同感降低，教学能力没有显著提升。[1]因此，同步互动混合课堂发展后期阶段，课堂由"主辅教师"逐渐过渡到"双师"，教学点辅助教师与中心校教师共同备课、共同教研、共同管理等，实现了对学生的共育。

表 2-3 同步互动混合课堂的发展历程及特征

阶段		特点	目的
起始阶段		1. 技术设备简单 2. 课堂录播，教学内容同步，学习时间异步 3. 师生无法互动，学生的"临场感"不足	解决乡村学校开不齐课、开不好课、师资缺乏的问题，共享城乡优质教育资源，促进教育均衡发展
发展阶段	发展前期	1. 技术设备更复杂 2. 课堂直播，教学内容与教学时间同步 3. 多元化互动，学生的临场感增强 4. 辅助教师不参与教学，仅起到协同作用	
	发展后期	1. 课堂由"主辅教师"过渡到"双师" 2. 促进了教学点教师的专业成长	

发展阶段的同步互动混合课堂以信息技术为支撑，技术设备更复杂，仅仅依靠传统的多媒体设备已无法满足同步直播的教学需要，因此信息技术的支持变得尤为重要。例如，四川成都七中东方闻道网校充分利用现代信息与多媒体技术，依托百年名校成都七中的教学、教研优势，推出了"多媒体同步辅导系统、多媒体同步资源系统、卫星直播系统"三项远程教育业务，即以网站为技术平台借助互联网实施多媒体同步辅导，以远程地面卫星接收站发送周周更新的同步教育资源，还以卫星远程直播的方式与远端学校合作开办理科教学实验班，实现异地同堂授课。[2]

---

[1] 师亚飞，童名文，王建虎等. 混合同步学习：演进、价值与未来议题[J]. 电化教育研究，2021（12）：100-107.

[2] 吴文波. 卫星架桥共谱华章——记成都七中东方闻道网校[J]. 教育信息化，2006（24）：72.

（四）意义

1. 共享优质教学资源，促进教育均衡发展

相对于传统的面对面班级授课，在同步互动混合课堂，教学点学生通过信息技术实时观看中心校教师的直播，能够享受到与中心校学生相同的师资。因此，同步互动混合课堂是解决农村因师资力量缺乏而导致的开不齐课、开不好课问题的有效途径。同步互动混合课堂也是对教育均衡发展的有益探索，使得优质教育资源突破了空间的限制，增强了优质教育资源空间的可及性，是推进教育均衡发展的有效途径。

2. 突破被动听课的困境，促进学生主动学习

在同步互动混合课堂的起始阶段，因技术条件限制，无法实现师生的实时互动，教学点学生的困惑无法得到及时解决，课堂表现不能得到及时反馈。中心校与教学点的隔离不仅是空间的隔离，也是心与心的隔离。如今的同步互动混合课堂将空间分离的师生通过信息技术聚集起来，中心校教师面向中心校学生和教学点学生同步授课。在此过程中，中心校教师可以通过互联网技术手段与教学点学生实时互动，使得教学点学生有了更强的归属感和社会存在感。[①]教学点学生的学习情况通过辅助教师及时反馈给中心校教师，教师能及时获知学生的学习状态和学习进展，这在一定程度上增强了教学点学生学习的积极性和主动性。

3. 增强不同背景学生的理解，促进学生情感领域的发展

中心校学生与教学点学生的成长背景不同，其性格、认知和行为也存在差异。中心校学生对问题多元化的思考角度能给农村教学点学生带来启发，开阔眼界，增长知识。农村教学点学生积极的求学态度和对知识强烈的渴望感染着中心校的学生，彼此在共同学习中增进理解，相互影响。组织良好的同步互动混合课堂，在中心校学生和教学点学生相互交流、增进理解的基础上，促进了学生同理心、共情能力和责任感的发展，促进了学生情感态度价值观的健康发展。

---

① Oztok M，Zingaro D，Brett C，et al. Exploring asynchronous and synchronous tool use in online courses[J]. Computers & Education，2013（1）：87-94.

（五）同步互动混合课堂的实践应用

1. 同步互动混合课堂实施措施

（1）构建完善的保障机制

完善的保障机制是稳步推进同步互动混合课堂的基石。为保障其正常运行，合理的财政机制、统筹运行和管理机制、完善的规章管理制度等必不可少。同步互动混合课堂中硬件设施的采购、安装和维修，以及教学资源建设与应用等都需要稳定资金的支持。为了保障课堂的顺利开展，还需要制定两校师生管理规章制度。此外，应该明确由谁来统筹管理同步互动混合课堂，即应该明确责任主体。

（2）完善信息化基础设施

同步互动混合课堂要实现中心校课堂和教学点课堂同步上课，因此仅仅使用传统课堂的多媒体设备无法满足上课要求。在同步互动混合课堂的建设过程中，国家积极推进"宽带网络校校通""优质资源班班通""网络学习空间人人通"的"三通"建设。[①]除了传统课堂需要的多媒体设备外，还需要有能够实时直播、传输本地课堂实况的其他技术设备，具体包括交互式电子白板与投影仪、多媒体计算机与显示屏、高清摄影机与电子显示屏等。同时，要建立专门的维护团队，维护硬件设施和通信网络，避免出现卡顿、掉线、延迟等问题。

（3）提升教师的专业能力

为了保障同步互动混合课堂的正常运行，提升教师的专业能力，尤其是信息技术使用能力，势在必行。《国家中长期教育改革和发展规划纲要（2010—2020年）》明确指出，要"完善培养培训体系，做好培养培训规划，优化队伍结构，提高教师专业水平和教学能力"。同步互动混合课堂是通过互联网技术实现教学资源的空间传递。与传统课堂相比，其信息设备更为复杂，因此对教师的信息技术使用能力提出了更高的要求。

在同步互动混合课堂的实践过程中，不少试点地区采取了相应的措施以提升教师的信息技术应用能力。比如，湖北省咸宁市咸安区在同步互动混合课堂实施前期，构建了市、镇、校三级信息技术培训体系，开展信息技术能力提升培训、

---

① 刘延东. 把握机遇 加快推进 开创教育信息化工作新局面[EB/OL].（2012-09-05）[2023-10-04]. http://www.moe.gov.cn/srcsite/A16/s3342/201211/t20121102_144240.html.

专题研讨培训、网络研修[①]，保证教师能够运用信息技术手段开展同步教学。湖北省恩施土家族苗族自治州（以下简称恩施州）制定了《恩施州教育局关于加强中小学教育信息技术管理人员队伍建设的通知》《恩施州中小学教师信息技术应用能力提升工程实施方案》，开展多样化的教师信息技术能力培训。[②]

2. 同步互动混合课堂实践案例

（1）恩施州"同体式"同步课堂

恩施州教育存在的主要问题是教师年龄偏大、学校规模小且办学水平不高、教学点多且分散、开不齐课和开不好课等。恩施州以问题为导向，提出"三式"——"同体式""支教式""协作式"同步课堂。其中，"同体式"同步课堂的实质就是"1+1"同步混合互动课堂（图2-4）。第一个1，即一所城镇优质中心校的一个班级；第二个1，即农村教学点的一个班级。具体而言，恩施州"同体式"同步课堂由中心校的一个班级带动农村教学点同年级的一个班级。两个班级使用相同的教材，并同步作业和同步考试。[③]课前，中心校教师结合两个班级的学情，合理安排课时和课程内容。上课时，中心校教师利用网络面向中心校学生与农村教学点学生同步授课，实现优质教学资源共享。

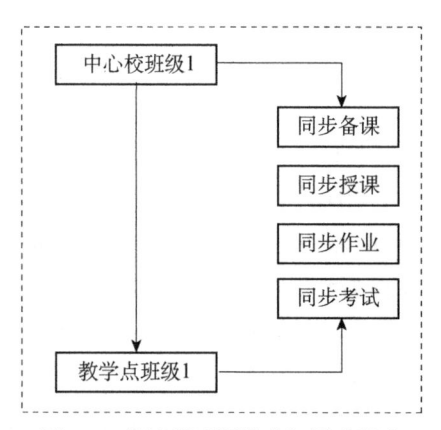

图2-4 恩施州"同体式"同步课堂

[①] 廖伟，陈毅，吴庆年. 农村教学点网校建设策略与方法——以咸安数字学校建设为例[J]. 中国教育技术装备，2017（1）：41-42.

[②] 张伟平. 信息化助力乡村教学点质量提升的机制和机理研究[D]. 华中师范大学，2019.

[③] 朱洪. "恩施三式"破解少数民族地区教育均衡发展难题[J]. 中小学数字化教学，2018（2）：71-73.

（2）咸安"垄上数字学校"

湖北省咸宁市咸安区教育局的统计数据显示，咸安区2012—2013年教学点教师与学生总人数的比约为1：17，教学点50岁以上的教师超过一半，学历大多为中专。[1]由于师资力量缺乏，咸安区开不齐课、开不好课的问题较为突出。为了提高义务教育阶段办学质量，帮助农村教学点开齐课程、开好课程，让孩子全面发展、健康成长，咸安区和华中师范大学信息化与基础教育均衡发展协同创新中心签订合作协议，将咸安区列为教育信息化建设实验区，共同建立了"垄上数字学校"。[2]区别于恩施州"同体式"同步课堂的"1+1"模式，咸安"垄上数字学校"以县域为整体，以县城为中心，利用互联网将城镇的优质教育资源引进农村教学点。它包括 N 个由（1+M）组成的教学共同体，（1+M）是指1所城市中心校带动周边 M（1—3）个教学点（图2-5）。[3]2014年9月，咸安"垄上数字学校"正式运行。截至2017年，咸安"垄上数字学校"已建成教学共同体7组，其中同步互动混合课堂共同体6组[4]，是对农村教学点音乐、美术、英语等课程开不齐课、开不好课问题的有效探索。

二、同步互动专递课堂

（一）内涵

课堂是教育教学改革的主阵地和主战场。我们不仅要改变课堂的空间环境和技术装备，让课堂的物质层面发生变化，更要改变课堂内部的教育资源分配结构。这也就意味着有两个关系将发生重大的变化，即教师与学生之间的关系和

---

① 杨倬. 信息化促进县域义务教育资源共享实践研究——以咸安区为例[D]. 华中师范大学，2018.
② 任飞翔，刘德飞，吴若菡. 信息化助推云南农村基础教育精准扶贫模式初探[J]. 云南开放大学学报，2018（1）：33-38.
③ 王继新，施枫，吴秀圆. "互联网+"教学点：新城镇化进程中的义务教育均衡发展实践[J]. 中国电化教育，2016（1）：86-94.
④ 廖伟，陈毅，吴庆年. 农村教学点网校建设策略与方法——以咸安数字学校建设为例[J]. 中国教育技术装备，2017（1）：41-42.

图 2-5 咸安"垄上数字学校"的架构

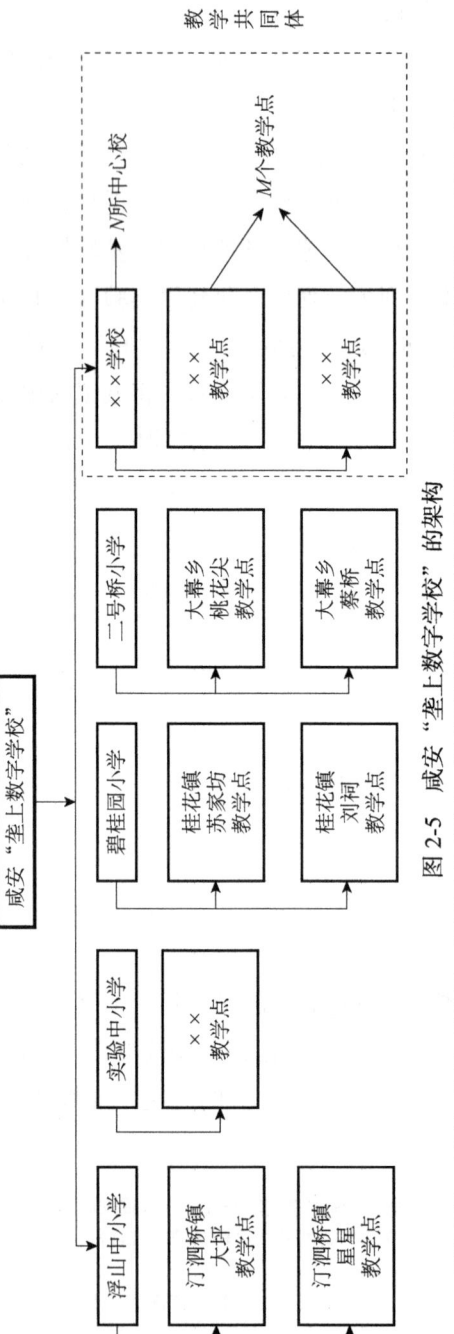

资料来源：王继新，施枫，吴秀圆."互联网+"教学点：新城镇化进程中的义务教育均衡发展实践[J]. 中国电化教育，2016（1）：86-94.

课堂与课堂之间的关系。①

　　课堂改革需要一定的标准指导，以保障改革推进过程的科学性。为此，教育部出台了一系列政策作为课堂改革的重要指南。2012年，教育部教育信息化推进办公室印发《关于进一步充实教育信息化试点工作内容的意见（征求意见稿）》，进一步强调了"专递课堂"这个概念。

　　2016年，教育部颁布了《教育信息化"十三五"规划》，提出要积极推进"专递课堂"建设，提高教学点的开课率，进一步提高教学点、薄弱学校的教学质量，确定了课堂改革的具体方向。2018年，《教育信息化2.0行动计划》提出推进网络条件下的精准扶智，以专递课堂等方式实现公平而有质量的教育，不仅强调了教育公平的理念，还要求保障教学传递过程的质量。2020年，《教育部关于加强"三个课堂"应用的指导意见》提出，到2022年全面实现"专递课堂"在广大中小学校常态化按需应用，并对"专递课堂"的应用模式做出了详细的解释，以期"专递课堂"能在国内大范围推广，成为信息时代的一种新课堂模式。在时代和政策的响应下，同步互动专递课堂教学也在逐步探索和试验。目前，社会认可度较高的是王继新等提出的同步互动专递课堂的交互模式。同步互动专递课堂是指中心校主讲教师负责教学点的课堂教学工作，中心校主讲教师所在的本地课堂并没有学生，他的学生为所对接的教学点的学生，从而实现中心校和教学点的师生互动（图2-6）。②

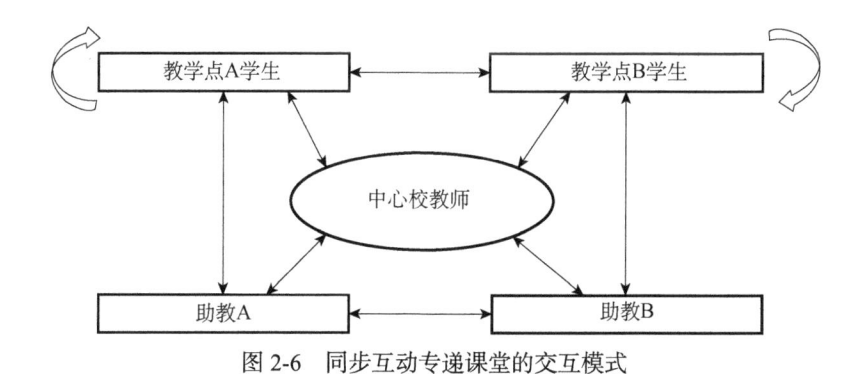

图2-6　同步互动专递课堂的交互模式

---

① 郑旭东，饶景阳，贾洋洋．"三个课堂"促进义务教育优质均衡发展：演进历史、战略价值、关系解析与概念框架[J]．现代教育技术，2021（6）：14-22．

② 王继新，施枫，吴秀圆．"互联网+"教学点：新城镇化进程中的义务教育均衡发展实践[J]．中国电化教育，2016（1）：86-94．

（二）特点

1. 专门性

从形式上来看，同步互动专递课堂专门针对教学点的学生开设，通过实时互动，中心校的主讲教师可以及时获得反馈，随时了解教学点学生的困惑和课堂表现。从授课来看，在课前，中心校的主讲教师需要对教学点的学生情况进行专门的了解，根据学生的知识和能力水平确定授课方式。①

2. 补偿性

从专递课堂的应用领域来看，它的教学点主要分布在经济发展滞后的地区，而中心校所处地区的经济发展水平相较于教学点而言会更好，所以同步互动专递课堂的开设就是为了促进经济发展滞后地区教育的发展。②从学生心理发展来看，教学点的学生以留守儿童、隔代教育和寄养教育的学生为主，在互动过程中学生可以敞开心扉地与外界交流，中心校教师能够及时发现学生的心理发展问题并采取措施应对，既能满足学生与外界互动的需要，又能增进对学生的心理关注。

3. 交互性

连接中心校教师和教学点学生的桥梁是网络信息技术，它可以打破时空局限，让中心校教师通过这一桥梁向教学点学生传授国家规定的课程内容，实现教学知识与问题解决经验的共享。这不仅扩大了优质教学资源的传播和影响范围，还让学生在人媒交互中具有了临场感。③

4. 合作性

在同步互动专递课堂中，中心校的主讲教师负责传授课堂知识和关键技能，助教则负责维护教学点的教学秩序和解答学生的课堂疑惑，配合中心校主讲教师完成课堂教学。在这个过程中，中心校教师和教学点教师合作互动，共同完成课堂教学，增进相互了解，双方的专业素养都得到了提高。

---

① 吕迪. "互联网+教育"背景下的专递课堂：特征、挑战与优化对策[J]. 现代教育，2023（1）：9-14.
② 郑旭东，饶景阳，贾洋洋. "三个课堂"促进义务教育优质均衡发展：演进历史、战略价值、关系解析与概念框架[J]. 现代教育技术，2021（6）：14-22.
③ 吕迪. "互联网+教育"背景下的专递课堂：特征、挑战与优化对策[J]. 现代教育，2023（1）：9-14.

5. 公共性

同步互动专递课堂符合我国农村教育的实情，能较为有效地提升农村教学点的课堂教学质量。近年来，有关同步互动专递课堂的建设目标、发展方向、应用模式的相关政策文件频频出台，各级部门积极推动同步互动专递课堂在国内按需普及化，使得同步互动专递课堂具有了公共性。

（三）发展历程

纵观同步互动专递课堂的发展历程，大致可以分为单向递送、双向交互、双师协同三个阶段（表2-4）。

表2-4 同步互动专递课堂的三个发展阶段

阶段	特点	主要内容
第一阶段	单向递送	为了解决教学有无的问题，输出端单向递送教学
第二阶段	双向交互	输出端的教师和接收端的学生可以即时交互，但接收端的教师位于边缘化境地
第三阶段	双师协同	中心校的主讲教师与教学点的教师展开合作，教学点的教师也能深入参与课堂教学活动

资料来源：郑旭东，饶景阳，贾洋洋．"三个课堂"促进义务教育优质均衡发展：演进历史、战略价值、关系解析与概念框架[J]．现代教育技术，2021（6）：14-22

1. 单向递送阶段

单向递送，即中心校主讲教师向教学点输出教学内容，而教学点的学生并没有参与课堂互动，虽然初步解决了教学点教学规模小、经费不宽裕、设备陈旧和师资力量不足造成的国家规定课程开不齐的问题[1]，但是教学质量仍然有待提高。

2. 双向交互阶段

双向交互，即随着科学技术的不断发展，中心校的主讲教师和教学点的学生可以实现突破时空界限的互动，这种互动可以让中心校的主讲教师及时了解学生的学习情况，发现学习中的困难和问题，及时调整教学和指导策略与方法，使教

---

[1] 王继新，施枫，吴秀圆．"互联网+"教学点：新城镇化进程中的义务教育均衡发展实践[J]．中国电化教育，2016（1）：86-94．

学和指导更具有针对性，对提高教学效率、改善教学效果大有裨益。[①]但该阶段也存在着一些问题，需要进一步探讨。首先，对于教学点的教师而言，从主讲教师到助教的身份转变，使得教学点教师的地位下降，从主导教学过程到辅助教学秩序维护的工作内容改变，使得教学点教师的专业发展受到阻碍。其次，从长远的发展角度来看，这不仅会削弱教学点教师的专业能力，还可能会对同步互动专递课堂的建设产生反作用。最后，我们也应该认识到技术融合教学带来的新挑战，即如何让信息技术为教学点的教师赋能，而不是取代教学点的教师。

3. 双师协同阶段

双师协同，即中心校的主讲教师与教学点的教师开展合作。相关研究表明，协作文化对学生和教师的激励和参与作用通常是积极的[②]，对中心校的主讲教师与教学点的教师开展合作有启发作用。在这样的任务分工中，中心校的主讲教师可以从教学点教师的实际体验中了解教学点学生的学情和性格特征，教学点的教师也可以从中心校主讲教师身上借鉴优秀的教学经验和教学方法，弥补自身的不足。这样既能够保证学生享有优质的教学资源，又能够巩固教学点教师的教学地位，促进教学点教师自身专业能力的发展，有利于营造良好的合作氛围。

（四）意义

1. 同步互动专递课堂有助于提高教学质量

针对经济发展较滞后的区域，同步互动专递课堂借助外部技术引进优质的教学资源或名师资源，来满足学生日常的学习需要，这些区域的学生也能享受到发展较好区域的教学资源，在一定程度上能够有效解决该地区师资缺乏、国家规定的课程开不齐和开不好等问题，能有效地提高农村教学点的教学质量。

2. 同步互动专递课堂兼顾教学点学生个性化需要

同步互动专递课堂的中心校教师所在的学校并没有学生，教学点的学生是中心校教师唯一的教学对象。相较于同步互动混合课堂，同步互动专递课堂的中心

---

① 张伟平，陈梦婷，赵晓娜等. 专递课堂中师生互动对课堂学习效果的影响——以崇阳县小学美术专递课堂为例[J]. 电化教育研究，2020（8）：90-96.

② Hargreaves A. Teacher collaboration：30 years of research on its nature, forms, limitations and effects[J]. Teachers and Teaching：Theory and Practice，2019（5）：603-621.

校教师无须兼顾多方学生的学习需要，有更多的时间和精力，能设计出更符合教学点学生学情的教学活动，使得课堂教学能够照顾到农村教学点学生的个性化需要，更具针对性，在一定程度上保障了教学效果。

3. 同步互动专递课堂能保证课堂教学秩序

中心校教师仅针对教学点的学生开展教学，当教学出现不和谐的情况时，相较于同步互动混合课堂的多教学场景，同步互动专递课堂更能迅速地维持好教学秩序。

综上，"公平"和"质量"是中国现代化教育的两大时代主题，政策和实践的良性互动缓解了当下教育的主要矛盾，使同步互动专递课堂的发展从实现以公平为主的初步均衡走向公平与质量并举的高度均衡，不仅能优化教育资源在东西部地区的配置，还能对同一县域的乡镇资源进行调整，体现了信息技术推动课堂变革的中国智慧。[①]

（五）同步互动专递课堂的模式探索

1. 准备阶段

（1）顶层设计

在顶层设计方面，高校、政府和企业建立了协作模式。各高校充分开展研究，结合宏观政策与相关要求、各地区学校建设同步互动专递课堂的现实条件与实际需求，对数字化建设、信息化教学平台、学科师资培养和同步互动专递课堂教学应用等多方面进行全面的分析，提炼和确定课堂建设的利益诉求，形成系统化的同步互动专递课堂建设模式[②]，为同步互动专递课堂的建设提供理论支撑。各地政府应拿出必要的财政拨款用于设备采购、服务购买、资源配置、教师培训、教学应用和考核激励，为同步互动专递课堂的实施提供财政保障。此外，政府也可以在中心校和教学点组建一个领导小组进行全程跟踪、监督管理与协调，保障经费的合理使用和参与建设主体的职责明确。高新技术企业在同步互动专递

[①] 郑旭东，饶景阳，贾洋洋. "三个课堂"促进义务教育优质均衡发展：演进历史、战略价值、关系解析与概念框架[J]. 现代教育技术，2021（6）：14-22.

[②] 王国民. 协同推进学校专递课堂构建的现状、问题与策略[J]. 岭南师范学院学报，2022（6）：57-63.

课堂建设中应充分发挥技术优势，提供必要的技术支持，架好沟通中心校和教学点的网络桥梁。①

（2）环境条件

网络、平台、教室、教师和学生是同步互动专递课堂的构成要素。同步互动专递课堂作为一个信息化课堂，网络的联通是必不可少的。为了使中心校教师能与教学点学生实现跨区域的实时交互，必须提高对网络带宽的要求。如果教学点的网络带宽达不到相应的标准，在同步互动专递课堂中可能会出现教学延迟或卡顿等现象，使教学效果大打折扣。②为了保证网络带宽的稳定性，相关部门可以与网络运营公司合作建立独立的教育专网，采用5G无线传输，让千兆光纤走进中心校和教学点，提升同步互动专递课堂的带宽速度，保障课堂教学畅通无阻。

平台是优质资源传递的桥梁。在中心校和教学点，可以建设资源共享平台、网络远程同步和交互平台、教育监管平台和家校沟通平台。平台的主要功能是提供课程内容，支持教学内容的本地与远程同步呈现、多类课堂交互活动的组织与实施、授课资源的实时调用与回看、即时测试与学情可视化呈现和远程监控学生的学习过程，使主讲教师能对学生的学习过程性数据进行调取和分组展示，开展精准化的学情分析和差异化的干预。资源共享平台将中心校的优质资源聚合起来，作为教学点的学习资源。宁夏回族自治区教育厅就建设了上接国家资源平台，下接市县级资源平台的宁夏教育资源公共服务平台。网络远程同步平台和网络交互平台保障了中心校与教学点的实时交互，中心校的主讲教师可以借助这个平台与教学点的学生实时互动。教育监管平台能够监督同步互动专递课堂中的中心校教师是否履行教学责任，教学点的教师是否落实辅助责任，以及监控教学点学生的学习情况，进而保障学习效果。③通过家校沟通平台，能够充分了解学生的成长环境及心理发展特点，进而展开有针对性的教学。

同步互动专递课堂对中心校和教学点的教室设施提出了要求。中心校的同步互动专递教室需要安装多机位的摄像头（捕捉讲授画面）、专用摄像机（追踪板书）、立体声音采集装置及直播服务器等，以保障将视频与声音实时推送到教学点的接收端，增强学生的注意力和临场感，保证交互课堂的有效性。教学点不仅

---

① 吕迪. "互联网+教育"背景下的专递课堂：特征、挑战与优化对策[J]. 现代教育, 2023（1）: 9-14.
② 刘圣泽. 专递课堂的架构与应用模式探究[J]. 中国教育技术装备, 2020（5）: 89-91.
③ 刘圣泽. 专递课堂的架构与应用模式探究[J]. 中国教育技术装备, 2020（5）: 89-91.

需要有投影、电子白板等视频输出设备，还需要安装互动辅助设备，接收中心校实时推送的视频与声音。此外，教室的这些设备应同时具备记录和存储教与学过程信息的功能。

中心校教师和教学点教师通力合作，能提高课堂教学效果。课前，中心校教师与教学点教师共同备课。中心校教师了解教学点学生的心理状态和生长环境，教学点教师知道中心校教师的教学安排，便于辅助中心校教师推进教学进度。课中，中心校教师主导教学过程，教学点教师要做好教学秩序的维护及学生的答疑辅导。课后，中心校教师与教学点教师对本节课进行总结和反思，以提高下一次同步互动专递课堂的效果。相较于传统的面对面授课，教学点学生感受到的临场感会更弱，通过一次次同步互动专递，教学点的学生逐渐适应同步互动专递课堂的上课模式。[①]

2. 实践应用

在教育实践过程中，同步互动专递课堂有三种具有代表性的模式，三种模式在实践过程中均取得了良好的效果。

（1）"1+N"县域同步互动专递课堂[②]

"1+N"（$N \leq 2$）县域同步互动专递课堂，是指1所中心校辐射1—2个辖管教学点（图2-7），中心校与教学点按照国家规划的课程内容开设常态化的"专递课堂"。这种模式主要应用于音乐和美术课程。在这种模式下，中心校课堂与教学点课堂能够实现音频、视频、画面及师生问答的交流，中心校教师能及时掌握学生的学习情况。中心校与教学点同属一个县域，同归一套领导班子管辖，便于组织、监督和教师间的自我调整，在作息时间、教材进度、课时安排上具有一致性。

图2-7 "1+N"县域同步互动专递课堂

[①] 薛杨. 专递课堂应用的要素分析与模式探究[J]. 吉林教育，2017（44）：41-42.
[②] 徐占吉. 县域专递课堂建设与应用模式的探索[J]. 文教资料，2020（11）：190-191，173.

以甘肃省张掖市高台县为例,在正式开启专递课堂教学前,教育管理部门做了相应的准备工作:通过问卷、访谈等形式了解乡村学校、教学点的音乐、美术、科学、综合实践等课程的师资情况,统计各教学点教师的擅长点和薄弱项;对各教学点的教学条件进行考察,根据教学设施的丰富度和完善情况对教学点进行分组,根据实际情况与中心校进行帮扶结对,使中心校的教学更具针对性;针对全县教学点的实际情况,落实专递课堂的课程传输工作。2017年,全县共有12个无法开设音乐和美术课程的教学点,由中心校分年级进行"1+1"或"1+2"的同步互动专递。在该模式下,教学点开齐了国家规定的课程,教学质量得到了提升。

(2)"1+3+N"县域同步互动专递课堂[①]

"1+3+N"县域同步互动专递课堂,是指1名不带学生的乡镇中心校优秀主讲教师面向3个教学点授课,同时有N个听课端同步听课(图2-8)。中心校负责参与专递课堂的上课安排,主讲教师负责教学设计和教学主导,教学点教师做好课堂答疑,并在课堂观察量化表中记录学生的学习情况,作为课后教研反思的重要依据。中心校教师和教学点教师的聘期为1年。在该模式下,运用5G网络技术同步板书、同步练习和同步交流,增强临场感。此外,中心校主讲教师每月至少与教学点的学生见一次面,补偿在线教学的情感缺失,增进师生的情感交流。

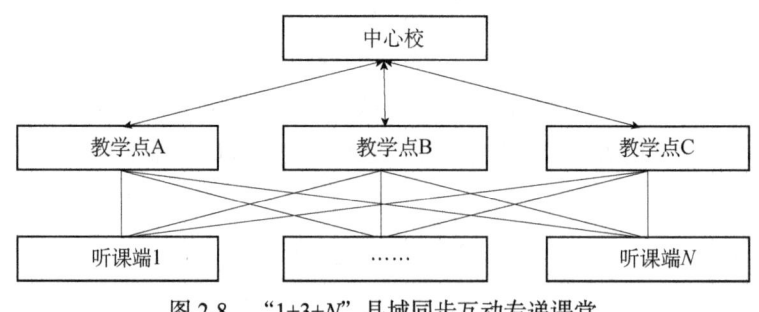

图2-8 "1+3+N"县域同步互动专递课堂

河南省平顶山市叶县的专递课堂应用模式在2022年入选了国家教育资源公共服务体系联盟建设与应用创新案例,在理论上有一定的研究价值。在前期工作

[①] 汪滢,陈文峰,汪基德. "三个课堂"常态化按需应用的县域推进机制——以河南省叶县教育信息化PPP模式为例[J]. 电化教育研究,2022(9):73-79,97.

中，县政府极力推进，协调布局。2018年，叶县通过整合政府、教育科技企业、金融机构、高校科研机构、中小学等力量，构建了专递课堂的外部环境要素。政府和企业达成合作协议，企业专业化技术团队长期为课堂建设提供一站式服务，促进课堂发挥应用效益。学校因地制宜推进，针对教师的教学能力和信息化水平开展培训。外部环境为同步互动专递课堂的实施打下了坚实的基础。在这样的背景下，刘东华教学点通过同步互动专递课堂，让全校2个班级的42名学生享受到了优质教学资源。在同步互动专递课堂中，2名教师不仅负责了全科课程，还揽起了学生的保育工作，建立了固定的结对帮扶机制，调动了学生的学习积极性。

（3）基于"一校带多点"的同步互动专递课堂项目联通式发展[①]

"一校带多点"的同步互动专递课堂项目联通式发展包括通过区域联通构建技术资源协调网络、通过学校联通构建教学教研组织网络、通过课堂联通构建学科知识传输网络（图2-9）。通过区域联通构建技术资源协同网络，可以让多所学校共享技术和资源成果，辅助不同学校实施同步或异步专递课堂。学校联通构建教学教研组织网络，能够共享中心校的教学方法和教学资源，建立涵盖中心校和教学点教师的工作坊，成立同步互动专递课堂的教研组织群体。通过课堂联通构

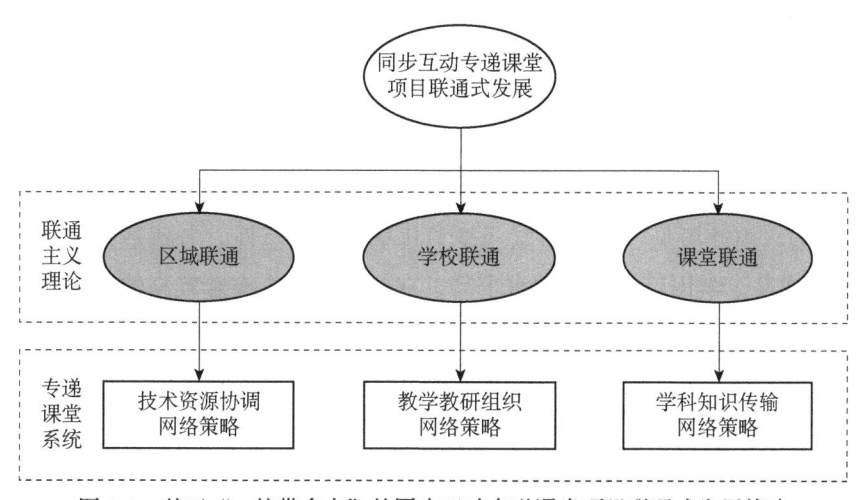

图2-9 基于"一校带多点"的同步互动专递课堂项目联通式发展战略

---

① 韦海铭. 基于"一校带多点"的专递课堂项目联通式发展策略与实践[J]. 教育信息技术，2019（10）：39-42.

建学科知识传输网络，是根据教学点的特性和学科知识的共性进行专门的教学设计，使教学配置最优化。

2018年，广东省茂名市信宜市丁堡镇的14所小学均部署了一套同步互动专递课堂系统，结合教学点的实际条件和学生特征，实施专递课堂项目联通发展规划，按中心校和教学点的分布，分层建立了多校协同的专递课堂系统。2019年，针对教学点出现的网络传输等问题，邀请专业技术人员现场勘查，提出了区域联通的专递互动课堂建设方案。在外部环境条件的保障下，对校内教师进行专递课堂的针对性培训。首先，对教师进行专递课堂使用培训；其次，组织教师形成工作坊，探讨同步互动专递课堂的教学方法和组织形式；最后，利用网络平台实现跨越空间的同级不同校同上一堂课，让各教学点既能听到镇中心小学优秀教师的课堂教学，又能解决美术、音乐等课程开不齐的问题。

三、名师课堂

（一）内涵

名师课堂指的是利用互联网跨时空传播的特点，共享名师在长期实践和学习中形成的优质教育教学经验，扩大名师资源的辐射范围，为教学能力不强和专业水平发展不高的教师提供学习平台，以形成促进教师专业成长的网络研修共同体（图2-10）。[1]由此可见，名师课堂凸显了共享性和示范性。名师是育人的表率，师风师德优良，学识广博，教学水平高，在一定区域内有着较高的知名度，在长期的实践中积累了丰富的教育教学经验，这对于教学水平亟待提高的普通教师而言，无疑是一笔宝贵的财富。区域内教师队伍的专业化水平参差不齐，名师课堂利用互联网传播名师宝贵的教育教学经验，突破了时空对普通教师学习的限制，使得名师优质资源在更大范围内得以传播和交流，为普通教师提高专业能力及彼此交流切磋搭建了更便捷的学习平台，是"互联网+教育"背景下教研活动的新

---

[1] 汪滢，陈文峰，汪基德等."三个课堂"常态化按需应用的县域推进机制——以河南省叶县教育信息化PPP模式为例[J]. 电化教育研究，2022（9）：73-79, 97.

形态。名师课堂充分发挥了名师的引领和示范作用，旨在孵化更多名师，也期望以名师高尚的品德对其他教师产生潜移默化的影响，从而为学生树立良好的榜样，践行"其身正，不令而行；其身不正，虽令不从"的至理名言。

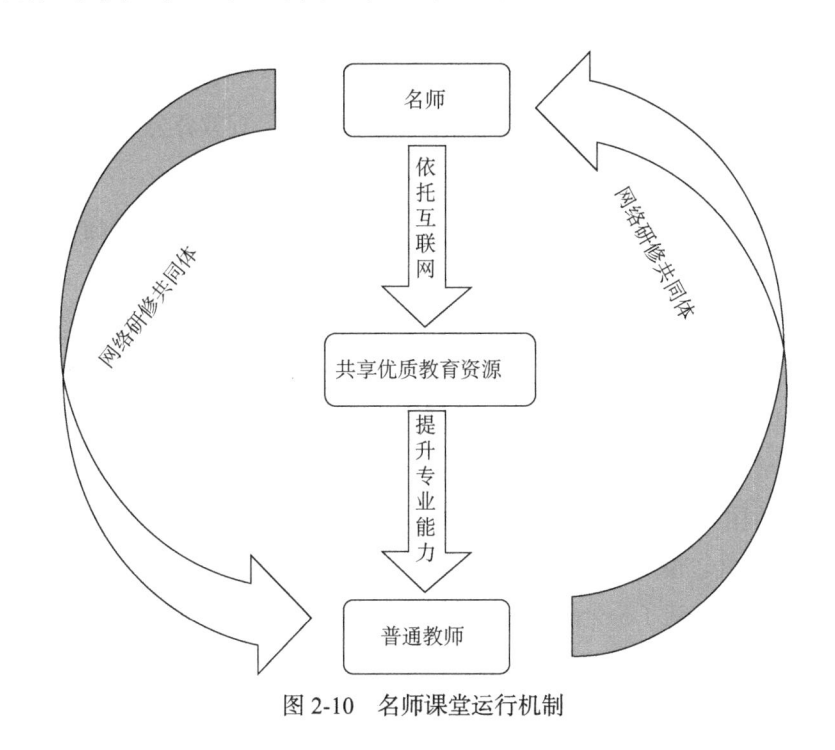

图 2-10　名师课堂运行机制

（二）建设的必要性与可行性

1. 实现教育公平的重要举措

《论语》中的"有教无类"，说的是教育不分高低贵贱，每个人都有受教育的权利，这体现了古人朴素的教育公平思想。进入教育信息化时代，习近平总书记高度重视教育事业的公平性，指出"坚持教育公益性原则，把教育公平作为国家基本教育政策……大力推进教育体制改革创新"[①]。城乡教育水平差距较大，资源分配不均衡是我国教育领域重点关注的内容。城乡教育资源分配不均衡的一大突出表现是师资力量不均。父母都想让自己的孩子在一位教学水平高、德行修养好

---

① 大力推进教育体制改革创新[N]. 人民日报，2018-09-17（002）.

的老师的指导下成长。一些名师通常是在城市中条件较好的学校任教，并不是每一个乡村教学点的学生都能接受名师面对面的教育。教师是学生获取知识的主要来源之一，较高的专业水平是教学质量的基本保障。名师课堂突破了地理阻隔和空间障碍，缩小了城乡学校间的数字鸿沟，充分发挥名师的示范效应，以优秀教师带动乡村教师，组成成长共同体，有利于提升乡村教师的专业水平，孵化更多名师，提高乡村教学质量，逐步缩小城乡教育差距，实现教育公平。

2. 传统研修方式矛盾凸显

在城镇化进程中，师范生就业时更多选择留在城市，导致乡村师资不足。许多乡村教师身兼数职，负责多个班级的教学和班级管理工作。在繁忙的教学工作外，教师需要花费额外的时间完成专业学习，工学矛盾突出。许多乡村教师迫于学校压力开展研修活动，自发组织的教研活动较少，教研意识较薄弱，形式单一。改革开放以来，为壮大乡村师资队伍，提高乡村教师的教学能力，国家和地方政府进行了诸多探索，如教研员蹲点指导、送教下乡、乡村教师跟岗学习和外出培训等。但由于城乡距离较远，面对面教研的时间成本高，活动次数少，乡村教师的专业提升较慢。名师课堂是教育数字化转型背景下对教研方式的创新性探索，为教师研讨搭建了一个新的时空，使得乡村教师能够就地教研。

3. 教师专业化成长的需要

"百年大计，教育为本；教育大计，教师为本。"教师是教育质量的基础和保障。随着互联网与教育的深度融合，网络在线学习平台和虚拟学习空间的建设越来越成熟，教室中的信息化设备越来越丰富，这对乡村教师的信息化水平提出了更高的要求。在"互联网+教育"背景下，乡村教师能否转变传统教育方式，提高信息化教学能力，适应时代发展需要，决定了乡村教学质量能否得到提高。与此同时，互联网的不断发展拓宽了学生获取知识的途径，学生接收信息的速度变快，对知识文化更广泛的需求，不断督促教师提高自身的专业水平。《中国教育现代化2035》明确指出，"夯实教师专业发展体系……推动教师终身学习和专业自主发展"。终身学习是教师专业成长的必由之路，教师只有坚持终身学习，不断更新教育观念，提高专业水平和教学水平，加强品德修养，才能为学生成长成才提供科学的指导。因此，为了促进教师的专业化成长，名师课堂的建设无疑是关键之举。在名师课堂中，由名师带头组建网络研修共同体，乡村教师在此共同体中不断学习,进而提高信息素养水平,践行终身学习理念,实现专业化成长。

4. 信息技术的普及和完善

为了解决各级各类学校的宽带接入问题,由政府出资资助,与电信运营企业达成战略合作,为学校提供宽带网络接入服务,"宽带网络校校通"建设取得了突破性进展。自《教育信息化十年发展规划(2011—2020年)》发布和首次全国教育信息化工作会议召开以来,学校网络教学环境有了明显的改善,多媒体教室普及率和全国中小学互联网接入率不断提升,很多师生都在通过"网络学习空间"探索新型教学、学习模式,能够满足乡村教师在线培训学习的需要。党的十八大以来,党中央、国务院出台了许多促进教育信息化的政策文件,信息化已成为国家战略。信息化水平不断提高,网络基础设施建设不断完善,为名师课堂的建立和发展提供了技术支撑。

(三)发展历程

国家为推进名师课堂建设,开展了相关座谈会,陆续出台了许多政策文件(表2-5)。从一系列政策中不难发现,名师课堂以互联网为载体,通过建立网络研修共同体,促进教师的专业化成长。

表2-5 名师课堂相关政策或会议

时间	政策或会议	内容
2012年	教育信息化试点工作座谈会	要建设好三个课堂,即"专递课堂""名师课堂""名校网络课堂"。名师课堂即利用现在的网络平台充分发挥名师的示范带动作用,以提高广大教师的教学水平
2014年	《构建利用信息化手段扩大优质教育资源覆盖面有效机制的实施方案》	通过"名师课堂"等形式,促进教育公平、提升教学质量。鼓励各学校共享优质校本资源,开展"一师一优课、一课一名师"活动
2016年	《教育信息化"十三五"规划》	大力推进"名师课堂"建设,组建名师工作室,发挥特级教师的示范作用,形成网络研修共同体
2017年	《国家教育事业发展"十三五"规划》	加强"名师课堂"等信息化教育教学新模式的探索
2018年	《教育信息化2.0行动计划》	完善优课服务,发挥"一师一优课、一课一名师"示范引领作用,形成覆盖基础教育阶段所有学段、学科的生成性资源体系

续表

时间	政策或会议	内容
2019年	《关于实施全国中小学教师信息技术应用能力提升工程2.0的意见》	依据学校信息化发展规划，组建"骨干引领、学科联动、团队互助、整体提升"的研修共同体
2020年	《教育部关于加强"三个课堂"应用的指导意见》	"名师课堂"可以通过组建网络研修共同体等形式，解决教师教学能力不强、专业发展水平不高的问题，使名师资源共享范围扩大

纵观名师课堂的发展过程，大致经历了以下三个阶段。

1. 课堂录像阶段

课堂录像是名师课堂发展的初期阶段。该阶段主要通过建立光盘录像集和视频点播平台，使得名师资源能够共享到偏远乡村地区。[①]录像前，选取区域内各学科的带头教师，教师面对本班学生或借其他班级学生授课。拍摄人员通过录像设备记录教师的上课过程，将编辑后的视频制作成DVD光盘送到农村教学点播放，或者将录像视频转换成流媒体形式放置于网站供师生观看（图2-11）。

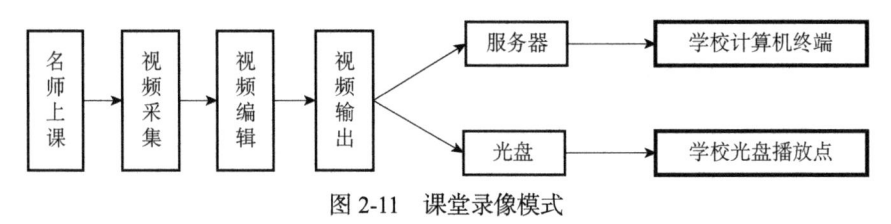

图 2-11 课堂录像模式

资料来源：杜宝良. 用名师课堂录像促进农村教育资源均衡化发展[J]. 中国教育信息化, 2009（10）: 47-49

课堂录像阶段的名师课堂具有以下特点：第一，技术设备简单。只要有计算机或者电视就能观看名师的课堂实录视频。第二，可重复观看。对不理解的教学过程，师生可以反复拉动进度条，多次观看学习。第三，学生被动听讲，与授课教师没有互动，无法及时获得学习反馈。学生只能通过视频画面观看教师的授课过程，这对学生上课的自觉性和专注度的要求较高。第四，乡村教师只是作为视频的接收者，与授课教师没有互动和交流，只能依靠自己的个人理解摸索授课教师的教学方法、活动设计目的等，能够获得的教育教学经验十分有限。

[①] 杜宝良. 用名师课堂录像促进农村教育资源均衡化发展[J]. 中国教育信息化, 2009（10）: 47-49.

2. 双师协同阶段

课堂录像可以使优质教学资源传播到偏远的乡村教学点，但学生学习过程没有主讲教师参与。随着信息技术的不断进步，资源实现了跨时空传播，名师上课实况可以同步传输至乡村教学点，实现了师生实时互动。为了维护课堂教学秩序，每个乡村教学点设置了1名辅助教师。辅助教师不直接参与课堂教学，在课堂教学中扮演协助者的角色。相比课堂录像阶段，在这一阶段，名师与教学点的教师能够沟通与互动，但仅限于教学秩序、教学准备和课后学生反馈的沟通，教学点辅助教师并未直接参与课堂教学过程，教师能够获得部分名师的教育教学经验，但并未真正实现名师教育教学资源的共享，因此乡村教学点辅助教师的教学水平没有得到很大提升。长此以往，可能会导致辅助教师的职业认同感降低、专业提升困难等。[1]

3. 双研-双修阶段

名师课堂发展后期，乡村教学点的辅助教师不再只是课堂教学的协助者，他们开始真正参与教学。主讲名师充分发挥自身的示范作用，吸引包括乡村教学点教师在内的众多教师，形成研修共同体，依托互联网，实现与名师协同备课、协同教学、协同教研、协同观摩与评议课等。在此过程中，乡村教学点教师与名师平等对话，学习名师的教学技能、教学方法、教学设计等。在与名师的沟通和交流中，理解其先进的教学思想，并不断更新自我育人理念，最终将名师显性和隐性的教育教学经验内化于心，达到自我研修的目的。[2]

（四）意义

名师课堂是在"互联网+教育"背景下对教师教学、研修方式的创新性探索，是促进城乡教育均衡发展的有效途径。名师课堂强调优质教育教学经验的群体共享，目的是提升乡村教师的教学能力、教研能力、信息化素养等，对乡村教师专业成长具有重要的意义。

---

[1] 师亚飞，童名文，王建虎等. 混合同步学习：演进、价值与未来议题[J]. 电化教育研究，2021（12）：100-107.

[2] 杨南. 基于名师教学视频资源的自我研修：模仿、重组与嫁接[J]. 教育理论与实践，2019（29）：35-37.

1. 提高教师专业化水平

名师课堂充分发挥骨干教师的带头作用，与普通教师组成研修团队，充分与各学科联动，名师、学科带头人和学员教师利用互联网不断聚集，围绕教育教学问题、班级管理问题进行探讨。比如，定期开展专题研修、教学案例交流、学情分析、教学设计研讨、学法指导、教学评价、课堂实录分析、在线听课、在线评课、信息化技能培训等形式多样、内容丰富的教研活动。在此过程中，学科带头人或名师共享教研信息，在彼此的交流中创生教育新方法、新技术、新模式等，为乡村教师破解教育教学重难点问题、了解学科最新进展、提升教学水平提供了交流和学习的平台。在发展过程中，名师课堂通过"师承效应"促进乡村教师的成长。[①]一是隐性师承，即乡村教师在网络研讨过程中，潜移默化地受到名师的人格魅力、道德修养、教育理念等方面的熏陶，并逐渐提高个人修养。二是显性师承，即乡村教师在网络教研的过程中，学习名师的教学方法、教学手段，积累丰富的教学经验。

2. 增强教师的内驱力

马斯洛将人的需求分为生理需求、安全需求、社交需求、尊重需求和自我实现需求五个层次。前四个层次称为缺陷需求，类似于本能，是人的基本的生存需求，最高级别的自我实现需求称为增长需求。名师课堂有利于乡村教师逐渐跳出类似于本能的基本生存需求，逐渐转向自我实现这一最高层次的需求。[②]互联网与教育的融合越来越深入，名师课堂以互联网为依托，要求教师不应局限于上好课，而是应该不断丰富知识储备，更新教育理念，学习信息技术手段，与时俱进。教育信息化的纵深发展，让乡村教师产生了危机感，让他们认识到不能顺应时代的发展，就会被时代淘汰。因此，教师必须持续学习，以提高自身的能力。另外，名师或学科带头人丰富的教育教学经验，对新教育技术手段的熟练运用和终身学习的态度，潜移默化地感染着乡村教师。长期身处浓厚的教学教研环境，教师可能会因旁人的压力而主动提升自我，也可能由于个人思想觉悟的提高，从而不满足于基本

[①] 王永固，聂瑕，王会军等."互联网+"名师工作室促进乡村教师专业发展：机制与策略[J]. 中国电化教育，2020（10）：106-114.

[②] 张玲，何德."互联网+教育"赋能乡村教师队伍建设：宁夏示范实证[J]. 教师教育学报，2021（1）：30-37.

生存需求，开始寻求更高层次的自我实现需求。在这个过程中，乡村教师的内驱力增强，渐渐地主动融入名师课堂，适应不断更新和变化的信息化环境。

3. 增强网络社群协作意识

乡村学校的地理、音乐、美术等学科师资力量缺乏，一所学校可能只有一两名相关学科教师。教师要么独立教研，要么仅在极小的社群空间内参与教研。名师课堂依托互联网组建网络研修共同体，营造出群体联合的网络空间。在这个网络空间中，共同体中的每一个成员都要参与研讨，群策群力、团队协作，共享优质教育资源，携手促进网络研修共同体的平稳发展。在此过程中，乡村教师的工作从个体劳动向群体联合与协同发展。①

（五）实践应用

1. 名师课堂对接模式

名师课堂对接模式，指的是为促进乡村教师专业成长而在中心校和对接学校同时安装多媒体设备，从而实现远程同步教研。孝感在名师"1+X"同步课堂探索过程中，就采用了名师课堂对接模式，试点应用工作在孝感市玉泉小学的功能学术教室和闵集乡小学的多媒体教室展开。通过名师课堂对接模式，利用空中网络资源，两校互通办学理念，共同探讨管理经验、交流教育教学经验，开展教育教学培训。名师课堂的设置，为两校提供了便捷的交流平台。②

2. 联合研修模式

联合研修模式，即专家、名师与普通教师依托互联网平台组成研修共同体，协同开展教学教研活动。下面具体介绍王福会名师工作室的"1+N"模式和区域名师"N+3+1"模式。

（1）王福会名师工作室的"1+N"模式

王福会名师工作室的"1+N"模式，指的是牵手N个名师工作室，依托N个平台，利用N个媒介。2019年1月，王福会与李姝侠、高玲玲、魏晓辰名师工

---

① 董鹏，顾亦然. 教育信息化背景下的教师发展路径研究[J]. 经济研究导刊，2019（19）：155-157.
② 严友田，李冰景. 名师"1+X"同步课堂建设力促孝感市基础教育均衡发展[J]. 软件导刊（教育技术），2014（4）：3-4.

作室联合,成功举办了"名师优课"进唐山活动。该活动全程直播,共享优质教育教学资源。王福会名师工作室依托唐山市开平区教育局与天津市北辰区教育局结成教育共同体平台,组织工作室成员与唐山市开平区、天津市北辰区教师同上一节课。该活动持续了三年,通过网络直播的方式,扩大了优秀课例的辐射范围。王福会作为"国培"专家,受邀前往贵州师范学院授课。王福会以"国培"为媒介,利用网络直播、远程共享的方式,将贵州师范学院的优质资源共享给名师工作室的成员。①

（2）区域名师"N+3+1"模式

"N"指区域以名师工作室为核心组成 N 个名师网络工作坊,利用区域教育资源公共服务平台,结合工作室自身的特色和教研需求,开展线上观摩、线上研讨、线上评课,作为名师课堂研修应用的推进点和落脚点。

"3"指名师课堂的 3 个研修层次。第 1 层次是名师课堂基础应用的常态化形态,具体指名师工作室带动本校普通教师,尤其是青年教师,围绕学科教学问题,开展线上教研与线下教研的混合式研修活动。第 2 层次是名师课堂深化应用的普惠化形态。名师工作室与区域内其他学校的普通教师组成校际集群,开展线上为主、线下为辅的研修互动,充分发挥教育集群的辐射带动作用。第 3 层次面向区域外结对帮扶学校的普通教师,名师工作室与其共同开展数字化线上研修。②

"1"指由 N 个名师网络工作坊组成的区域名师课堂研修应用实践共同体（图 2-12）,共同开展名师课堂分层研修。在此研修模式下,校内教师、区域内教师与区域外结对帮扶学校的教师共同组成一个线上社区,合力推动实践共同体发展。

---

① 王福会名师工作室"1+N"联合研修的实践探索[J]. 中学政治教学参考,2020（24）:2,91.
② 李广文. 教育数字化转型背景下区域名师课堂研修应用模式研究[J]. 中国现代教育装备,2023（16）:60-62.

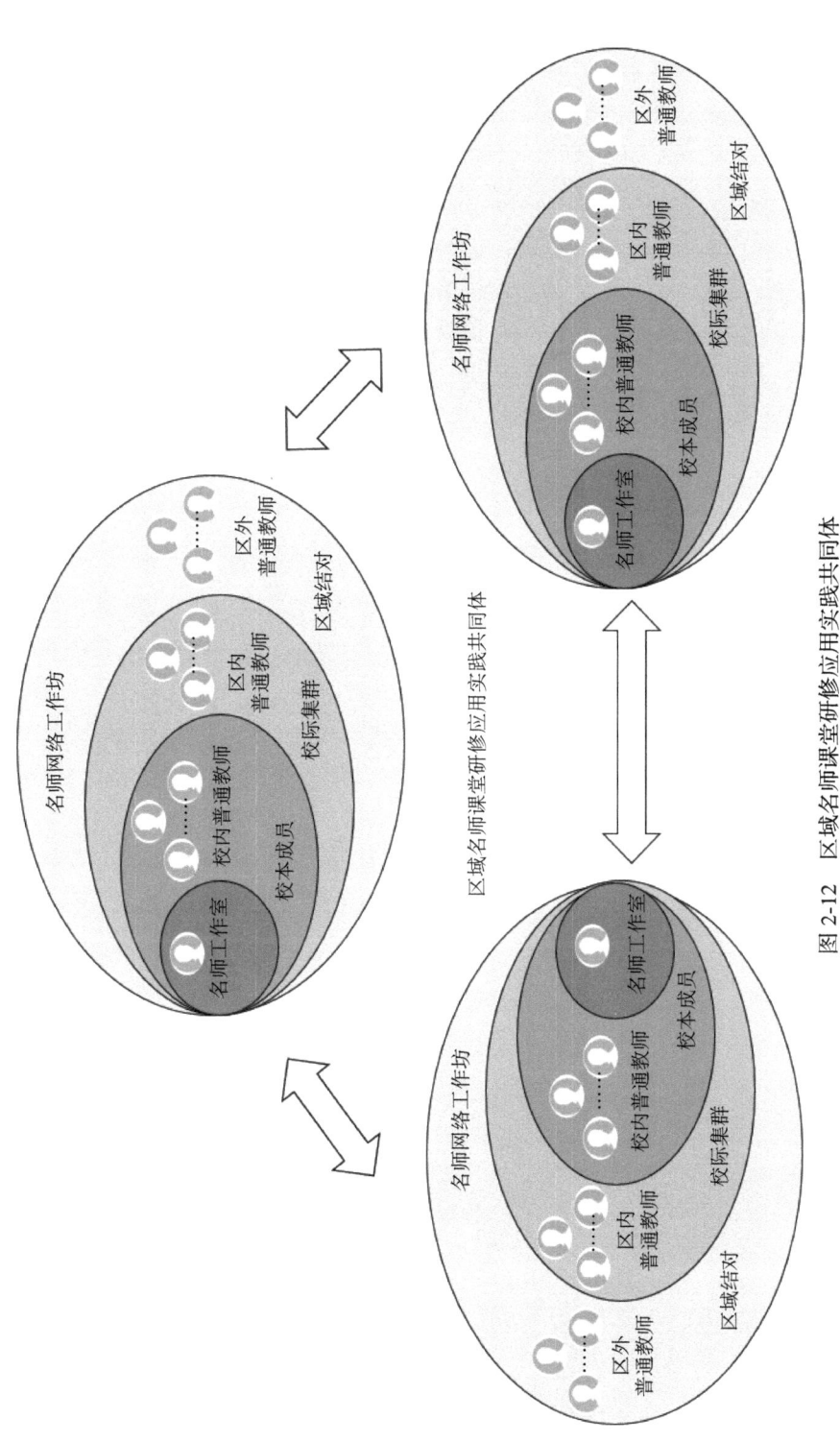

图 2-12 区域名师课堂研修应用实践共同体

资料来源：李广文. 教育数字化转型背景下区域名师课堂研修应用模式研究[J]. 中国现代教育装备, 2023 (16): 60-62.

第三章
数字双轨学校教学信息传递的时空分析

教学信息就是教学过程中在教师和学生之间传送的各种具有教学意义的符号[①]，课堂教学实际上就是教学信息的输出、传递、转换、加工和储存的过程。课堂上的知识、教师的要求、学生的反应等都是教学信息。在传统的课堂教学中，教师和学生往往同时存在于一个空间（教室），由一名教师面对多名学生开展教学。在数字双轨学校中，城市中心校与农村教学点构成了一个课堂教学共同体，教学信息的传递在时间和空间上实现了跨越。在这样的课堂教学模式中，教学信息的传递势必与传统课堂教学有所不同。为了有效开展数字双轨学校教学，需要清楚数字双轨学校的教学环境特征，以及不同教学模式下教学信息传递的时空特点。本章将从这两个方面对数字双轨学校的教学进行论述，以期为数字双轨学校教学实践提供理论指导。

[①] 李森. 现代教学论[M]. 北京：人民教育出版社，2011：450.

第一节　数字双轨学校教学环境分析

学校教学环境是指影响学生学习与教师教学的各种因素和条件，包括物理环境、心理环境和社会环境等。结合数字双轨学校的特点，对其教学环境的分析主要从人力因素、空间环境和教育技术环境三个层面展开，分别从城市中心校和农村教学点或薄弱学校两个方面对比分析。

一、人力因素

（一）教师

教师是学校长远发展的中坚力量，他们对学校的发展、学生的学习的影响是巨大的。尤其是农村教学点，教学设施陈旧、教学环境不佳、生源质量不佳等直接影响了其教育水平和质量。在城市中心校，师资力量是吸引生源和影响办学的重要因素，对中心校办学的影响同样重大。但由于薪资待遇、生源质量、教学资源等多方面因素的影响，城市中心校教师与农村教学点和薄弱学校教师在专业素质、教育理念、教育方法、教育影响等方面存在差异。

1. 城市中心校教师

城市中心校教师在数字双轨学校中承担主讲教师的职责，主要负责给学生授课。城市中心校教师的准入门槛较高且竞争比较激烈，通常其专业素质过硬、教育理念先进、教学方法科学、教育影响深刻。

（1）专业素质

教师的专业素质包括专业知识、专业技能和专业情意。

专业知识是教师区别于其他职业的理论体系与知识经验，是教师专业素质的基础。舒尔曼提出教师专业知识结构包括学科内容知识、一般教学法知识、课程知识、学科教学法知识、有关学生的知识、有关教育情境的知识和其他课程知识。[1]城市中心校的教师通常具备优秀的专业知识，且有更新自身知识储备的意识。

专业技能是教师在教学活动中应该并且必须拥有的基本技能和能力，主要包括在实践教学过程中的教学技巧和教学能力。[2]教师的专业技能是在教学实践过程中不断练习、反思、实践获得的。城市中心校的师资力量雄厚，教师的授课任务相对农村教学点和薄弱学校教师而言会比较轻松。出于对教师职业能力提升的需要，城市中心校教师会组织和参加多种多样的教研活动，如各种公开课比赛、教学技能比赛等。这些活动有效地提高了城市中心校教师的专业技能，同时能引导教师在交流中加深对专业技能的认识和理解。

专业情意是教师对教育事业的热爱与责任感，包含关爱学生的情感态度、积极教学实践及持续的专业发展意愿。专业情意体现了教师的职业认同与教育信念，是教师认真对待教育事业的基石，能驱使教师的教育教学行为，进而影响教师的教育教学质量，同时还能促进自身师德修养的提升与发展。城市中心校教师的专业情意普遍较高，能对自身的教学质量提出较高的要求，密切关注自身的教学成果和职业发展。

（2）教育理念

教育理念是教师对"心目中的教学是什么样子"这一问题的回答，其在实质上反映了教师对教学问题的价值取向与价值选择。教师的教育理念会影响其知觉与判断，继而影响其在课堂上的教学活动与教学行为。

在数字双轨学校，城市中心校教师在为农村教学点和薄弱学校学生授课的过程中，由于无法直接观察学生对教学过程的即时反应和课堂表现，不得不把教学重心放在如何评价学生的学习情况和较好地抓住学生的注意力上。同时，对学生学习情况的判断及对课堂秩序的把控，成为主讲教师直播教学时首先要面对的挑战。这种在线教学的不确定感，让中心校教师的课堂教学从关注"教"向关注"学"转变，从关注自己"教得怎么样"向关注学生"怎么样学""学得怎么样"转变，是"以教师为中心"向"以学生为中心"的转变，即往前迈进了一步。随

---

[1] Shulman L S. Knowledge and teaching: Foundations of the new reform[J]. Harvard Educational Review. 1987（1）：1-22.

[2] 教育部师范教育司. 教师专业化的理论与实践[M]. 北京：人民教育出版社，2003：60-63.

着教育理念的转变，城市中心校教师对"以学生为中心"的理解从以往的简单认知转变为"如何设计有利于学生学习的活动""如何通过评价设计促进学生的学习"等更深层次的内涵，为教师教学行为的转变奠定了理念基础。

（3）教学方法

教师的教学方法多种多样，贯穿于课堂教学的始终，全面而熟练的教学方法是教师开展有效教学的前提。在中小学，教师常用的教学方法有讲授法、谈话法、讨论法、演示法、练习法、实验法等。

城市中心校教师的教学方法多种多样，可以在具体教学过程中结合所教的内容及学生的特点，将多种方法融合在一起，以激发学生学习的兴趣，提高课堂教学效率。同时，城市中心校教师会通过教师培训、教研活动交流、听讲座等多种途径丰富自身的教学经验，增长教育知识，其教学方法也会因此不断丰富。反馈到数字双轨学校中的表现就是，城市中心校教师在为学生授课时，采用的教学方法丰富多样。

（4）教育影响

数字双轨学校教学模式是我国在解决农村教育资源不足问题的实践过程中创造出来的，必然会对教育的发展、教育的对象等产生影响。

首先，对教育发展的影响。从教育发展的历史看，数字双轨学校教学模式利用现代信息技术，创新了教学形式，解决了农村偏远地区儿童受教育的问题，在教育发展历史上具有积极的影响。随着人工智能的发展，数字双轨学校的教学效果将得到进一步提升。

其次，对城市中心校教师的影响。数字双轨学校教学模式对城市中心校教师的教学能力和教育智慧提出了更高的要求。城市中心校教师在线上授课，由于教学场景的分离和师生互动的间接性，城市中心校教师难以直接观察和评估学生的学习状态，从而会对教学效果产生影响，具体可能表现在学生对课程内容的掌握程度、学生的参与程度、学生的课堂表现等方面。中心校教师需要了解不在身边的乡村学生，学会从他们的学情实际出发设计课堂教学，应对因技术或其他原因导致的课堂突发事件，这对中心校教师的专业素养和教育智慧提出了更高的要求。

2. 农村教学点和薄弱学校教师

农村教学点和薄弱学校教师在数字双轨学校教学中承担辅助的职责，主要负责组织本地学生在网络平台上参与学习活动。目前，师资短缺是农村教学点和薄弱学校的普遍现象。相对于城市中心校教师而言，一些农村教学点和薄弱学校教师的专业素质不高、教育理念传统、教育方法较为单一、教育影响较小。

（1）专业素质

农村教学点和薄弱学校教师具备较为扎实的专业知识，能承担基本的知识传授工作。但相对于城市中心校教师而言，他们更偏向于机械地传授教材和课标要求的课程内容，对课程改革不熟悉，对时政热点、时事新闻等的敏感度不够高。

专业技能是教师专业素养非常重要的组成部分。农村教学点和薄弱学校教师具备一定的专业技能，能完成基本的教学任务。相对于城市中心校教师而言，农村教学点和薄弱学校教师在专业技能培训方面较为欠缺，大多数教师在入职后缺乏进修专业技能的机会和意识，只能通过日常教学积累相关经验。

能否产出高质量教育，与教师的专业情意密不可分。专业情意在教师专业发展中具有不可替代的基础性作用，提供了内部动力支撑，也是教师专业素养中举足轻重的一部分。当前的乡村教师专业情意不高已成为不争的事实，也是社会各界关注的焦点。近年来，国家出台的多项政策极大地改善了乡村教师队伍建设，也在一定程度上提高了乡村教师的综合素质和专业情意。但相较于城市中心校教师，农村教学点和薄弱学校教师的职业成就感（专业情意）相对较低。

（2）教育理念

由于农村教学点和薄弱学校的教师队伍规模相对较小，师资力量较紧缺，教师的教学任务较繁重，一名教师可能要承担多个班级甚至多个学科的教学任务，甚至还需要承担行政任务，因此很难有充足的时间对教学进行深入思考，教育理念也相对固化。具体表现为：部分教师只满足于当前的工作状态，在教学方面少有创新和突破的想法，在教学过程中更看重学生的学业成绩，易出现"唯成绩论"的趋势和倾向，对学生全面发展的关注和重视程度不够高。在数字双轨学校教学模式下，这些较为固化的教育理念会有所改善，农村教学点和薄弱学校教师能学习到城市中心校教师先进的教育理念，与现代化教育理念接轨。

（3）教育方法

受相对守旧、固化的教育理念的影响，农村教学点和薄弱学校教师的教学以传统教学方法为主，缺乏创造性。在教学过程中，一些农村教学点和薄弱学校教师主要采用讲授法，创新和灵活应用教学方法的意识不够强。加上农村教学点学生的学习能力有限，新颖的教育方法在这些学生身上的效果不佳等原因，农村教学点和薄弱学校教师在更新教育方法上容易产生思想和行动上的惰性，教育方法也愈发呈现出固化、单调的特点。

在数字双轨学校教学模式下，农村教学点和薄弱学校教师主要担任课堂的辅助教师，可以在教学过程中受到先进多样的教学方法的熏陶，有利于自身教育理念和教育方法的更新与发展。

(4) 教育影响

在数字双轨学校教学模式下，农村教学点和薄弱学校教师充当的是城市中心校教师的辅助者，负责配合主讲教师组织课堂活动，这种做法可能会导致一部分教师感觉到课堂教学权力的丧失。但是，在与中心校教师互动的过程中，农村教学点和薄弱学校教师的专业能力和素养也能得到提升。

对于农村教学点和薄弱学校的学生而言，中心校教师的教学内容和教学方法新颖，开阔了他们的眼界，同时也可能超出他们的认知水平，教学方法可能不太符合他们的认知方式，需要一段时间进行适应和调整。在数字双轨学校教学初期，师生需要适应一段时间。但随着辅助教师与主讲教师的配合愈发默契，二人各司其职，对农村教学点和薄弱学校学生的全面发展也会产生更积极的促进作用。

(二) 学生

学生是课堂教学的主体。数字双轨学校中城市中心校的学生和农村教学点与薄弱学校的学生在成长环境、学习资源、学习方式、学习效果方面存在较大的差异。

1. 城市中心校学生

(1) 成长环境

学生的成长环境分为家庭环境和学校环境，两种环境对学生产生的影响有所不同，但都在学生的成长发展中有着不可替代的作用。学校环境主要包括学校的设施、同伴关系、学校文化，以及教师营造的学习环境和学习氛围等，会影响学生的学习习惯、学习风格和学习方法等，还会影响学生的价值观和缄默性知识的形成。关于学校环境，我们会在"空间环境"部分详细分析。家庭环境主要包括家庭成员的价值观念、家庭氛围、亲子关系、生活习惯、交往习惯和学习习惯等，有一部分与学校环境重合，但发挥的作用各有不同。城市中心校的学生家长对教育的重视程度普遍较高，教育观念相对较先进，能为孩子提供良好的学习和生活环境。

（2）学习资源

学习资源是指在教学系统和学习系统创建的，学习者在学习过程中可以利用的一切显现的或潜隐的条件。学习资源可以分为家庭学习资源和学校学习资源。家庭学习资源主要包括家长文化程度、家庭为孩子提供的学习条件和书报影像资料等方面，学校学习资源主要包括文体设施、教师教学水平、教学设施、图书馆藏书情况及教师的专业素养等方面。

城市中心校学生的家庭学习资源通常较好，在家长文化程度、学习条件、家庭经济等方面都与农村教学点和薄弱学校学生有着较大的不同。在学校学习资源方面，城市中心校拥有相对完善的教学设施、更丰富的图书馆藏书和更优质、更稳定的教师团队等，能为学生提供更丰富的学习资源。

（3）学习方式

由于城市中心校的学习环境和学习资源较好，整体而言，城市中心校学生的学习氛围更加浓厚、学习方式更加科学，如课前预习、课后复习、课中做笔记等。受到教师教学方式的影响，城市中心校学生会运用自主、合作、探究等学习方式开展学习，对项目式学习、问题式学习等相对先进的学习方式也不陌生。

（4）学习效果

在数字双轨学校教学背景下，城市中心校学生的学习模式并不会发生太大改变，因此其学习效果与之前相差不大。在教师素质和学校、家庭学习环境保持不变的条件下，学生的学习效果很多时候取决于学生个人的学习习惯、学习效率和学习状态。

2. 农村教学点和薄弱学校学生

（1）成长环境

农村教学点和薄弱学校学生一般生活在偏远地区，相对而言，一些家庭不是那么注重学习，且留守儿童或单亲家庭的学生较多，家庭对学生的监督和熏陶作用相对较弱。

（2）学习资源

受教育程度、家庭经济情况、学校教育等因素的影响，农村教学点和薄弱学校学生的家庭能为其提供的家庭学习资源不是很充足，一些学生缺乏自行寻找网络学习资源的意识。学校学习资源也会受到一些条件的限制，学习氛围相对不够浓厚，拥有的学习资源类型相对单一，数量相对较少。

（3）学习方式

受农村教学点教师数量不足、教育方式固化的影响，农村教学点学生的学习方式也相对更加传统和单一，且出现了两极分化现象：成绩优秀的学生具有良好的学习习惯，能开展自主学习和合作学习；成绩落后的学生则产生了厌学心理，不愿意采取科学、有效的学习方法，而是应付了事甚至不作为，自主学习能力不高，不善于开展合作学习和探究学习。

（4）学习效果

农村教学点和薄弱学校学生的学情两极分化现象较为明显，部分优秀学生与城市中心校学生的差距不大，但农村教学点的学困生较多，拉低了农村教学点学生的整体成绩。学困生的形成因素有很多，除了学生自身的学习能力以外，外部的学习环境及家校的引导和教育也是重要影响因素。

数字双轨学校的出现，极大地改善了农村教学点学生的学习环境，为农村学生提供了丰富的学习资源；城区中心校教师先进的教学理念、科学而多样的教学方法，开阔了学生的视野，促进了学生学习方法的改进，能对他们的学习产生正面影响，从而影响农村教学点和薄弱学校学生的学习效果。

（三）其他人员

此处提到的其他人员包括数字双轨学校的校长或其他学校领导、技术管理人员等与数字双轨学校运作相关的人员。

1. 校长或其他学校领导

在数字双轨学校组建和运行过程中，由教育主管部门组建专门的部门负责对区域教育信息化的建设、运行和维护进行组织与管理。数字双轨学校设校长1名，负责学校的管理工作，通常可由区域教育主管部门领导人兼任。上设理事会为决策机构，下设教务管理部、教学管理部等若干部门，负责数字双轨学校课程编排和管理、中心校和教学点教师信息技术能力培训、数字双轨学校设备和平台的维护等日常工作。[①]这些经验丰富的管理者可以为数字双轨学校的运作把控方向，保证数字双轨学校的日常工作正常开展。

2. 技术管理人员

数字双轨学校的运作由数字双轨学校平台提供技术支撑与条件保障。数字双轨学校平台主要的结构包括基础开放平台、总校、分校和校园端，能为中心校和教学点教师、数字双轨学校的管理人员和学生提供教学、学习与管理支持服务。这个平台的运作和维护，需要相关技术管理人员参与，尤其是协助农村教学点和薄弱学校配备、运行和维护先进的教学设备及网络平台。针对农村教学点和薄弱学校教师不熟悉数字双轨学校平台运作的问题，技术管理人员还需要对农村教学点和薄弱学校教师进行技术培训和操作指引，为数字双轨学校的运行保驾护航。

二、空间环境

数字双轨学校包含城市中心校教室、农村教学点和薄弱学校教室两个实体空间。为了保障数字双轨学校的常态化运营，城市中心校用于授课的教室建设应该侧重于应用场景和功能，教学终端设备首先要稳定承载授课的常态化应用，同时保证具有一定的开放性、可扩展性。下面详细分析在数字双轨学校的同步互动混合课堂与同步互动专递课堂两种模式下，城市中心校教室、农村教学点和薄弱学校教室两类空间的物理环境建设、硬件系统建设等情况及其对教学的影响。

（一）同步互动混合课堂的空间环境

1. 物理环境建设

物理环境建设包括教室的大小、座椅布局、灯光、窗户等的设计。在同步互动混合课堂模式下，城市中心校的教师需要同时为城市中心校、农村教学点和薄弱学校的学生上课，其中农村教学点和薄弱学校的学生是通过网络直播平台观看

---

① 王继新，张伟平. 信息化助力县域内教育优质均衡发展研究[J]. 中国电化教育，2018（2）：1-7.

城市中心校教师授课，因此城市中心校的物理环境建设必须便于直播教学和现场教学，农村教学点和薄弱学校的物理环境建设必须便于观看直播。

（1）城市中心校的物理环境建设

首先是教室大小。为便于教师、学生活动，以及教师通过实时监控获取农村教学点和薄弱学校学生的实况，教室应设置得足够宽敞，足以容纳40名左右的学生及众多直播教学设备。其次是座椅布局。座椅应选择易于移动与组合的大小和形状，便于授课教师和学生根据教学需要进行移动与组合。同时，座椅布局应注意不能遮挡直播镜头，以免影响农村教学点和薄弱学校的学生观看。再次是灯光，为保证城市中心校的学生看清，应设置能照亮整间教室的照明灯光；为保证农村教学点和薄弱学校的学生看清，应在讲台和多媒体设备附近安装充足的照明设备。最后是窗户。窗户应该由遮光性和隔音性能较好的材料做成，避免外界的声音、光线等因素对教学造成影响。

（2）农村教学点和薄弱学校的物理环境建设

首先是教室大小。由于经费问题及学生数量较少等原因，农村教学点和薄弱学校的教室通常较小。为满足数字双轨学校的建设要求，需要有保障的互联网，在农村教学点和薄弱学校的教室安装直播多媒体设备，具体大小视农村教学点和薄弱学校的实际需求而定。其次是座椅布局。座椅布局应该方便城市中心校的教师实时观察到尽可能多的学生，同时要便于学生开展活动。再次是灯光。灯光亮度要能够满足学生的学习需求。最后是窗户。对于窗户，同样应该考虑采光、遮光和隔音等方面的需求，选择合适的材料。

2. 硬件系统建设

数字双轨学校的硬件系统建设包括电子白板、后墙大屏幕、追踪摄像机、收音器、投影、音箱等技术设备配置。数字双轨学校的硬件系统建设应该满足以下要求：师生互动、文件传输、视音频同步。城市中心校教室的硬件系统建设与农村教学点和薄弱学校有所不同。

（1）城市中心校的硬件系统建设

在城市中心校的教室，需要配备音像采集设备，以保障清晰地收集教师和学生开展教学活动的信息。教室还需要设置后墙屏幕或侧屏幕，以实时显示农村教学点和薄弱学校学生的学习状态，便于中心校教师实时获取课堂反馈。

（2）农村教学点和薄弱学校的硬件系统建设

为了更好地接收教学信息，农村教学点和薄弱学校的教室需要配备大屏幕、音响等设备，便于接收来自中心校主讲教师的教学信息。同时，为了能将农村教学点和薄弱学校学生的上课状态实时反馈给城市中心校教师，农村教学点和薄弱学校的教室也需要配备一定数量的音像采集装备，便于师生的异地、实时交流。

（二）同步互动专递课堂的空间环境

1. 物理环境建设

在同步互动专递课堂模式下，1所城市中心校的教师在一节课只需要为一个或多个农村教学点和薄弱学校的学生上课。在这种课堂模式下，农村教学点和薄弱学校的学生同样通过网络直播平台观看城市中心校的教师授课。

（1）城市中心校的物理环境建设

在同步互动专递课堂模式下，城市中心校的教师不需要为中心校的学生授课，只需要满足为农村教学点和薄弱学校的学生网络直播授课的需求，因此城市中心校教室的大小、座椅布局、灯光、窗户等的设计需要有所调整。首先是教室大小，可以比同步互动混合课堂模式下的教室小，一般是一个安装有电子白板或黑板的能够进行直播的空间。其次，灯光要求更简单，只需要有讲台及附近有充足的照明设备，便于学生看清投影仪、电子白板及教师板书即可。最后，窗户设计需要注意遮光性和隔音性，选择合适的材料。

（2）农村教学点和薄弱学校的物理环境建设

在同步互动专递课堂模式下，农村教学点和薄弱学校的一个或多个班级通过网络直播观看城市中心校的教师授课，与同步互动混合课堂模式的设置大致相同。不同之处在于，教学点和薄弱学校之间也能够实现实时互动。中心校主讲教师通过促进教学点学生之间的合作与竞争，有效开展教学活动。

2. 硬件系统建设

对于城市中心校、农村教学点和薄弱学校的硬件系统建设，同样可以从数字双轨学校的电子白板、后墙屏幕、教师摄像机、学生摄像机、收音器、白板投影机、工程投影机、音箱等多媒体设备进行配置分析。

（1）城市中心校的硬件系统建设

在同步互动专递课堂模式下，城市中心校的教师经常需要同时为多个农村教学点和薄弱学校的班级授课，因此对城市中心校的硬件系统建设提出了更高的要求。首先是录像设备，必须达到高清的要求，保证传递到农村教学点和薄弱学校的视频画面不会影响学生学习。其次是录音设备，数量要足够，质量要有保证，便于将教师在授课过程中的讲授、提问等语言信息清晰地传递给学生。其余的硬件系统建设要求与同步互动混合课堂相似。

（2）农村教学点和薄弱学校的硬件系统建设

在同步互动专递课堂模式下，农村教学点和薄弱学校通常需要多个班级共同上课，因此农村教学点和薄弱学校的硬件系统建设需求主要包括师生信息同步传递、师师信息同步传递、生生信息同步传递，即城市中心校的授课教师与农村教学点和薄弱学校的学生之间的信息传递、城市中心校的授课教师与农村教学点和薄弱学校的辅助教师之间的信息传递，以及不同的农村教学点和薄弱学校的学生之间的信息传递。

为了满足教师与学生的信息传递需求，同样需要从录像设备、录音设备等方面对农村教学点和薄弱学校的硬件系统建设提出更高的要求。

三、教育技术环境

在远程教学发展之初，教学与学习彼此分离，异地学生通过获取教师授课视频和网络课件等学习资源进行学习，教师与学生的教与学不同步，互动性差，学习效果无法得到保障。随着信息技术在教育教学中的运用不断加深，基于网络的同步授课方式产生，教师通过实时直播教学系统，可以将授课的图像、视频、音频及课件资源等同步传输到远程学生终端，远程学生可以通过平台实时与教师进行文本交互或音视频对话，通过实时网络直播教学，师生之间的实时互动使教学效果有了很大的提高。

目前，数字双轨学校主要采取的是基于网络的同步授课方式，这种授课方式依赖网络直播平台、数字化资源等实现远程教学。数字双轨学校的教育技术环境由网络信息技术和网络教学平台构成。

（一）网络信息技术

数字双轨学校的运作要求城市中心校、农村教学点和薄弱学校具备良好的网络环境，需要有网络覆盖和良好的带宽环境，能满足大量数据的实时传输。下面，从网络基础设施建设、网络信息技术投入水平和更新维护网络设备的频率等方面展开具体分析。

1. 网络基础设施建设

数字双轨学校的教学保障在很大程度上取决于网络质量。为了满足大量数据的实时传输，城市中心校、农村教学点和薄弱学校应实现网络全覆盖，这是实现网络通信的基础条件。网络带宽应便于双方同时观看网络直播、互动交流。特别是农村教学点和薄弱学校，应该加大网络基础设施建设，以期与城市中心校更好地接轨。城市中心校教室所在学校的校园局域网主干网络速率应达到千兆，实现百兆到桌面；学校有网络管控设备，主讲教室带宽有保障、有预留。

2. 网络信息技术投入水平

数字双轨学校对网络信息技术的要求高，相关部门应加大对城市中心校、农村教学点和薄弱学校的网络技术投入，尤其是原本网络信息技术相对欠发达的农村教学点和薄弱学校，必要时需要和企业合作，共同助力数字双轨学校在农村和教育薄弱地区的发展。

3. 更新维护网络设备的频率

网络设备需要进行定期检修和维护，这就需要在城市中心校、农村教学点和薄弱学校配备专门的网络管理和技术支持人员。此外，还需要对农村教学点和薄弱学校的教师进行基础的网络设备维护培训，为数字双轨学校顺利运行提供保障。

（二）网络教学平台

网络教学平台的建设是数字双轨学校的一个关键环节。在数字双轨学校不断发展的过程中，网络教学平台建设也在不断发展和完善，具体表现在功能齐全程度、直播和互动方面的性能、平台的易用性和兼容性等方面。

首先是功能齐全程度。网络教学平台应能满足教师和学生最基础的教学需求，能实现课堂直播、课件展示、视频播放等功能。为了便于教学点师生反复观看课堂录像，还应设置录制和直播回放等功能。

其次是直播和互动方面的性能。为了方便师生互动，应该设置点名、举手、提交回答等功能。为了提高学生的参与度，还可以设置聊天区、弹幕区、小组讨论区等板块。此外，还可以设置礼花、点赞等动画特效，作为教师提问、学生回答后活跃课堂气氛的工具。

最后是平台的易用性和兼容性。考虑到学生和部分教师对平台的操作不熟练，平台应设置操作指引，帮助平台初学者使用操作。各个功能和模块应分区明确，功能按钮清楚易找。另外，平台应与市面上大部分计算机、平板电脑或手机兼容，便于教师和学生使用。

教师和学生是网络教学平台使用的两大主体，师生对网络教学平台应用的熟练程度会直接影响数字双轨学校教学工作的开展。数字双轨学校的管理人员应定期对新教师、新学生开展网络教学平台应用培训，印发纸质版操作指引与注意事项，便于师生教学活动的正常开展。

第二节　数字双轨学校教学信息传递的时空特点

一、教学信息与临场感概述

（一）教学信息概述

我国对课堂教学的认识受到了西方教学理论的影响，将课堂教学视作一种教学组织形式。长期以来，人们都是从认识论的角度阐释课堂教学的内涵，认为课堂教学是在教师的引导下，学生通过学习书本知识去了解客观世界的认知活动。如果从发展的角度来理解，那么课堂教学不仅是一项特殊的认知活动，还是一项促进学生身心发展的活动。现代认知心理学从信息加工角度出发，认为人的认知过程就是接收、加工、储存、检索（提取、输出）信息的过程。

从信息论的角度来看，教师、学生和教学信息是构成课堂的基本要素，三者之间的关系状态是决定课堂教学质量的主要因素。关于教学信息的分类，目前学界尚未形成统一的认识。有学者将课堂教学中传递的教学信息分为知识性信息、教育性信息、管理性信息、反馈性信息和干扰性信息。[①]有学者认为，课堂教学信息由教学内容信息、教学状态信息和课堂环境信息三个部分组成。[②]从不同学者的分类中可以发现，教师和学生是课堂教学信息传送的两个主体，教学信息在二者之间的传递是双向的。同时，学生之间同样存在教学信息的传递，包括教材、教具等在内的教学媒体及师生所处的环境也会向师生传递教学信息（图 3-1）。

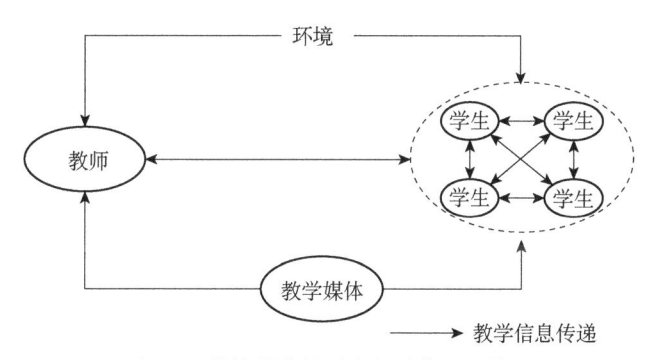

图 3-1 传统课堂教学中教学信息的传递

课堂教学信息在师生之间一般通过语言文字、图像视频、肢体和表情等进行双向传递。课堂教学信息的传递主要通过教学媒体实现。课堂中教师的教导行为、班级管理行为，学生的学习活动、对教师行为的反馈，以及师生与教学媒体之间的互动等，均可以作为课堂教学信息传递的表现。

---

① 陈安福，何毓智. 课堂教学管理心理[M]. 成都：四川教育出版社，1990：203-204.
② 凌道明. 教育学教程[M]. 成都：西南交通大学出版社，2011：195.

（二）临场感概述

数字双轨学校教学是一种典型的依托"互联网+"的线上线下混合式教学，在这样的模式下探讨教师的教学效果和学生的学习效果，需要有理论指导。Garrison 等基于多年的混合式教学实践，以建构主义理论为基础，构建了探究社区模型（community of inquiry），提出了混合式教学的三个关键要素——社会临场感、认知临场感和教学临场感，只有当这三种临场感都达到较高水平时，有效学习才会发生。[1]

社会临场感是指学习者对课程学习的共同体认同的能力，学习者是在一个充满信任的环境中进行有意义的交流及通过个性特征的充分展示来发展人际关系。[2]社会临场感常被用来作为评估在线学习社区中关系和社会氛围的指标，能够增进深度对话，有助于知识创生、共享与传播。[3]认知临场感是指学习者在一个探究学习社区中通过持续的交流与反思能够实现意义建构的程度。教学临场感是指教师等通过设计组织教学活动、促进会话、直接指导等，帮助学习者实现个人意义建构和具有教育价值的学习成果，是探究社区模型的中心要素。这三种临场感在动态的学习过程中同时运作，能够使学习者获得深刻且有意义的学习体验。[4]

探究社区模型自提出以来，被广泛应用于混合式教学领域，模型的有效性和三种临场感之间的相互影响也已得到了验证与证明。[5]此外，有研究证明，探究

---

[1] Garrison D R, Anderson T, Archer W. Critical thinking, cognitive presence, and computer conferencing in distance education[J]. American Journal of Distance Education, 2001（1）：7-23.

[2] Garrison R. Implications of online learning for the conceptual development and practice of distance education[J]. The Journal of Distance Education, 2009（2）：93-103.

[3] 冯晓英，王瑞雪，吴怡君. 国内外混合式教学研究现状述评——基于混合式教学的分析框架[J]. 远程教育杂志, 2018（3）：13-24.

[4] Akyol Z, Garrison R. The development of a community of inquiry over time in an online course: Understanding the progression and integration of social, cognitive and teaching presence[EB/OL]. (2008-12-17)[2024-10-20]. https://www.semanticscholar.org/paper/The-Development-of-a-Community-of-Inquiry-over-Time-Akyol/146aee688ab67f15ce67b0503348b88a76d80843.

[5] Richardson J C, Swan K. Examining social presence in online courses in relation to students' perceived learning and satisfaction[J]. Online Learning, 2003（1）：68-88；Kanuka H, Rourke L, Laflamme E. The influence of instructional methods on the quality of online discussion[J]. British Journal of Educational Technology, 2007（2）：260-271.

社区模型的有效性同样适用于面对面的传统课堂教学。[1]在数字双轨学校的教学，尤其是在线教学中，城市中心校师生与农村教学点师生分别处于不同的实体空间中，双方通过信息技术进行联结，这种时间与空间的分离势必会对三种临场感产生影响。本节着重分析不同数字双轨学校教学模式下教与学过程中教学信息传递的时空特征，探讨三种教学模式对社会临场感、教学临场感与认知临场感的影响，以期为数字双轨学校教学实践提供理论指导，实现高质量的教学信息时空传递，丰富双轨教学过程中的临场感体验。

二、同步互动混合课堂教学信息的时空传递

同步互动混合课堂教学模式利用网络实现了城市中心校与农村教学点之间的互联。在这一模式下，城市中心校教师为主讲教师，农村教学点教师为辅助教师。主讲教师在自己的班级中，面对中心校学生进行"本地课堂"教学，教学实况通过网络以直播的形式同步给一个或多个农村教学点和薄弱学校的师生，实现教学信息在多地的师生、生生传递。

（一）教学信息传递的时空分析

1. 教学信息传递的主体与形式

要理解同步互动混合课堂教学模式中教学信息传递的时空特点，首先要理清该模式下教学信息传递的形式。在同步互动混合课堂教学模式下，教学信息传递的主体有中心校教师（主讲教师）及农村教学点教师（辅助教师）。同时，数字双轨学校两端的学生是教学信息的主要受体，也是教学反馈信息发出的主体。

在同步互动混合课堂中，为清晰地描述教学信息的传递形式与过程，站在主讲教师的视角，本书将城市中心校的课堂教学称为"本地课堂"，将农村教学点的课堂称为"异地课堂"。两地课堂通过视频直播的方式实现课堂教学实况的同

---

① Warner A G. Developing a community of inquiry in a face-to-face class: How an online learning framework can enrich traditional classroom practice[J]. Journal of Management Education, 2016 (4): 432-452.

步。当主讲教师面向中心校学生和多个教学点进行授课时，在"本地课堂"中，主讲教师的教学信息可以直接面对面地传递给中心校学生，并直接接收来自中心校学生的反馈信息。与此同时，主讲教师的教学信息通过网络直播传递给各农村教学点的师生，农村教学点师生的反馈信息也通过直播反馈给主讲教师。在各异地课堂中，辅助教师和教学点学生同样存在教学信息的双向传递，不同教学点的辅助教师也可以通过网络进行教学信息交换。城市"本地课堂"内部和农村"异地课堂"内部的学生之间分别存在教学信息的传递，两类课堂之间的学生也可能通过网络进行异地的教学信息传递。在这里，我们主要关注主讲教师与教学点师生之间的教学信息传递。

2. 主讲教师与辅助教师

在同步互动混合课堂中，主讲教师相当于传统课堂教学中的授课教师，主要承担教学内容的设计、授课、组织学生活动等教学任务。主讲教师在课前需要同时根据城市中心校和农村教学点两类学生的学情进行教学设计，且这一设计必须既适应中心校和农村教学点的学生，又适应混合式教学的教学内容与教学活动。在教学过程中，主讲教师需要熟练运用网络远程教学的相关技术，不仅要将授课画面实时同步给教学点，相关课件、教学资源也要通过网络实时传递。另外，主讲教师在组织本地学生开展活动的同时，还要组织本地学生与远程学生进行互动学习，通过网络工具让两地学生实现交流、讨论、协作等，并给予及时回应。

与主讲教师不同，辅助教师在同步互动混合课堂中扮演着农村教学点课堂的管理者、混合课堂的协调者等角色。具体而言，辅助教师需要提前与主讲教师确定教学进度、学习任务等，并落实本地课堂教学的各项准备工作。在课堂教学过程中，辅助教师需要配合主讲教师组织教学点学生认真观看和参与混合课堂，并随时将教学点学生的学习情况、出现的问题等信息反馈给主讲教师。在此过程中，辅助教师要保障教学点网络设备的正常运行，解决可能出现的技术问题，确保来自主讲教师的教学信息顺利传递。若网络出现故障，辅助教师需要站出来代替主讲教师继续为教学点学生授课。课后，辅助教师除了要引导学生及时总结复习，完成相关练习，巩固所学内容，答疑解惑，还需要收集教学点学生对主讲教师教学或者混合课堂的各种反馈意见，并反馈给相关人员，与主讲教师一起总结经验教训，完善下一阶段的教学计划等。可以看出，辅助教师在连接主讲教师与农村学生之间发挥着重要的纽带和协调作用。

3. 教学信息传递的时空特点

同步互动混合课堂借助网络，突破了时空的限制，实现了城乡课堂的互联，能够促进优质教育资源的共享。

从时间上来看，同步互动混合课堂教学模式强调教学信息传递时间上的同步性，主讲教师的语音、使用的文字、图片等多模态教学信息，可同时传递给教学点学生，大大提升了知识传播的即时性。在这个过程中，主讲教师能够通过视频直播的方式，将中心校本地教学的整个过程实时传递给辅助教师和农村教学点学生，同时接收来自辅助教师和农村教学点学生的反馈信息。虽然教学信息在两地传播时会存在一定的网络延迟，但同步互动混合课堂教学模式基本上可以实现城乡学生同时上课。

从空间上来看，得益于发达的网络通信技术，同步互动混合课堂教学模式消除了城市中心校和农村教学点的物理隔阂，教学信息传递突破了空间、距离上的限制，农村教学点学生不再受限于所处的地理位置，有机会享受到更高质量的课堂，两地学生之间能够实现异地交流互动，教学资源也能够实现跨区域共享，进而促进教育公平。

尽管同步互动混合课堂教学模式实现了城乡学生的同步上课，但这种教学模式不可避免地存在一定的局限。

从时间维度来看，这种教学模式是建立在良好的网络通信技术之上的，两地教学信息传递的时间同步，在很大程度上取决于网络的质量。当网络质量较差时，音频、视频信号在传输过程中的延迟、中断及失真等，将破坏教学信息传递在时间上的连续性和完整性，无法实现教与学信息的完全同步，从而对两地教学过程的即时互动产生负面影响。此时，需要主讲教师和辅助教师采取补救措施，例如，在网络出现卡顿时，辅助教师要对教学点学生进行课堂管理，并联系主讲教师和技术人员，反馈网络问题，必要时辅助教师还需要代替主讲教师为教学点学生继续授课。主讲教师在教学过程中要时刻关注网络质量，若出现网络问题，需要调整教学节奏，必要时需要将教学的文字、课件等辅助资料及时传递给教学点等。

从空间维度来看，虽然同步互动混合课堂教学模式在一定程度上打破了主讲教师与教学点师生之间存在的空间隔阂，但实际上双方仍然没有真正的面对面交流。虽然主讲教师与教学点师生之间的语言类教学信息能够进行较好地传递，主讲教师也可以通过摄像头观察教学点师生的反应，但由于摄像头的像素有限，拍摄的大多也是课堂全景，双方的非语言信息，如教学点学生的表情、姿势，主讲教师的眼神、表情、手势等，无法像传统的面对面课堂教学那样有效传递。主讲教师所在地的课堂也有学生，因此给予线上教学点师生的关注会减少，并且主讲教师也难以像在传统课堂教学中那样围绕教学点学生走动，进行个别指导。另外，两地的空间环境存在差异，也会对主讲教师营造统一的课堂氛围提出一定的挑战。

（二）同步互动混合课堂教学信息传递对临场感的影响

同步互动混合课堂教学模式的局限性会对社会临场感、认知临场感及教学临场感产生不同程度的影响。在传统的面对面课堂教学中，教师和学生同时处在教室这个特定的物理空间中，面对面交互带来的教学信息传递的便利性与稳定性等因素，使得通常情况下社会临场感与教学临场感能够顺着教学活动的开展而自然形成，教师只需要关注认知临场感的建立。[1]在同步互动混合课堂中，主讲教师与农村教学点学生之间时空的分离将导致社会临场感和教学临场感的天然缺失，学生的认知临场感的水平自然较低。

具体来看，在同步互动混合课堂中，对主讲教师而言，在某种程度上，获取农村教学点学生的学习反馈信息，只能依靠屏幕上的画面，中心校教师和教学点学生无法真正突破物理空间的隔阂，主讲教师无法做到像传统面对面课堂那样及时接收学生的各种反馈信息，使得教学的真实感大打折扣。同时，网络的延迟带来的教学信息传递的滞后性，进一步削弱了这种真实感。另外，主讲教师对线上农村教学点学生的关注，会被与自己共处一个物理空间的城市中心校学生削弱，并且一名主讲教师往往会在本地课堂和多个教学点之间开展教学，在进行课堂管理、组织学生活动等师生互动时，难免会顾此失彼，在一定程度上会降低教师的

---

[1] 冯晓英，孙雨薇，曹洁婷．"互联网+"时代的混合式学习：学习理论与教法学基础[J]．中国远程教育，2019（2）：7-16，92．

教学临场感。

有研究表明，教学临场感会对学生的学习投入度产生影响。[1]换言之，教学临场感会影响学生的认知临场感。虽然和城市中心校学生同时参与一个课堂的学习，但对教学点学生而言，主讲教师和中心校学生并非真正能够接触到的实体，双方之间的互动也会因为网络延迟、身处异地等原因而无法真正有效地开展，这种虚实结合容易造成教学点学生认知临场感的缺失。

良好的社会临场感能够使学习者沉浸在良好的探索、交互与协作氛围中，从而实现学习目标、提高学习效果。[2]在同步互动混合课堂中，社会临场感具体表现为教学点学生感受到中心校学生与主讲教师存在的心理感知，增强社会临场感，有助于拉近教学点学生与主讲教师及中心校学生之间的心理距离，获得与传统面对面教学程度相近的真实感。[3]然而，由于同步互动混合课堂教学模式的固有局限，农村教学点学生无法真正获得传统课堂教学的真实感，难以真正融入主讲教师与中心校学生之中，加上教学临场感与认知临场感的缺失，最终造成教学点学生社会临场感的弱化。[4]

三、同步互动专递课堂教学信息的时空传递

在同步互动混合课堂中，主讲教师需要在中心校和多个教学点之间同时展开教学，很难兼顾本地学生和教学点学生的学习需要，难以照顾教学点学生的差异，也难以对教学突发事件做出灵活应变，导致社会临场感、认知临场感和教学临场感均有不同程度的削弱。同步互动专递课堂在一定程度上可以弥补同步互动混合课堂的不足。从教学信息传递的角度看，同步互动专递课堂与同步互动混合

---

[1] 沙景荣，看召草，李伟.混合式教学中教师支持策略对大学生学习投入水平改善的实证研究[J].中国电化教育，2020（8）：127-133.

[2] 董利亚，冯锐.在线学习社区培育与发展模型的构建及其策略研究[J].远程教育杂志，2016（2）：98-105.

[3] 雷励华，李志昊.同步互动课堂临场感及其提升路径研究[J].中国教育信息化，2023（2）：112-122.

[4] 田俊，王继新，王萱等."互联网+"在地化：教学共同体对留守儿童孤独感改善的研究[J].电化教育研究，2019（10）：82-88.

课堂存在共性，同时也呈现出其自身的特殊性。

（一）教学信息传递的时空分析

1. 教学信息传递的主体与形式

在同步互动专递课堂教学模式下，由于本地课堂没有学生，教学信息的传递形式较同步互动混合课堂更加简洁。主讲教师的教学对象仅有农村教学点的学生，对于主讲教师而言，可以更集中地投入到对农村教学点学生的远程教学中，无须分散注意力照顾本地学生，农村教学点学生相应地也能获得主讲教师更多的关注，二者之间教学信息的传递更加聚焦、顺畅，这是同步互动混合课堂无法做到的。同步互动专递课堂中没有本地课堂，也不会有教学信息在本地课堂与异地课堂之间的传递。

2. 主讲教师与辅助教师

与同步互动混合课堂一样，在同步互动专递课堂中，主讲教师扮演的仍然是授课者角色，负责教学内容的设计、授课、组织学生活动等教学任务。不同的是，主讲教师在课前能够更专注于农村教学点学生的学习需求，精心选择和设计适合农村教学点学生学情的教学内容与教学活动。在教学过程中，主讲教师也只需要组织农村教学点学生开展学习活动，关注农村教学点学生的学习表现与反馈并及时给予回应，相较于同步互动混合课堂，也有更多的精力在教学中对农村教学点学生进行课堂管理。

在同步互动专递课堂中，辅助教师仍然扮演着农村教学点课堂的管理者、混合课堂的协调者等角色，与同步互动混合课堂基本一致，在连接主讲教师与农村学生方面发挥着重要的纽带和协调作用。

3. 教学信息传递的时空特点

同步互动专递课堂与同步互动混合课堂的教学信息传递具有大致相似的特点，都借助发达的网络通信技术，突破城市中心校与农村教学点的时空限制，促进优质教育资源的共享。并且，相比同步互动混合课堂，同步互动专递课堂的教学信息在主讲教师和教学点师生之间的传递更加直接、高效，例如，主讲教师与学生之间的非语言信息可以更加有效地传递，更有利于提升教学质量，促进教学点学生有效学习的发生。

然而，与同步互动混合课堂一样，同步互动专递课堂也不可避免地存在一定的局限。从时间维度上看，网络质量仍会对教学信息传递的同步率产生影响。当网络出现问题时，主讲教师和辅助教师也需要采取相应的补救措施。从空间维度上看，同步互动混合课堂中主讲教师需要同时关注两个空间内学生的学习情况，在同步互动专递课堂中得到改善，主讲教师有更多的精力关注教学点学生的学习表现。但由于双方本质上仍处于两个物理空间，且主讲教师对各教学点课堂环境的差异并不完全了解，同步互动专递课堂也仍然无法营造面对面教学的真实感。

（二）同步互动专递课堂教学信息传递对临场感的影响

同步互动专递课堂与同步互动混合课堂在临场感构建上存在相似之处，但前者的教学对象具有集中性的特点。在同步互动专递课堂中，主讲教师与教学点学生仍然不在同一空间内，与传统的面对面课堂教学相比，教师的教学临场感难免会被弱化。但由于没有城市中心校本地学生，主讲教师可以专心建构符合农村教学点学生需求的网络远程课堂，在教学过程中也能更专注于观察和分析教学点学生的学习表现，更容易和教学点学生建立心理联结，教师的教学临场感相较于同步互动混合课堂更高。

教师教学临场感的提升，在一定程度上能够促进学生建立较高程度的认知临场感。在同步互动专递课堂中，农村教学点学生能够更加直接地接收来自主讲教师提供的教学信息，也能获得主讲教师更多的学习指导。教学点学生更容易与主讲教师拉近心理距离，更容易在同步互动专递课堂中达到认知上的沉浸，认知临场感水平也较同步互动混合课堂更高。但主讲教师往往同时在多个教学点之间开展教学，单个教学点学生获得的关注仍然会被削弱，这也会对学生的认知临场感产生影响。

相比同步互动混合课堂，在同步互动专递课堂中，教学临场感和认知临场感的优化，能够促进更高水平社会临场感的建立，能促进有效学习的发生。目前，同步互动专递课堂已经在多地得到积极响应与实施，取得了显著的实践成果，学生的学业水平显著提高。[①]

四、名师课堂教学信息的时空传递

足够数量和高质量的教师是任何教育高水平发展的根本。[②]因此，增强农村教学点的师资力量，也是乡村教育发展必须关注的重要一环。同步互动混合课堂和同步互动专递课堂（为方便叙述，后文有的地方将二者统称为"专递课堂"）面向的是农村教学点学生，重点在于通过网络技术手段引入城市的优质师资力量和教育资源，解决农村教学点开不齐、开不好国家规定课程的问题，解决的是学生的学习问题，那么名师课堂面向的就是教学点和薄弱学校的教师，通过技术支撑的网络研修共同体，解决的是教学点教师教学能力不强、专业水平不高的问题，实际上解决的是教师的教学问题。

城市教师所在环境，更容易接触到教育教学领域的前沿知识，培训机会更多，因此城市教师在专业素质、教育理念、教育方法等方面具有优势。农村教学点和薄弱学校的教师在这些方面则明显有所欠缺，教师专业能力有待加强。所以，名师课堂的建设的目的，是希望借助城市名师的优势，通过网络采取视频示范、互动交流等形式，促进农村教师的专业成长。在名师课堂中，亦有教学信息的传递，并且这里的教学信息传递不仅会影响农村教学点教师的专业发展，还会通过农村教学点教师影响学生。

（一）教学信息传递的时空分析

在名师课堂中，教学信息传递的主体主要有城市优秀教师、专家型教师。通过网络，教学信息的传递能够打破时空的限制，在城乡两类教师之间传递。例如，城市优秀教师采用网络视频、直播等形式对农村教学点教师进行示范性课堂教学，传

[①] 穆肃, 周德青, 胡小勇. 人工智能技术赋能下乡村教育精准帮扶的实施模式与对策——以双师专递课堂为例[J]. 中国电化教育, 2023（9）: 18-26.

[②] 郝文武. 新时代乡村教育振兴的新目标与新路径[J]. 陕西师范大学学报（哲学社会科学版）, 2022（1）: 57-68.

递专业知识和教学技巧。双方还可以进行观摩评课、经验交流等互动讨论，农村教学点教师可以提出自己在教学中遇到的困惑，获得名师的解答、指导等。

名师课堂的教学信息传递形式，还能间接对农村教学点和薄弱学校的学生产生影响。城市的名师与教学点教师之间进行的教学知识和经验交流，能够使农村教学点教师接触到更加先进的教育教学理念与方法，从各个方面提升自身的教学能力和素养。由此可见，名师课堂能够打破时空的局限，通过组建实践共同体，促进教师之间隐性教育教学知识与经验的流动和共享[1]，更重要的是最终能落实到促进农村教学点学生的全面发展上。

（二）名师课堂与专递课堂的协调发展

实际上，专递课堂和名师课堂在很长一段时间内呈现出独立发展的局面，这是因为相比教师的专业发展，解决学生的学习问题才是燃眉之急，只有初步解决学生因缺师少教导致的学习问题，教师能力的提升才会被提上日程。[2]

从前文对同步互动混合课堂和同步互动专递课堂教学信息传递时空的分析来看，辅助教师在其中扮演着重要的角色。本书第二章梳理了名师课堂发展的三个阶段（课堂录像阶段、双师阶段、双研-双修阶段），教学信息的传递同样也经历了三个演变阶段。

在课堂录像阶段，教学信息是单向传递的。在早期，数字双轨学校主要采取多媒体课堂教学模式，即通过在线教学平台，帮助农村教学点引入多种优质教学资源，包括多媒体课件、名师录像或直播课堂等。这一阶段，许多农村教学点教师只需在课堂上组织教学点学生观看名师课堂录像以代替日常教学。此时教学信息的传递是单向的：在线教学资源包含的教学信息是提前预设的，在时间上无法同步；虽然看似突破了空间限制，将优质资源引入教学点，但实际上学生无法融入录像中的课堂教学，更无法向录像中的教师传递与反馈信息。在这种模式下，学生的认知临场感与社会临场感严重缺失，虽然解决了教学有无的问题，但实际

---

[1] Krishnaveni R, Sujatha R. Communities of practice: An influencing factor for effective knowledge transfer in organizations[J]. IUP Journal of Knowledge Management, 2012（1）: 26-40.
[2] 郑旭东，饶景阳，贾洋洋. "三个课堂"促进义务教育优质均衡发展：演进历史、战略价值、关系解析与概念框架[J]. 现代教育技术，2021（6）: 14-22.

的教学效果并不理想。辅助教师基本不参与教学，仅需要操作设备播放预制的课堂录像，并在学生观看录像的过程中管理纪律，几乎没有教学信息在辅助教师与教学点学生之间传递。农村教学点教师失去了实际授课的机会，教学能力无法得到提高。并且，该阶段教学点教师与城市教师几乎没有交流的机会，教学点教师无法获得指导与帮助，专业发展在一定程度上受到了限制。

在双师阶段，教学信息是双向交互的。城市名师与教学点学生能够通过网络进行即时互动，虽然仍存在局限性，但在一定程度上突破了时空限制，有助于优化教学点学生的学习体验，提升教学质量。[1]农村教学点和薄弱学校的辅助教师作为教学信息传递的辅助者进入课堂教学，除了承担技术系统使用和教学点教学秩序维护等工作，还负责一定的教学信息沟通、强化和反馈等工作，教师的角色感和使命感虽然在一定程度上仍然被弱化，但在辅助教学信息传递的过程中，其教学能力得到了一定的发展。

由前文分析可知，在双师阶段，主讲教师不仅在进行农村教学点教学管理上存在局限，有时在组织教学点学生开展学习活动或多地之间学生开展互动时也无法取得理想效果。如何加强辅助教师与主讲教师之间的协调配合，发挥辅助教师与主讲教师各自的优势等问题开始受到关注。同时，当同步互动混合课堂和同步互动专递课堂的网络出现问题甚至断网时，辅助教师经常需要重新站上讲台，延续主讲教师的授课，面对教学点学生进行教学，因此如何提升教学点教师的教学能力，也越来越受到重视。

在双研-双修阶段，辅助教师要在技术的支持下深度参与课堂，而非仅扮演管理者的角色，要与主讲教师密切配合，为教学点学生的学习提供全方位的支持，要在专递课堂中顺利实施双师协同教学，课前的协同备课和课后的协同教研不可或缺。这样一来，本来相对独立发展的同步互动混合课堂、同步互动专递课堂和名师课堂，也就借助双师协同实现了相互融合、协调发展。

---

[1] 张伟平, 陈梦婷, 赵晓娜等. 专递课堂中师生互动对课堂学习效果的影响——以崇阳县小学美术专递课堂为例[J]. 电化教育研究, 2020（8）：90-96.

第四章
数字双轨学校课堂教学行为分析方法与模型

随着教育数字化转型的深入发展，数字双轨学校作为融合物理空间与虚拟空间的新型教学场域，其课堂教学行为呈现出时空异步化、技术中介化与交互多维化的特征。传统课堂教学行为分析方法在应对线上线下教学双轨并行、多模态数据融合的教学场景时，存在分析维度单一与技术适配不足的局限。本章基于人工智能与多模态学习分析技术，系统构建数字双轨学校课堂教学行为分析框架。首先解构数字双轨学校课堂教学环境下师生行为的核心要素，继而提出融合时序特征挖掘与空间轨迹建模的分析方法，最终形成整合数字双轨学校课堂教学行为三层次分析模型和多模态分析模型，为破解虚实融合数字双轨学校教学场景中的行为分析难题提供方法论支持，也为构建智能化的双轨教学评估体系奠定理论基础。

第一节　数字双轨学校课堂教学行为分析要素

课堂教学行为是为实现课堂教学目标在课堂教学过程中表现出来的各种各样的行为。课堂教学行为有特定的目的性，主要由教师的教导行为和学生的学习行为组成。课堂教学是一个不断发展变化的活动过程，课堂教学行为是课堂教学情境中发生的一切实体活动。在课堂教学系统中，课堂教学行为系统是教学活动的实体和载体，教师的教育理念、教育方法、教学设计必须通过课堂教学行为才能够落实。[①]

为了更契合数字双轨学校课堂教学行为的特点，本章重点分析数字双轨学校课堂教学中的行为系统。依据不同的分类原则和标准，课堂教学行为可分为不同的类型。依据行为的主体不同，课堂教学行为可分为教师的教导行为和学生的学习行为。依据行为的载体，课堂教学行为又可分为言语行为和非言语行为。本章主要从言语行为和非言语行为两个要素出发，进一步解析数字双轨学校课堂教学行为。

一、言语行为要素

在课堂教学中，言语是传递教学信息的主要载体和通道。在一般课堂教学中，言语的主体有教师和学生。在数字双轨学校课堂，由于时空的隔离，课堂教学的言语行为中往往也会有助教的加入。

依据言语行为理论，言语行为是言语运用的基本形式和基本单位，是通过言语实施的某种行为，是受规则制约的有意图的行为。[②]课堂教学中教师的言语行

[①] 陈实. 课堂教学行为研究——基于教学行为三层次分析的视角[M]. 北京：科学出版社，2018：11.
[②] 王焕玲，张娜. 语言学概论[M]. 长春：吉林大学出版社，2014：233.

为是指教师用于传达教学信息和组织学生学习的有声与无声的语言，如讲解、提问属于有声的语言，板书属于无声的语言。言语行为是教师教育理念、教学思想、教学组织、教育智慧的集中体现，也是教学过程的主要组成部分。

在人工智能环境下，能够以秒为颗粒度对教师讲授、师生互动、指导学生、教师提问、书写板书等教学行为进行基于人工智能功能的全自动伴随式分析，以课堂时间为轴线形成课堂教学评估数据，并以图表形式直观地展示课堂每个时刻的行为类型和持续时长。同时，能够快速计算出教师讲解、提问等言语行为占课堂教学总时间的比例，进而剖析教师的教学风格、教学倾向性、教学深入度等。

（一）教师的言语行为

在数字双轨学校，教师言语行为的主体往往包括主讲教师和教学点教师，相对于教学点教师，主讲教师的言语行为所占用的时间长、类型多。

1. 主讲教师的言语行为

数字双轨学校主讲教师的课堂言语行为主要有讲解、提问、板书等，其中讲解是最主要的言语行为。当然，学科不同，言语行为也有差异，例如，音乐课堂上有视唱行为，英语课堂上有朗读行为。

（1）讲解行为

讲解行为是教师运用语言及各种教学媒体，剖析知识结构和过程，揭示其内在联系的教学行为方式。讲解的实质是通过语言引导学生对所学内容进行分析、综合、概括，形成对概念、原理、规律、法则等的理解，帮助学生把握知识的实质规律，进而在头脑中建立新知识与旧知识之间的联系。

作为课堂教学的主要行为，讲解不但能在较短的时间内简洁地传授大量的知识，高效且省力，而且能充分发挥教师在教学中的主导作用，很容易实现对教学进程和进度的把控。

课堂行为分析是教学质量监控的关键环节，也是提高数字双轨学校教学质量和办学效益的重要手段。通过对数字双轨学校课堂授课语言进行分析，抓取提前设置好的课堂知识点关键词，统计各关键词出现的频率，并在课堂时间轴上标注出现的时间点，能够剖析教师讲解的重点知识的分布状态。教学课堂知识点的记录，能够凸显课堂教学内容的丰富度，进而梳理课程教学内容，避免遗漏，也是进行课程复盘的重要数据支撑。通过大数据分析系统对教学内容进行知识点关键字识别，能为数字双轨学校进行教研分析提供相应的数据支撑。

（2）提问行为

提问行为是教师为了实现教学目的，根据教学目标、教学内容、学生特点、教学阶段等设计一系列问题，在教学过程中向学生有序抛出问题，引导学生做答、启发学生思维的一种教学行为。教师可以通过提问，检查学生的学习进度，促进学生思维进阶并巩固和运用知识，达成教学目标。课堂设问是一门艺术，问题的设计讲究目的、难度、跨度，问题的提出采用灵活多样的方式，能确保学生的思维处于积极的状态。

课堂教学涉及的问题是多种多样的，根据问题的难易程度，可以分为检查知识和创造知识两大类。检查知识的问题需要学习者调用记忆中的知识或基于对知识的理解进行回答，判断较容易。创造知识的提问是能够在学习者的内心引起认知矛盾冲突的问题，需要学生具有分析、综合、评价的能力。根据布鲁姆的教育目标分类体系和学生的认知发展水平，课堂问题分为6类，每个类型的问题都有相应的行为动词（表4-1）。

表 4-1　问题的类型

类别	目标	关键词	行为动词
回忆性提问	要求学生通过回忆已有知识来回答问题	谁、是什么、什么时候、在哪里、有哪些等	认识、列出、描述、检索、命名、找出
理解性提问	翻译或转化、解释或说明	请你用自己的话阐述、叙述、对照、比较、解释等	解释、总结、改述、分类、说明、举例
运用性提问	把所学的概念、理论、规则等知识运用于另外一个相似的情境中	把一个程序应用于熟悉的或不熟悉的任务	实施、执行、使用、履行
分析性提问	应用已学过的知识分析新学知识的结构和因素，把信息分解成部分来探究和理清事物之间的关系	为什么、哪些因素、什么关系、什么原理、得出结论、证明、论证、分析等	比较、组织、解构、审问、发现
评价性提问	证明一个结论，检查某种结论是否有事实根据，判断哪种解决问题的办法更合适	结合……谈……，根据……你能想出……的解决方法；判断、证明、评价、你对……有什么看法等	检查、假设、评论、实验、判断
创造性提问	产生新的想法、结果，发现新的视角	根据标准提出多种可供选择的假设；设计完成一项任务；发明一种产品	设计、构建、计划、产生、发明

在人工智能环境中，通过对课堂中的问题类型和数量问题进行数据统计，能够分析教师课堂教学的深度，为数字双轨学校课堂教学提供参考。

（3）板书行为

板书行为是指教师根据具体的教学目标，认真构思、反复推敲、精心设计，在实际课堂教学中运用文字、纲目、图表或表格等形式，向学生呈现教学要点、讲授提纲的一种教学行为方式。心理学研究表明，人的大脑中储存的知识信息，通过各种感官获得的比率是不同的。人在学习时，通过视觉获得的知识约占83.0%，通过听觉获得的知识约占11.0%，通过其他形式获得的知识约占6.0%。[1] 板书的应用恰恰就是十分重要的视觉通道，它与听觉相结合，可以更有效地帮助学生理清逻辑思路和建构知识体系，提高学习效率。

数字双轨学校的教师在教学实践中创造了丰富多彩的板书类型，这些板书的书写者以中心校教师为主。为了帮助教学点学生理解教学内容，助教也会在辅助教学的过程中加入板书，如中心校教师给学生布置的作业、强调的重点内容等。

2. 教学点教师的言语行为

教学点教师的言语行为主要有纪律管理与辅助教学等方面，在很长一段时间，其言语行为都是主讲教师言语行为的重要补充。

（1）纪律管理

纪律管理是指课堂中教师与学生共同遵守一定的规则，从而有效地处理课堂中影响教学活动的各因素及其之间的关系，促使课堂教学能够顺利地进行，以保证教学效果得到提高。[2] 良好的课堂纪律是取得良好课堂教学效果的重要条件，因此课堂纪律管理尤为重要。相较于中心校的主讲教师而言，与学生处于同一时空的助教对班级的纪律管理具有直接性，更容易维持课堂教学秩序，因此助教是班级纪律的主要管理者。此外，当出现突发事件时，助教应冷静处理，及时维持课堂秩序，尽可能地保证教学不被中断。

（2）辅助教学

教学点教师的辅助教学行为通常包括对学生进行个别指导、转述主讲教师的

---

[1] Xu Y L, Liu Y N. An empirical study on the effectiveness and configuration of multimodal college English listening teaching system[J]. Eurasia Journal of Mathematics, Science and Technology Education, 2017(11)：7391-7398.

[2] 杜萍. 课堂管理的策略[M]. 北京：教育科学出版社，2005：89.

指令及鼓励或表扬学生等。

1）个别指导。个别指导是指在教学过程中，针对学习者的具体需求和特点，进行一对一的辅导和支持。这种方法可以帮助学习者更好地理解和掌握知识，同时也能针对他们的弱点进行强化。在数字双轨学校，城市主讲教师通常会对多个农村教学点的学生同时授课，还有可能在为教学点学生授课的同时为中心校的当地学生授课，难以照顾到教学点每一名学生的个体差异。助教的个别指导能提高主讲教师传递信息的效果，帮助主讲教师灵活、及时地获得教学反馈。

2）转述指令。教学点接收到的主讲教师的教学指令是通过网络视频传送的，受网络条件和设备的影响，学生有可能听不清楚主讲教师的授课内容。因此，助教需要对教学内容做到心中有数，当视频条件不佳时，能及时将主讲教师的核心教导内容转述给学生。此外，当教学点有学生未按照主讲教师的要求去做时，助教也应再次传达主讲教师的要求。

3）鼓励或表扬。当学生有积极的表现时，助教应给予其支持，使学生感受到被肯定的积极反馈，从而提升学习兴趣与动力。鼓励或表扬可以面向学生个体，也可以面向学生群体。基于平行管理原则，对个体的鼓励或表扬有助于树立榜样，榜样的力量能够对全体学生产生积极影响，对群体的鼓励或表扬也能够对班集体中的每一名学生产生积极影响。

（二）学生的言语行为

数字双轨学校课堂教学中学生的言语行为通常包括回答、提问、交流、演板与作业等。

1. 回答

回答是对提出的问题、要求等做出的反应。根据数字双轨学校课堂教学的实际情景，学生的回答通常有以下几种：①集体回答与个人回答。前者是指班级学生共同对教师面向全班的提问做出的反应，后者是指某名学生对教师面向个人的提问做出的反应。②主动回答与被动回答。前者是指学生自主找出问题的答案，表达自己的看法，或引发新的话题，抑或自由地表达自己的见解和思路等，后者是指学生在教师的要求下做出回应。

2. 提问

提问是指学生主动提出问题，自由地表达自己的见解。提问与回答的区别在于，学生的提问通常不是由教师的提问直接引发的，而是源于学生自身的求知欲，也是学生深度思考行为的外显。教师应鼓励学生主动提出问题，并用学生提出的高价值问题丰富课堂教学内容。在数字双轨学校课堂教学中，学生年龄较小，提问的积极性较高，但一般提出的问题认知水平较低。

3. 交流

交流是指彼此传递和分享信息、观点、思想或感受。在数字双轨学校课堂教学中，由于时空环境的特殊性，课堂交流与常规课堂有所不同。农村教学点学生的交流主要有与同伴交流和与助教交流。

（1）与同伴交流

数字双轨学校农村教学点学生在课堂上与同伴的交流通常可分为两种情况：①与学习有关的交流，如对课堂问题的小组讨论、对存疑问题的互相交流等；②与学习无关的交流，如交头接耳等。和同伴进行与学习有关的交流，有助于激发学生深入思考，提升观点表达能力，并在生生之间的言语交互中增强学生的社会性。主讲教师应积极运用小组合作学习等教学方法开展教学，为学生提供丰富的同伴交流机会。因主讲教师与教学点的空间距离较远，助教的课堂管控能够提升同伴交流的效果。

（2）与助教交流

农村教学点学生与助教的交流包括响应助教指令、寻求助教帮助和在助教的个别指导下与其交流等。相比线上的主讲教师，线下的助教能够通过与学生的交流保证学生的学习状态，也能在与学生的交流中更具针对性地解答学生的疑问，有助于学生对知识的有效习得，因此学生与助教之间的交流是有必要的。学生与助教之间交流的多寡受到助教对学生的关注程度、学生性格、课堂纪律等多种因素的影响。助教应鼓励学生大胆地和自己交流，不懂的问题及时提出。此外，助教应积极管理课堂，并留心观察每一名学生的学习情况，主动对学习困难的学生进行个别指导。

4. 演板与作业

演板与作业属于无声地运用语言符号的形式。演板、作业的成果能够反映出学生对知识的理解程度。由于数字双轨学校课堂教学虚实结合的特殊性，主讲教师对学生演板、作业成果的检查需要助教通过拍照发送等形式方可实现。因此，演板与作业的有效开展，需要学生、主讲教师和助教的协调配合。

二、非言语行为要素

课堂教学活动不仅局限于师生言语行为的交互，非言语行为也是课堂教学的重要组成部分。非言语行为也称非言语交际，包括言语行为以外的一切由交际参与者和交际环境产生的刺激，这些刺激对交际参与者具有潜在的信息价值或意义。这些刺激一旦被对方感知，就产生了交际意义。[①]数字双轨学校课堂教学中的非言语行为主体包括主讲教师、助教和学生。

（一）教师的非言语行为

教师的非言语行为是指在教育教学过程中，基于师生互动和交际需要，教师发出的与言语行为紧密联系的非言语形式。[②]数字双轨学校主讲教师与助教的课堂存在形式不同，其非言语行为亦不尽相同。

1. 中心校主讲教师

从课堂交际行为出发，中心校主讲教师的非言语行为主要包括头势、手势、面部表情、眼神等。中心校主讲教师的非言语行为在教学信号传输过程中往往会被弱化，因此更应该关注它们对教学点学生的影响。

（1）头势

头势是教师在课堂教学中经常使用的一种非言语行为，最常用的头势是点头和摇头，用于对学生的回答做出评定。通常情况下，点头表示对学生的肯定，而

---

① 吴为善，严慧仙. 跨文化交际概论[M]. 北京：商务印书馆，2009：180.
② 周鹏生. 教师非言语行为研究简论[M]. 北京：民族出版社，2006：1-4, 6-12.

摇头则表示否定。点头或摇头的使用可以使学生直观地理解教师对学生回答问题或者课堂表现的反馈。

（2）手势

手势是教师在课堂教学中经常使用的另一种非言语行为。McKerrow 等将手势分为象征性手势、描述性手势和情感性手势。[1]象征性手势是指通过手势表达某种事物或意义，如抬手是示意学生"请起立"。象征性手势有时可替代语言，节约课堂时间。描述性手势是指通过手势描述事物的外形、特征和运动等，如在向学生描绘地球公转方向的同时，双手握拳模拟地球绕太阳自西向东的公转运动。描述性手势配合语言可以起到加深学生印象、促进学生理解的作用。情感性手势是指通过手势表达某种感情，如课堂中教师对学生竖起大拇指表示赞扬。教师在教学中综合运用多种手势，能够对言语行为起到帮衬作用。

（3）面部表情

在课堂教学过程中，面部表情是教师和学生非言语行为的焦点。面部表情能够反映教师的个人情感，微笑是教师上课时最明显的面部表情。当教师面带微笑进行授课时，学生会感到更加放松，更有利于学生的学习。面部表情的变化也可以辅助教师教学，比如，当教师描述石油泄漏导致海洋生物大量死亡时，表情由之前的微笑变得凝重，学生能够从中体会到石油泄漏对海洋生物资源的破坏是很严重的，从而树立起人地协调观念。此外，面部表情的变化可以吸引学生的注意力，形成师生之间联系的纽带。

（4）眼神

教师的眼神能够流露出内心情感，体现出了对学生的态度。目光接触是师生之间间接的情感交流。眼神通常伴随着面部表情与头势，比如，教师点头时面带微笑的和蔼眼神，表达出了对学生的鼓励与无言的赞许，能够使学生强化自我肯定，充满信心。当有学生扰乱课堂纪律时，教师往往会停止授课并注视这名学生，学生会感到羞愧而停止扰乱课堂纪律的行为。

2. 教学点教师

教学点教师的非言语行为主要包括多媒体设备管理、巡视、辅助反馈教学信

---

[1] McKerrow R E, Gronbeck B E, Ehninger D, et al. Principles and Types of Speech Communication (14th) [M]. Oxford: Taylor & Francis, 1999: 278.

息等。

（1）多媒体设备管理

在课前，助教开启多媒体设备，保证多媒体网络连接状况良好，启动用于授课的软件。在课中，助教需要时刻关注多媒体网络连接状态，若出现断网等突发事件，应尽快地恢复网络连接，并及时告知主讲教师。在课后，助教应关闭多媒体设备，采取合适的途径维护多媒体设备。助教应学会多媒体设备的操作方法和基本的多媒体故障处理办法，以做好多媒体设备管理。

（2）巡视

主讲教师与教学点学生处于不同空间，有时主讲教师还会同时给中心校当地学生授课，难以准确把握教学点每一名学生的学习情况。与教学点学生位于同一时空的助教应多在课堂巡视，在巡视中近距离观察每一名学生的学习情况，并为存在问题的学生答疑解惑，对无法完成课堂任务的学生进行单独指导。助教的巡视符合因材施教的教育理念，有助于缩小因学生个体性造成的学习效果差异，提升数字双轨学校课堂教学的整体效果。

（3）辅助反馈教学信息

主讲教师在为学生布置任务后，需要获得学生的反馈。但是，由于其与学生处于不同空间，需要助教辅助反馈，方能获知学生的任务完成情况。助教可以将学生的练习、演板和作业等成果拍照发送给中心校的主讲教师予以点评，以保证教、学、评的一体化。当然，助教并不仅仅负责拍照与发送工作，其本身也需要具备评价学生学习成果的能力。

（二）学生的非言语行为

学生的非言语行为可分为与学习有关的非言语行为和与学习无关的非言语行为。

1. 与学习有关的非言语行为

（1）认真听讲

听讲是课堂教学中学生学习活动的重要组成部分，是学生有效习得知识的前提。学生注意力的集中程度是影响其听课效果的重要因素。所谓认真听讲，即在思考中高度专注地听讲。当学生能够认真听讲时，教师应给予其适当的鼓励。由于教学点的学生很多为留守儿童，从小缺少父母的有效监管，某些学生可能尚未养成认真听讲的习惯。此外，基于小学与初中学段学生的年龄、心理特征，一些学生难以在一节课中保证注意力的持续集中。对于听讲不认真的学生，主讲教师与助教应该合理指出，培养学生认真听讲的习惯，帮助其提升学习效果。

（2）看他人做

看他人做是指看周围的同伴练习，比如，在数学课上看同伴演板，在美术课上看同伴绘画，在音乐课上看同伴表演等。正所谓"见贤思齐焉，见不贤而内自省也"，看他人做有助于学生借鉴同伴的长处，并对同伴出现的问题进行自我规避。

2. 与学习无关的非言语行为

与学习无关的非言语行为通常表现为学生独立地做与学习无关的事，如东张西望、做小动作等。学生的东张西望可能表现为看摄像头、看教室外的风景、看同伴的与学习无关的行为等；学生做小动作可能表现为玩手、玩弄文具等。在学生出现此类与学习无关的非言语行为时，助教应及时予以提醒，使学生回归良好的学习状态。

第二节　数字双轨学校课堂教学行为分析方法

进行教学行为分析，既要观察课堂教学中教师的教导行为、学生的学习行为和师生互动行为等显性行为，又要分析教学过程中教师的教学思想、观念、认知、情感等隐性行为。[1]因此，研究课堂教学行为，需要有一个较为复杂的方法体

---

① 陈实. 课堂教学行为研究——基于教学行为三层次分析的视角[M]. 北京：科学出版社，2018：16.

系作为支撑。数字双轨学校课堂教学行为具有教学主体多元性、教学时空分离性等特征，因此数字双轨学校课堂教学行为分析更为复杂，但总体来看，包括量化分析和质性分析两大类。

一、量化分析方法

客观事物都具有"质"和"量"两种规定性，它们构成了科学研究的两种取向或两个侧重点。一般而言，自然科学以量的研究为主，而在社会科学研究领域，由于社会现象的特殊性和复杂性，量的研究与质的研究长期并存。量的研究本质上认为存在一个客观的世界，而研究者的使命就是不断地通过研究（测量、计算、分析等）去发现并尽可能地接近这个客观世界。在数字双轨学校课堂教学行为研究中，量化分析和质性研究方法都得到了充分运用，其中的量化分析方法主要有以下几种。

（一）S-T 分析

S-T 分析是一种以图形的方式表示教学特征的分析方法。这种分析方法将教学中的行为仅分为学生（S）行为和教师（T）行为两类，减少了教学过程中行为分类的模糊性，增加了客观性。对于所记录的行为序列数据，可以计算 T 行为占有率（Rt）、行为转换率（Ch），绘制 Rt-Ch 图，据此可以判定该节课采用的教学模式，进而可以采用可视化的方法研讨教学。此外，其不需要进行复杂的计算，使用起来十分方便，有利于推广、实施。[1]

当然，数字双轨学校课堂教学行为中的 T 行为和 S 行为都有一定的特殊性，需要研究者根据实际情况进行调整和优化（表4-2）。

---

[1] 程云，刘清堂，王锋等. 基于视频的改进型 S-T 分析法的应用研究[J]. 电化教育研究，2016（6）：90-96.

第四章
数字双轨学校课堂教学行为分析方法与模型

表 4-2　调整后的数字双轨学校课堂教学行为 S-T 分析模板

类别	表现形式	类别	表现形式
T 行为	讲授	S 行为	跟唱练习
	提问		思考
	呈现		发言
	反馈指导		沉默
	课堂管理		其他

资料来源：孙雨晴. 湖北崇阳小学音乐远程专递课堂教师教学行为优化——基于 S-T 分析方法和量化编码分析方法[J]. 湖北开放大学学报，2022（4）：22-28.

另外，通过教学过程中教师行为所占比例（Rt）和教学过程中 T 行为与 S 行为的相互转换次数与总行为采样数之比（Ch），可以进行教学模式的常模判断（图 4-1）。

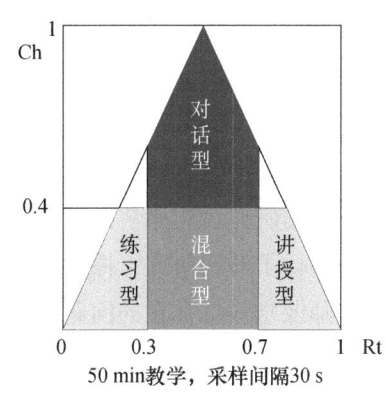

Rt	Ch	教学模式
0—0.3	0—0.4	练习型
0.3—0.7	0—0.4	混合型
0.3—0.7	0.4—1	对话型
0.7—1	0—0.4	讲授型

50 min 教学，采样间隔 30 s

图 4-1　Rt-Ch 图与教学模式

在 S-T 分析中，Rt 的数值代表教师行为在课堂行为中所占的比例，Rt 值越高，代表教师对课堂的主导性越强；Ch 的数值代表师生行为的切换比例，Ch 值越大，代表课堂师生互动情况越好。根据数据分析，数字双轨学校课堂教学具有 Rt 值相对较高、Ch 值普遍偏低的共同特征，呈现出传统的"以教师为中心"的课堂教学模式特征。[1]

---

[1]　孙雨晴. 湖北崇阳小学音乐远程专递课堂教师教学行为优化——基于 S-T 分析方法和量化编码分析方法[J]. 湖北开放大学学报，2022（4）：22-28.

（二）改进的弗兰德斯互动分析系统

弗兰德斯互动分析系统（Flanders interaction analysis system，FIAS）是美国学者弗兰德斯在20世纪60年代通过现场研究的方法提出的一种具有结构性的、定量的课堂言语行为分析技术，这种分析技术采用"中立"和"客观"的观察态度、特定的编码系统，每3s记载一次的记录方式，对课堂教学中师生言语互动的具体10种行为进行编码、统计和分析。它具有明显的结构化、定量化的特点，至今仍是分析和评价课堂教学行为、进行教育研究的一种较为理想的工具。[①]

弗兰德斯互动分析系统在世界范围内广为流传，国内外不少研究者结合课堂教学发展和本国的实际对弗兰德斯互动分析系统进行了改进和完善。我国学者根据我国教育改革的推进，结合信息技术的运用、学科学习的特点等，对弗兰德斯互动分析系统进行了完善。

有研究者结合名师课堂行为分析对弗兰德斯互动分析系统进行了改进，如《基于改进型FIAS分析模型的物理课堂师生互动行为研究——以名师赛中的同课异构为例》。该类研究通过对名师课堂教学行为的分析，得出名师课堂的课堂结构、名师的教学倾向性、名师课堂的问题设计、师生互动等方面的特征，通过这些研究，归纳出名师课堂的基本特征。另外，较多的研究运用弗兰德斯互动分析系统，对新手教师和专家型教师的课堂教学行为进行了对比研究，探讨了专家型教师与新手教师的课堂结构差异，发现了新手教师课堂教学存在的问题，为新手教师向专家型教师转变提供了策略。改进的运用于物理学科的弗兰德斯互动行为编码系统，如表4-3所示。

表4-3 改进的运用于物理学科的弗兰德斯互动行为编码系统

分类		编码		内容
教师语言	间接影响	1	接纳学生的感受	以毫无威胁性的方式接纳和理解学生的感受
		2	表扬或鼓励	表扬或鼓励学生的行为
		3	接受或采纳学生的观点	重复、澄清、扩大或发展学生提出的意见或想法。当教师开始更多地表达自己的观点时，转向第5类
		4	提问	4.1 向学生提出开放性问题
				4.2 向学生提出封闭式问题

---

① 陈实. 课堂教学行为研究——基于教学行为三层次分析的视角[M]. 北京：科学出版社，2018：59-60.

续表

分类		编码		内容
教师语言	直接影响	5	讲解	列举事实或者表达自己的观点等
		6	指令	希望学生遵从的指令
		7	进行批评或维护权威性	为了改变学生行为，使之转变到可以接受的行为；批评学生，以及说明为什么批评等
学生语言		8	学生被动回答	学生发言，以回应教师的问题或指示
		9	主动说话	9.1 学生主动应答：学生主动通过言语回答教师提出的问题
				9.2 学生主动发言：学生主动发起推动教学的话题来表达、阐述自己的观点和想法
沉寂或混乱		10	有效的沉寂	10.1 教师操练：教师进行演示实验、操作实验器材、多媒体设备等静思默学，学生独立思考、无声阅读、做笔记，观看演示实验、播放的视频 学生操练：学生进行课堂书面练习、在黑板上演练，独立或分组实验、参与演示实验等
			有效的混乱	10.2 同伴讨论：学生通过与同桌互动、分组等形式就某些问题展开讨论、交流，分享彼此的观点
			无效的沉寂或混乱	10.3 课堂处于无助于课堂教学顺利进行的沉寂或混乱状态

弗兰德斯互动分析系统是比较经典的量化分析课堂教学行为的工具，在结合具体的课堂教学实际进行改进后，在研究数字双轨学校农村教学点的课堂教学行为特征、师生互动特点、教师教学倾向性等方面，依然有着不可忽略的优势。

（三）TIMSS 教学语言分析

弗兰德斯提出，课堂教学中有 2/3 的时间被语言占用，通过对教学语言的分析，可以发现课堂教学的特征。国际数学科学测评（trends in international mathematics and science study，TIMSS）是由国际教育成就评价协会从 1995 年开始进行的国际数学和科学趋势研究项目，旨在测量国际不同教育系统中学生教育成就趋势的差异。教学语言分析（analysis of teaching language）是 TIMSS 录像课分析的重要组成部分，这种教学语言分析最初被用于数学录像课的对比分析，后来在其他学科中得到推广和运用。TIMSS 教学语言分析和弗兰德斯互动分析系统既有相似的地方，也有显著的差异。首先，TIMSS 教学语言分析不是采用时间抽样，而是采用句子抽样；其次，TIMSS 教学语言编码不是一轮，而是有深入编码。TIMSS 教学语言编码系统，如表 4-4 所示。

表 4-4　TIMSS 教学语言编码系统

分类	初始编码	二轮编码	深度编码
教师语言	提问	聚焦教学内容的提问	需要学生回答是或否的提问
			需要学生简单命名或陈述的提问
			需要学生描述或解释的提问
		激发元认知的提问	—
		激发学生参与的提问	—
		聚焦评价的提问	—
		其他	
	讲授	内容讲授	—
		管理讲授	—
		纪律讲授	—
		其他	
	指示	—	—
	接纳学生的观点	—	—
	回应学生提问	—	—
	回答自己的问题	—	—
学生语言	回答	—	—
	提问	—	—
	讲授	—	—
	指示	—	—
	接纳	—	—
其他语言	师生语言都有，分不清是谁的语言	—	—

资料来源：何光峰. TIMSS 录像课教学语言的分析及其对课堂教学评价的启发[J]. 外国中小学教育，2017（4）：7，34-40

TIMSS 对教学语言的分析，是一个多轮分析逐步深入的过程。先是按照语言行为的主体分为教师语言和学生语言，然后按照语言的功能，分别将师生语言分为 6 种和 5 种，再针对每一种进行细分。在对师生语言亚类进行分析时，采取了重点分析的方法，如对提问的分析，先是提问的类别，然后是提问的亚类，最后是"提问-回答"组合中首个提问的类别。这种步步深入的分析路径，使语言的分析形成了一个系统的整体，既有助于在进行课堂教学评价时整体把握课堂教学语言的特点，也有助于发现不同层面教学语言的优点和问题。[1]

在数字双轨学校的课堂教学语言分析中，有研究者借鉴了TIMSS录像课采用的教学语言分析方法，例如，在论文《农村小学音乐课堂质量提升对策研究——基于TIMSS和质性研究的课堂分析》中[2]，研究者选取三堂农村教学点的小学音乐课的教学实录作为研究对象，应用基于TIMSS录像课教学语言分析的方法，建构了适用于农村教学点的课堂语言编码系统，结合基于LICC（learning，学生学习；instruction，教师教学；curriculum，课程性质；culture，课堂文化）模式的课堂观察模式，从量化研究和质性研究两方面对专递课堂和混合课堂教学语言进行了分析（表4-5）。通过分析发现，在数字双轨学校两类课堂随机抽取的30个编码中，专递课堂和混合课堂中教师语言的编码都是22个，教师语言在整个教学语言中占到了73.3%。两种类型课堂中，教师语言编码的百分比远远高于学生语言编码的百分比，这体现了主体间的话语失衡，课堂的话语权在教师的手中。为了提高农村音乐教育的课堂教学质量，研究者针对存在的课堂教学问题，从教师本身、课堂互动和课堂管理等方面提出了优化建议。

表4-5 数字双轨学校课堂教学语言量化分析　　　单位：个

序号	教师语言	专递课堂编码数	混合课堂编码数
1	提问	6	3
2	讲授	10	3
3	指示	3	12
4	接纳学生的观点	3	4
5	回应学生提问	0	0
6	回答自己的问题	0	0

---

[1] 何光峰. TIMSS录像课教学语言的分析及其对课堂教学评价的启发[J]. 外国中小学教育，2017（4）：7，34-40.

[2] 周泉，陈实，王继新. 农村小学音乐课堂质量提升对策研究——基于TIMSS和质性研究的课堂分析[J]. 中国电化教育，2019（5）：20-26，48.

二、质性分析方法

质性研究是研究者本人作为研究工具，在自然情境下采用多种资料收集方法对社会现象进行整体性探索，使用归纳法分析资料和形成理论，通过与研究对象互动对其行为和意义进行建构而获得解释性理解的一种活动。[①]纯粹的质性研究在数字双轨学校课堂教学中的应用较为有限。相较于量化研究，质性研究在教育领域的应用较晚，较大规模地运用到基础教育领域还需要经历一个过程。事实上，纯粹的质性研究和纯粹的量化研究往往都不可避免地存在一些缺陷，混合研究往往能克服这些缺陷。因此，教育领域常用的质性研究方法在一定程度上具有混合研究的特性。[②]数字双轨学校课堂教学分析，常用的方法有话语分析、空间形制分析、画面分析和多模态分析。

（一）话语分析

课堂教学以话语为主要载体传递知识，从课堂话语切入展开课堂研究的话语分析（discourse analysis）是20世纪50年代末以语言学为中心发展起来的概念。它最初由美国结构主义语言学家哈里斯（Harris）提出，研究具体语境中的口头或书面语言，主要目的在于揭示具体情境中特定话语的功能。20世纪70年代后期开始，对基于全班或小组的师生、生生交谈质量的研究，已经引起广泛关注，课堂上学生的学习是通过师生间、学生间的交流、沟通与合作等活动展开的。美国学者梅汉（Mehan）和卡茨登（Cazden）运用人种志研究方法探究了课堂中的教与学是如何结构化的，发现了课堂话语互动的IRE（启动-响应-评价，initiation-response-evaluation）结构。梅汉与卡茨登的研究发现，课堂话语互动的IRE结构适合简单学习，对于促进学生的高阶思维及深度课堂参与的课堂教学，需要有更深入的话语分析结构。为了鼓励学生更多地参与课堂交谈，重建课堂话

---

① 陈向明. 质的研究方法与社会科学研究[M]. 北京：教育科学出版社，2000：12.
② 陈实. 课堂教学行为研究——基于教学行为三层次分析的视角[M]. 北京：科学出版社，2018：168.

语互动的交互结构成为研究的重点。①

1975年，以辛克莱（Sinclair）和库塔（Coulthard）为代表的伯明翰学派通过长期对课堂语篇的研究和观察，正式提出了伯明翰学派模式，又称IRF（initiation-response-follow-up）模式。他们认为课堂话语中普遍存在IRF话语模式，即由教师启动、学生回应和教师跟进3个话步构成的回合。②1999年，韦尔斯（Wells）提出课堂话语由4个层级构成，由小到大依次是话步（move）、回合（exchange）、序列（sequence）和片段（episode）。话步是最小的单位，由一句提问或回答构成。回合由相互关联的话步构成，通常包括启动步、回应步和跟进步（也称反馈步）。核心回合与附着于它的其他回合构成了序列。其中，回合是课堂话语分析中最常用的单位。第五章的案例运用伯明翰IRF话语模式对小学音乐同步互动专递课堂的师生交互形式及其效果进行了分析。研究者以伯明翰学派的IRF话语模式为理论基础，构建了课堂师生话语交互的编码体系，将教师引发话步划分为教师指示步、教师提问步及教师讲授步3类，将学生回应步划分为学生应答步和学生提问步两类，对真实音乐课堂的师生对话进行了编码与统计分析。研究结果表明，小学音乐同步互动专递课堂的师生话语交互模式类型多样，教师引发话步以指示步为主，学生回应步以应答步为主。研究者通过相关性检验发现，教师反馈步与课堂效果有着显著的相关性。

（二）空间形制分析

此处的空间主要是指数字双轨学校教室的空间。教室占据了一定的空间，在数字双轨学校教室空间，摆放了电子屏幕、桌椅等教学用具。"形制"，即器物的形状、样式，按照规定的制作方式完成的具体器物的外观形式及其所形成的空间关系，就构成了空间形制。

教室空间是采用物理学、教育学、建筑学、政治学等这些学科知识共同建构的空间。物理学和几何学使教室空间变成一个具体的可测量的空间，包括课桌、

---

① 张光陆. 探究式交谈对学生深度学习的影响：基于课堂话语分析[J]. 全球教育展望，2021（5）：3-14.

② 张庆华，杨鲁新. 基于课堂话语分析的英语精读课教师学科教学知识研究[J]. 外语教育研究前沿，2022（1）：71-78，92.

墙、窗、门等的尺寸都有相应的标准。教室的空间形式必定服务于相应的教育理念。物理学主要是在制造出一种限制学生身体的课桌，使身体的主观感受适应高效率的学习。不同学龄阶段，根据平均身高不同配置课桌和椅子，符合工业化的大批量生产的准则。教室的建筑材料、墙面的涂料、光线的采集等，都致力于建构一个宽敞明亮的教室。白色的墙壁、多窗的设置使教室里光线充足，有利于保护学生的视力，为学习提供优越的条件。明暗的不同特性，不仅会影响空间和视觉的流动性，也会影响相关的心理空间。[①]

由于教学模式的特殊性，数字双轨学校的教师和学生的课堂空间形制与常规课堂有所不同，下面分别以专递课堂和混合课堂为例，分析教师面对的课堂空间形制，以及学生面对的课堂空间形制。

1. 专递课堂的空间形制

在专递模式的课堂中，教师与学生课堂的空间形制是不同的。对于教师来说，他们主要是通过摄像机、多媒体设备、投影仪、麦克风等不可移动的仪器将教学内容传达给远程连线的学生，通过电子屏实时观察并与学生互动，完成整堂课的教学活动。对于教师来说，这种空间形制几乎没有可移动的空间，因为教师要时刻保持在屏幕正中央，这样才不会影响学生接收教学信息。在专递课堂教学中，中心校授课教师一般整堂课都保持一种站立姿势，在投影仪前的走动较少。专递课堂教师和学生的空间形制，如图 4-2 和图 4-3 所示。

图 4-2　专递课堂教师的空间形制

[①] 丁钢. 中国教育：研究与评论（第 21 辑）[M]. 北京：教育科学出版社，2018：6.

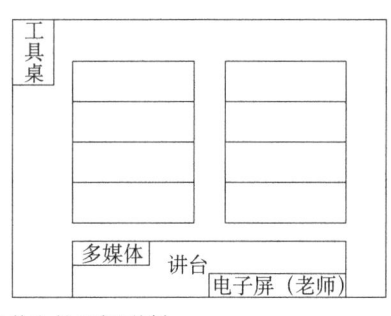

图 4-3 专递课堂学生的空间形制
注：空白矩形框表示学生的位置，下同

在专递课堂的农村教学点一端，学生的课堂空间形制实质上与传统课堂模式并无二样，学生整齐地按照顺序坐在自己的座位上，通过讲台上的电子屏接收教师的教学内容，并通过电子屏与教师互动，完成整个教学活动。在专递课堂的教室内，一般安排一名助教，在中心校的主讲教师讲课时，其一般坐在教室的后排维持纪律，并不参与教学活动。在主讲教师完成讲授活动后，其与主讲教师和中心校学生互动，起到连接主讲教师和中心校学生的作用。

2. 混合课堂的空间形制

混合课堂是数字双轨学校常见的课堂教学模式。混合课堂中教室的空间形制可以分为中心校和教学点两部分。混合课堂中教学点的空间形制与中心校基本一样。混合课堂中心校的空间形制如图 4-4 所示。对于学生而言，空间形制是相对单一的，没有发生实质性的改变，只是课堂多了远程的录像，但归根结底还是传统意义上的呈现方式，本质上尚未突破传统的授课模式。

图 4-4 混合课堂中心校的空间形制

对于教师而言，空间形制变化较大，使教学突破了传统授课方式。教师要兼顾两方的学生：一方面，教师要在现场为学生讲授教学内容；另一方面，教师要通过电子设备向教学点传达教学内容。教师要做到均衡对待，否则会影响学生的上课积极性和热情，不利于他们的学习。这就给教师提出了相应的挑战，即要求教师的活动空间更大，讲课方式要做到灵活，并有所突破。

（三）画面分析

在数字双轨学校课堂教学中，教学信息主要通过位于教学点教室前方的电子白板或屏幕传递给教学点的学生和助教，因此教学画面传递的教学信息量往往大于常规教学。在数字双轨学校课堂教学中，教师在教学过程中利用的画面类型，包含教师出现在画面中与教师不出现在画面中。

在数字双轨学校课堂教学中，教师可以通过语词和画面共同呈现教学信息，以促进学生的学习。语词一般通过幻灯片呈现，辅以口头言语；画面可以是静态的，如照片、图画、插图、地图等，也可以是动态的，如录像或动画等。梅耶认为，多媒体学习是一种知识建构，主要基于以下三条原则进行：①双重通道原则，即人类有两个信息加工通道，一个负责视觉信息加工，另一个负责听觉信息加工；②容量有限原则，即每一个信息加工通道一次同时加工的信息量是非常有限的；③主动加工原则，即学习者必须主动选择、组织与整合信息。[1]在数字双轨学校课堂教学中，教学点的学生学习信息的获得，更多地依赖教学画面传递的教学信息量。例如，我们通过对湖北省咸宁市崇阳县实验小学二年级美术同步互动专递课堂的教学视频分析发现，教学画面与学生课堂行为效率存在密切关系。

在数字双轨学校课堂教学中，会进行三种认知加工：外在认知加工、必要认知加工和生成认知加工。外在认知加工是由不良的教学设计引发的，必要认知加工是由所要学习的材料的复杂性造成的，生成认知加工是由学习者的学习动机引起的。[2]数字双轨学校教师在进行教学设计时，要充分考虑教学点学生的学情和学生接收教学信息的特点，应该尽量减少外在认知加工，善用必要认知加工，促

---

[1] Clark R C, Mayer R E. e-Learning and the Science of Instruction: Proven Guidelines for Consumers and Designers of Multimedia Learning[M]. Hoboken: John Wiley & Sons, 2016: 35

[2] 王钰. 数字教材内容组织研究——基于认知负荷理论视角[M]. 武汉：武汉大学出版社，2022：51.

进生成认知加工。其目的在于充分利用教学点学生的认知容量，帮助他们对教学画面进行积极的认知加工——主动选择信息、组织信息和整合信息，最终实现有效学习。

（四）多模态分析

课堂教学中知识的传递需要话语的支撑，以及肢体语言和面部表情等的密切配合。与传统的以语言为中心的话语分析不同，多模态互动分析属于整体分析，语言只是在实际交流过程中起作用的一种模态。张德禄等在此基础上提出了多层次多模态互动分析综合框架，包括5个方面：文化语境、情景语境、互动话语、模态和媒介[1]。他们还认为话语意义中的一大部分是通过非语言因素体现的，如语言特征，包括音响度、声调、语调、音速等；身体特征，包括手势、身势、面部表情、动作、移动等；非身体特征，包括幻灯片、音响设备、网络、实验室、周围的环境因素等。各模态之间的协同关系，分为互补性的和非互补性的两大类，互补性包括强化和非强化，非互补性包括交叠、内包和语境交互。[2]

课堂师生互动实践和多模态互动理论认为，教师的手势、目光注视等非言语行为作为一种社会线索，在与言语动态协同表达师生互动意义的过程中，能够进行较多的认知投入、保持积极的情绪状态、形成较高的社会存在感。[3]

数字双轨学校中的同步互动混合课堂和同步互动专递课堂都是一种网络协同教学模式，即远端教学点学生通过富媒体同步技术参与中心校教师的教学，是一种典型的双师课堂组织形式。因其师生互动关系的复杂性、教学空间的分离性，中心校的学生除了从中心校教师的言语中获取教学信息，与教师的言语互动、传递至教学点的画面、教师的手势和面部表情等对教学信息传递的辅助作用减弱，但显得弥足珍贵。因此，多模态分析不仅要分析教师的话语、师生对话，还要分析传递至教学点的画面、教师的手势和面部表情等。有研究者建构了混合同步课堂中师生多模态互动行为分析框架，如表4-6所示。

---

[1] 张德禄，王正. 多模态互动分析框架探索[J]. 中国外语, 2016（2）：54-61.
[2] 杨晓蕾，梁梅红. 多模态互动视阈下TED演讲模式研究[J]. 外文研究, 2021（4）：23-31, 103.
[3] 李小娟，刘清堂，吴林静等. 混合同步课堂中师生多模态互动行为的动态协同分析[J]. 电化教育研究, 2022（8）：43-50.

表 4-6　混合同步课堂中师生多模态互动行为分析框架

模态类型		行为指标	编码	指标描述
言语行为	师生互动（TS）	中心校教师与中心校学生互动	TS1	讲授、提问、邀请或点评中心校学生
		教学点教师与教学点学生互动	TS2	集体解惑，组织教学点学生开展讨论或进行个别化的指导
		中心校教师与教学点学生互动	TS3	讲授、提问、邀请或点评教学点学生
	师师互动（TT）	中心校教师与教学点教师互动	TT	交流协同管理组织教学，如主讲教师对教学点教师说把接下来的教学点班级的讨论环节交给教学点教师
	生生互动（SS）	中心校学生互动	SS1	学生间的言语互动，如协同创作环节学生间的互动讨论
		教学点学生互动	SS2	
非言语行为	手势（G）	指示性手势	G1	用手或手指指向具体事物、空间、方位，以建立物理环境与言语表达及对应的心理表征间的互动关系，引起注意，如提问教学点学生时，用邀请手势指向直播屏幕
		节奏性手势	G2	在进行协同言语表达时，调节和强化言语表达的速度、节拍和要点内容，但不传递教学信息，如活动结束时鼓掌，配合话语强调进入点评活动环节
	目光注视（A）	面向中心校	A1	中心校教师在教学过程中面向中心校学生，如教师看中心校学生展示作品
		面向教学点	A2	中心校教师的目光看向教学点学生，即看向直播屏幕

资料来源：李小娟，刘清堂，吴林静等. 混合同步课堂中师生多模态互动行为的动态协同分析[J]. 电化教育研究，2022（8）：43-50

第三节　数字双轨学校课堂教学行为分析模型

　　模型是对某种思想、客体、实际系统的复制或再现，经常被用于描述系统的表现。根据呈现内容的形式，可以将模型分为实际模型和概念模型。实际模型是对事物的有形体现。一张地图、一个地球仪是对事物空间的体现，一本日历和一个钟表是对时间的体现。概念模型是分析过程中必不可少的。概念模型不一定是有形的东西，虽然它代表的东西可能是有形的。

根据作用，可以将模型分为描述性模型和规范性（指示性）模型。描述性模型说明了一个系统是怎样进行工作的，用它可以清楚地表明事物的现状，并可以指明应怎样改变这种现状；规范性（指示性）模型包含早已确定了的某些原则及事物的变化规律，能表征要实现一个特定目标，这个系统应该是什么样的。课堂教学行为分析模型属于描述性模型，描述了课堂教学行为分析的主体、对象、方法、工具和内容等。课堂行为分析模型是多种多样的[1]，结合数字双轨学校课堂教学的特殊性，我们主要介绍以下两种模型。

一、教学行为三层次分析模型

数字双轨学校课堂教学是一个极其复杂的系统。在进行课堂教学行为分析时，需要考虑到课堂中不同的主体和不同的分析要素，因此分层次的分析无疑是较为科学合理的选择。

（一）教学行为三层次分析模型的内涵

教学行为三层次分析模型将质性的和量化的研究方法结合起来，将课堂教学不同观察者，即教师同伴（教研员、同一备课组的教师）、课程研究专家和课堂共同体（中心校教师、教学点助教和教学点学生）结合起来，充分利用他们擅长的课堂观察视角和研究方法，从三个层次、多个维度对课堂教学行为进行深描、分析、解读。[2]

在数字双轨学校课堂教学行为三层次分析模型（图4-5）中，课堂教学行为分析由浅到深被划分为三个层次。第一个层次为准结构化层次，这个层次观察者持一种开放的心态，对数字双轨学校课堂教学现场进行全方位的观察和记录。第二个层次为结构化层次，采用系统化观察的方法，观察者利用现成的或改进的编

---

[1] 陈实. 课堂教学行为研究——基于教学行为三层次分析的视角[M]. 北京：科学出版社，2018：83.
[2] 陈实. 课堂教学行为研究——基于教学行为三层次分析的视角[M]. 北京：科学出版社，2018：84

码量表、框架体系进行观察分析，例如，改进的弗兰德斯互动分析分类体系。第三层次为精细化层次，在开放式观察和系统化观察的基础上，进一步选定观察焦点，即选定一个具体问题进行聚焦式观察。

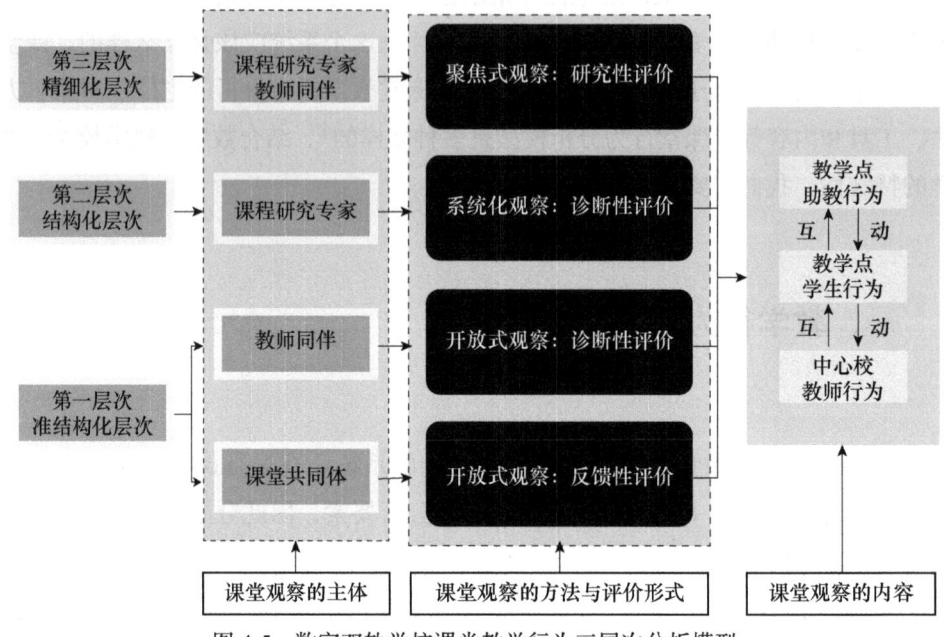

图 4-5　数字双轨学校课堂教学行为三层次分析模型

数字双轨学校课堂教学行为三层次分析模型的三个层次，如同积木块一样，可以聚合在一起综合使用，也可以将三个层次两两组合使用，例如，第一层次的开放式观察和第三层次的聚焦式观察组合使用，第一层次的开放式观察和第二层次的系统化观察组合使用，第二层次的系统化观察和第三层次的聚焦式观察组合使用。

1. 课堂观察的主体

在数字双轨学校，课堂教学行为观察的主体主要包括教师同伴（教研员、同一备课组的教师）、课程研究专家和课堂共同体（中心校教师、教学点助教和教学点学生）。

2. 课堂观察的层次

第一个层次的观察是准结构化层次的课堂观察。课堂观察者运用开放式的课堂观察方法，对课堂行为进行勾画，其勾画的两大维度是教师行为和学生行为。在观察前，课程研究专家需要与中心校的授课教师和教学点助教沟通，预先设置有一定结构的课堂观察量表。教师的课堂行为观察量表从中心校教师的语言行为、操作行为、交往行为，以及助教的助教行为和组织行为5个方面勾画教师的教学行为。教学点学生的学习行为涵盖符号学习行为、操作学习行为、交往学习行为和观察学习行为等。

在数字双轨学校课堂教学中，针对不同学科，中心校教师的教学行为和学生的学习行为类型不尽相同，需要依据具体的学科类型和知识内容做出调整。对于教师而言，可以运用开放式观察方法，从教师行为和学生行为两个维度进行全面观察。对于课堂共同体中的中心校教师和助教而言，需要在课堂教学结束后及时对课堂教学进行反思性观察。对于教学点学生而言，课堂教学结束后，应及时填写学习行为反馈调查问卷。

第二个层次的观察是结构化层次的课堂观察。这一层次需要运用课堂录像进行量化分析。课堂录像的量化分析，首先需要以时间为单位对课堂录像行为进行"切片"（用S-T分析、改进的弗兰德斯互动分析系统等），或以事件为单位进行"切片"（TIMSS教学语言分析、画面分析等），并对切片进行编码，然后运用归类、统计、综合、比较等分析手段，挖掘数据背后蕴含的课堂教学寓意。在第二层次分析中，以时间为单位的抽样分析能剖析课堂教学的类型和结构、教师的教学风格等；以事件为抽样的分析能分析课堂教学中教师教学的深度、学生的学习效果等。通过对数据的深入分析，既能分析显性行为的分布状况，又能分析课堂风格、教学倾向性、学生参与度和学习主动性等内隐性的课堂行为。[1]

第三个层次的观察是精细化层次的课堂观察。这个层次的观察采用聚焦式观察方法，聚焦于中心校或教学点教师的某一种或者某一类教学行为或教学点学生的某一种或某一类学习行为，或师生的互动行为，进行深入观察和分析。因此，它不是对课堂教学行为的整体分析，而是对一个片段的深入分析。它可以通过课前观察准备阶段，从教师的教学设计或者课程视频中捕捉观察聚焦点，然后在课堂教学过程中完成观察；也可以通过观察课堂录像，聚焦观察点，在分析录像的过程中进行观察。能完成这种精细化程度较高的聚焦观察任务的，通常是课程研

---

[1] 陈实. 课堂教学行为研究——基于教学行为三层次分析的视角[M]. 北京：科学出版社，2018：86.

究专家或者有深厚理论素养和经过专门训练的教师同伴。

第三个层次的深度观察，需要设计有针对性的观察量表或者质性研究材料。①

3. 课堂观察的内容

数字双轨学校课堂观察的内容主要包括中心校教师的教导行为、教学点教师的助教行为、教学点学生的学习行为，以及师生的互动行为等。

（二）教学行为三层次分析模型的价值

1. 有利于深入探究数字双轨学校课堂教学行为

在数字双轨学校课堂，因为中心校和教学点之间空间的分离性，课堂教学的环境比传统的课堂教学环境复杂。我们将数字双轨学校课堂行为分析由浅入深地设计为三个层次，利用各类课堂教学行为分析方法的优势，将开放式观察、聚焦式观察、结构化观察和系统化观察有机地融合在一起，将定量分析和质性研究有机地结合起来，将显性行为的分析和隐性教学风格的挖掘结合起来，有利于深入地探究数字双轨学校课堂教学。

2. 有利于数字双轨学校课堂研究共同体之间建立伙伴关系

提升数字双轨学校课堂教学质量，是实现教育公平的重要途径。通过数字双轨学校课堂教学行为三层次分析模型观察课堂，分析教学行为，课程研究专家、教师同伴和课堂共同体之间能建立伙伴关系：课程研究专家与教师同伴从微观视角深入课堂，通过数据分析和建模分析，帮助数字双轨学校的课堂共同体发现其身临其境而难以发现的问题，他们联合起来建立的课堂共同体，能够促进课堂观察主体相互理解并产生新知识，具有持久的潜力和多种发展的可能性。

3. 能有效提升数字双轨学校课堂教学质量

基于数字双轨学校课堂教学行为三层次分析模型，对农村教学点的课堂教学进行全面深入的剖析和解构，能抓住我国乡村教育的核心和本质问题，为有效、高效地解决农村教学点的课堂教学问题提供保障。

---

① 陈实. 课堂教学行为研究——基于教学行为三层次分析的视角[M]. 北京：科学出版社，2018：87.

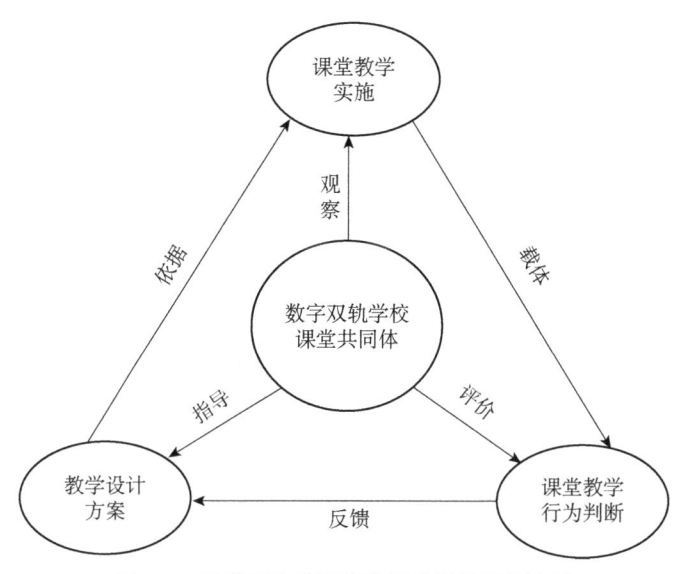

(三)数字双轨学校课堂教学行为优化路径

基于数字双轨学校课堂教学行为三层次分析模型，我们通过对课程目标的精准剖析与教学行为的系统评估，明确教学点师生在课堂中的行为优化方向，进而为农村教学点教师提供针对性的专业发展路径，提升其专业素养，优化课堂教学行为，实现教学质量的持续提升。

中心校教师根据课程标准、教科书和农村教学点学生的学情设计教学方案，依据教学方案与教学点的教师一起完成课堂教学活动。在这个过程中，用录像设备记录中心校教师和教学点师生课堂教学的活动过程，然后依据数字双轨学校课堂教学行为三层次分析模型，对课堂教学行为进行诊断和分析，找到数字双轨学校课堂教学中存在的问题，反馈给中心校授课教师，进一步改进和优化教学设计与教学过程的实施方案（图 4-6）。在良性循环中，改进数字双轨学校课堂教学行为，进一步提高中心校和教学点教师的教学水平，提高教学点学生的学习效率。

图 4-6 数字双轨学校课堂教学行为优化路径

二、师生行为的多模态分析模型

随着人工智能、5G、虚拟现实、增强现实等技术的快速发展，数字双轨学校新的教学形态不断涌现，使得意义表征和信息交流更加多模态化。多模态分析方法的支撑、人工智能的加入，使得建构多模态数据支持的数字双轨学校课堂教学行为分析模型成为必然趋势。

（一）多模态数据支持的课堂教学行为分析

课堂教学行为是一个十分复杂的系统，课堂上师生行为的呈现是教师教育思想、教学空间与环境、教育技术的支撑等因素共同作用的结果。教师的教学行为是其教育教学理念、方法等教学素养，甚至是当时的情绪、心境的综合体现。学生的学习行为主要受教师的教导行为影响，但也是学生的学习态度、学习兴趣、学习偏好、心理成长、当下情绪等与教学环境共同作用的结果。因此，课堂教学行为是多模态作用的结果，进行课堂教学行为分析应挖掘多模态数据。

多模态课堂教学行为分析模型旨在对课堂教学活动的主体、教学情境、教学环节等进行数据化表征，揭示课堂教学规律或课堂教学的内在发生机制。[1]张乐乐和顾小清结合课堂师生行为要素，构建了多主体、多空间、多环节的多模态数据支持的智慧课堂教学行为分析模型（图4-7）。其中，教学主体、课堂环境和教学环节是多模态数据支持的课堂教学行为分析的核心。

教学主体是由人、机、物组成的协同主体。人主要是指教师和学生，机是指人机交互设备。人机交互设备为教学活动的开展提供了智能工具支持，实现了教学主体在学习场景中交互行为的数据化表征。物是指教学内容或工具，教学内容作为课堂教学的关键因素，其内容的形式、类型决定了教师教学活动的设计、教学方法的使用或教学媒体的选择。[2]

---

[1] 张乐乐，顾小清. 多模态数据支持的课堂教学行为分析模型与实践框架[J]. 开放教育研究，2022（6）：101-110.

[2] 张乐乐，顾小清. 多模态数据支持的课堂教学行为分析模型与实践框架[J]. 开放教育研究，2022（6）：101-110.

第四章
数字双轨学校课堂教学行为分析方法与模型

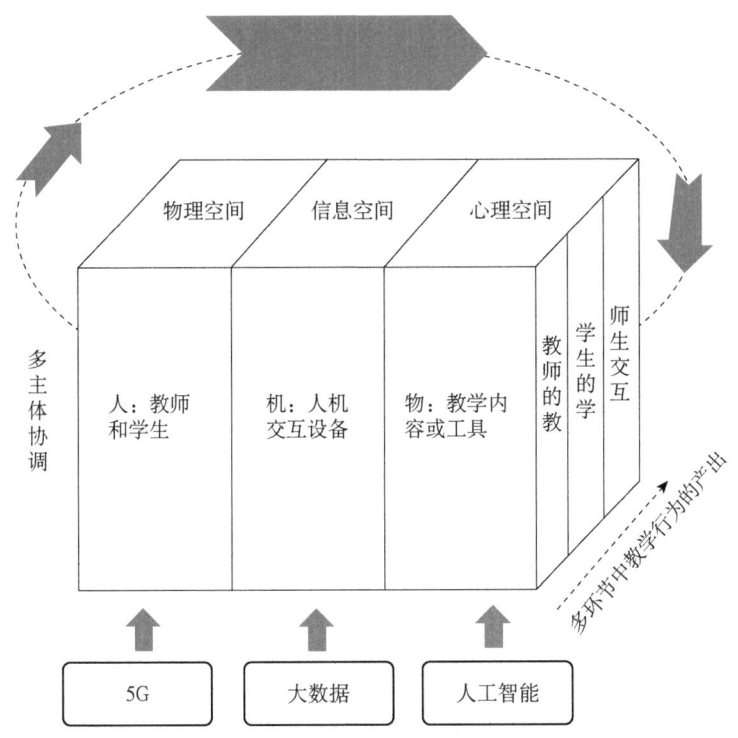

图 4-7 多模态数据支持的智慧课堂教学行为分析模型

课堂环境包括物理空间、信息空间和心理空间。物理空间作为多空间融合的基础，其主要场所是传统的教室。精准分析物理空间的教学行为数据，主要涉及学生的座位、教室的空间结构、教师的移动距离等。信息空间作为物理空间的升级形式，是指利用智能教学设备开展教与学活动，促进师生在信息空间的互动，包括学生与学习资源的交互、教师与智能设备的交互和师生之间的互动交流。心理空间作为物理空间和信息空间的补充，重点关注学生的心理、认知、情感状态，强调"人"的发展。①

教学环节主要是指智慧课堂构建了数据驱动的教师的教、学生的学、师生交互等环节。

---

① 张乐乐，顾小清. 多模态数据支持的课堂教学行为分析模型与实践框架[J]. 开放教育研究，2022（6）：101-110.

（二）数字双轨学校课堂师生行为的多模态分析模型解读

多模态分析也适用于数字双轨学校课堂师生行为。根据数字双轨学校课堂教学行为的空间分布、信息传递和行为主体特征建构的多模态分析模型，如图4-8所示。

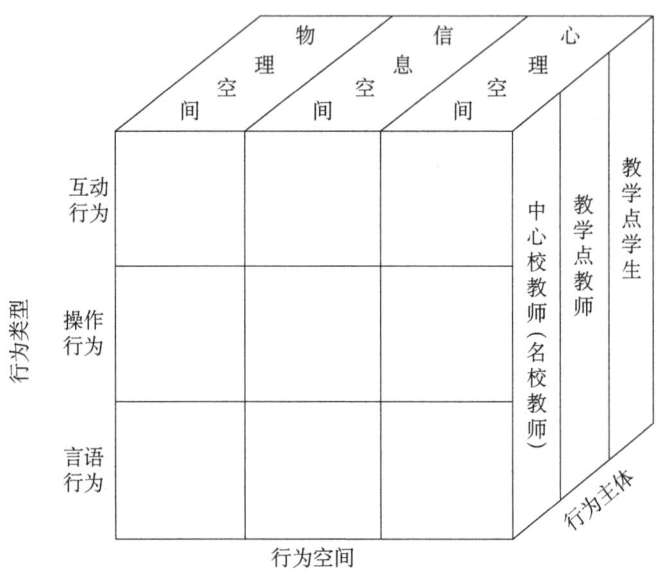

图4-8 数字双轨学校课堂师生行为的多模态分析模型

在数字双轨学校课堂师生行为的多模态分析模型中，主要包括行为主体、行为空间和行为类型。

1. 行为主体

数字双轨学校课堂师生行为主体主要包括中心校教师（名校教师）、教学点教师、教学点学生。中心校教师（名校教师）是数字双轨学校教学（教研）活动的发起者，在教学理念、教学方法、教学研究等方面具有先进性、引领性、示范性等特征。

教学点教师是最了解教学点学生的学习心理、学习兴趣和发展状态的。在数字双轨学校课堂教学过程中，其配合中心校教师完成相应的教学任务，以助教的身份管理课堂纪律，传达相关教学及反馈信息。经过不断的研修和学习，他们经历了从最初的边缘化、教学助教和管理的身份向课堂教学执行者的转变。

相较于城市中心校的学生，教学点的留守儿童居多，多数性格较为内向，虽然学习兴趣较浓厚，但学习资源不如城区学生充足。

2. 行为空间

数字双轨学校课堂师生行为空间包括物理空间、信息空间和心理空间。物理空间包括中心校主讲教师所在的教室和教学点教室的空间结构、空间形制（教室的座位摆放、电子屏的位置等）和教学点教师的位置移动。

信息空间是指信息从发送者到接收者的流动过程，涉及信息的编码、传输、解码和反馈等环节。其核心是通过特定媒介或渠道（如语言、文字、图像、信号等），将信息内容（如知识、情感、指令）从一方传递到另一方，以达到沟通、共享或行动协调的目的。数字双轨学校课堂师生行为研究中主要关注信息传递的通道和信息内容传递的有效性。

心理空间主要指社会临场感、教学临场感和认知临场感。社会临场感是指通过使用通信媒体，学习者试图在社交和情感上把自我投射为真实人的能力。社会临场感强调学习者的自我体验和内心感知，即通过媒体进行学习交互时感受到对方的真实性，能够感觉到自己和对方就像在进行面对面交流等。教学临场感是指为了取得更有意义的学习结果，而对学习者的认知和社会过程进行的设计、促进和指导。认知临场感强调的是学习者在学习过程中对知识的理解、应用和反思的能力。

3. 行为类型

数字双轨学校课堂师生行为类型主要有言语行为、操作行为和互动行为。

言语行为是师生在教与学过程中，通过口头语言和由身体、手势、面部表情体态语言完成教学的环节。其中，口头语言包括讲授、提问等。

操作行为是师生在教与学过程中，通过动作操作完成教学过程的行为，主要包括板书（演板）、实验、制作、绘画等。

互动行为通常指的是互为主体的双方借助一定媒介（通常是言语方式）而发生的相互影响、相互作用，包括信息、情感、态度等。因此，也可以说互动行为是指在课堂教学情境中，教师与学生之间、学生与学生之间借助言语、身体或手势、教辅材料、信息技术而发生的相互影响、相互作用，内容包括知识、情感、态度等。

（三）数字双轨学校课堂师生行为的多模态分析模型的价值

1. 对课堂教学行为的整体分析

数字双轨学校课堂师生行为的多模态分析模型不仅关注了行为的主体、行为的类型，而且关注了行为发生的物理空间、信息空间和心理空间。这不仅可以解构出在数字双轨学校课堂上发生了什么（行为），还能分析行为发生的载体、通道和状态等，是对数字双轨学校课堂行为全面、整体的剖析。它也是对课堂教学行为的全息扫描，当然这种扫描需要借助人工智能、大数据等技术才能实现。

2. 对基础教育发展的价值

数字双轨学校课堂师生行为的多模态分析模型能够精准地把握教学点课堂教学的状况和教学质量，为教学点教师培训、优秀课例研究提供了依据。通过名师课堂对接模式，利用空中的网络资源，可以为中心校和教学点搭建方便、灵活、个性化的信息通道，为实现办学理念对接、办学优势互补、管理经验探讨、教学经验交流、教师培训拓展提供平台，促进对农村教学点的精细化、科学化、效率化管理，提高基础教育的办学水平。

3. 有利于从跨文化、跨学科的视角研究课堂教学

数字双轨学校课堂师生行为的多模态分析模型将课程与教学论、教育传播理论、空间设计理论有机融合起来，对课堂教学行为的类型、教学行为发生的载体、教学行为发生的空间等进行了整体分析和解构，将人工智能的分析和课堂观察的分析有机结合起来，通过建构课堂教学行为数据库和数字化分析平台，为不同地域特色、不同学科的数字双轨学校课堂行为研究提供了分析和比较的平台，实现了跨文化、跨学科课堂教学行为研究。

第五章
数字双轨学校教学点教学行为分析案例

  本章重点介绍数字双轨学校教学点课堂教学行为分析案例。为深入揭示不同课堂类型教学行为的差异性及特征，本章精选了六个具有代表性的课堂实例，涵盖同步互动专递课堂、名师课堂等基本类型，分别从多元视角切入，采用不同分析方法对课堂行为进行细致的刻画。通过比较与归纳，阐释各类课堂模式下师生教学行为的具体表现，为优化数字双轨学校教学点的课堂教学提供实证参考与具体建议。

第一节　专递课堂教学点规模与学习行为有效性相关分析——以湖北省咸宁市崇阳县实验小学音乐同步互动专递课堂为例

一、案例介绍

同步互动专递课堂是湖北省农村教学点的主要教学模式之一。在这种教学模式下，个体学习行为的有效性受到了多种因素的影响。我们在控制了其他因素的条件下，探究了音乐同步互动专递课堂教学点规模与学生有效学习效率之间的关系。我们通过湖北省农村教学点网校管理与服务平台，采集了湖北省咸宁市崇阳县实验小学音乐同步互动专递课堂的录像资源，经过样本筛选、学生学习行为编码和数据采集等过程，运用热点图和 Loess 曲线拟合，分析组别间有效学习行为的分布；运用方差分析检验数据的有效性；运用均值分析比较组别间学习行为的有效性。

本研究得出了如下结论：小学音乐同步互动专递课堂对应的教学点数量应根据人数量级确定，当人数量级在 5 人及以下时，可以同步专递 3 个教学点；当人数量级在 11 人以上时，同步专递两个教学点的教学效果更好。

二、研究背景及问题

（一）研究背景

我国基础教育已经取得了突破性进展，但区域之间、城乡之间的差距仍然很大。教学点作为一种为适应我国农村地区，特别是人口稀少、居住分散的偏远地区的发展而设置的小规模不完全学校[1]，具有存在面广、规模小、师资匮乏和不稳定等特点[2]，开不齐课的问题长期存在。

随着信息技术的快速发展和广泛应用，依托信息技术在农村教学点开齐、开好课程，成为提高农村教育质量、促进城乡教育均衡发展的有效途径。农村教学点网校的目标是利用信息技术把农村教学点整合为一所虚拟学校，通过统一安排课程和师资、统一组织教学和教研、统一进行教学管理和质量评价等措施，促进教学点开齐、开好课程，提高教学质量。

（二）研究问题

同步互动专递课堂是湖北省农村教学点网校的一种教学模式。在这种教学模式下，主讲教师在城市中心校通过现代信息技术将教学信号同步专递到多个农村教学点，并实现主讲教师与教学点学生之间的双向交流和互动。湖北省利用信息技术扩大优质教育资源的覆盖面，如湖北省教育厅于2016年1月制定农村教学点网校试点工作方案，首批确定在19个贫困地区县市开展试点，确定试点学校284所。[3]

本研究围绕"教学点的学生课堂学习效果怎样？同步互动专递课堂教学点的规模多大是一种比较理想的教学状态？同步互动专递课堂教学点的规模与每个教学点具体人数的关系是怎样的？有没有学科间的差异？"等几个基础问题，以湖北省咸宁市崇阳县实验小学音乐同步互动专递课堂为研究对象，重点探究教学点规模与学生学习行为有效性的量化关系，以此为布局农村教学点提供科学支持和决策依据。

---

[1] 范先佐，郭清扬，赵丹. 义务教育均衡发展与农村教学点的建设[J]. 教育研究，2011（9）：34-40.
[2] 秦玉友. 农村小规模学校发展的基本判断与治理思路[J]. 教育研究，2018（12）：81-86.
[3] 教育发展着眼百姓"刚需"——2016年湖北教育民生答卷[EB/OL].（2017-01-25）[2023-10-08]. http://jyt.hubei.gov.cn/bmdt/gxhptlm/mtjj/201701/t20170125_439334.shtml.

三、研究过程与方法

（一）研究假设

学习行为是学生在学习过程中表现出来的运动、动作、反应和活动方式的总和，是学生的思想、情感、态度、动机、能力等内在心理素质的外在表现。学习行为是决定教学是否有效的最为直接的控制变量，教师的教导行为要通过作用于学生的学习行为来影响学习的结果与效率。[1]在课堂教学中，学生的学习行为受到诸多因素的影响。学习行为一方面受到学生自身的因素（如年龄、能力水平、性别、性格）及他们的家庭、社会环境等因素的影响；另一方面也与教师（如教学策略、教学方法、教学手段和教学语言）、教学内容（如教学内容的趣味性、实用性和组织呈现方式）等因素有关。[2]在同步互动专递课堂教学中，主讲教师的教学对象是教学点的学生。通过长期对教学点课堂教学的实地考察，我们发现影响同步互动专递课堂学生学习行为的因素是多样的，包括教师、教学内容、教学点助教、教学信号传递及教学点的规模等。通过样本筛选，我们控制了其中一些变量，主要研究同步互动专递课堂教学点规模与学生学习行为有效性的关系。

在同步互动专递课堂教学中，如果控制了影响学习行为中除某一因素外的其他因素，能够分析出某一因素与学习行为的相关性。在样本筛选过程中，我们控制了中心校教师、教学内容、教学点助教和教学信号传递等因素，选择的教学点学生具有相似的文化背景和学习基础。我们提出了以下假设：音乐同步互动专递课堂教学点学生的学习行为有效率与同步互动专递课堂教学点的数量和班级人数量级存在相关性。

---

[1] 向葵花，陈佑清. 聚焦学习行为：教学论研究的视域转换[J]. 课程·教材·教法，2013（12）：30-35.

[2] 程宏宇. 认知风格影响课堂学习行为机制初探——基于跨文化比较研究的视角[M]. 杭州：浙江大学出版社，2012：17.

（二）样本抽取

我们以湖北省咸宁市崇阳县的教学点为研究对象，通过录屏软件录制了 25 个样本。根据研究目的，按以下条件筛选样本：同一名主讲教师讲授教学内容相似的课程，并采用一致的教学方式；教学点相对固定，学生在同一年级，学校的外部条件相似；研究样本的教学环境一致，教学信号传递效率一致；助教在这些课堂中并无明确的指导行为。

通过样本筛选，剔除 9 个无效样本，选择张老师的 16 节小学音乐同步互动专递课作为有效研究样本。样本具有以下特征：①张老师教授的课程全部为二年级音乐，教学点相对固定，课程开设稳定；②讲授相似的教学内容，教学风格一贯，样本课堂教学可分为课前热身、讲解、练习、总结 4 个环节。在课前热身阶段，教师会利用多媒体播放相关视频，学生或跟唱，或做热身操。在讲解阶段，教师会根据课程内容给学生讲解相关乐器或歌曲的节拍及动作，然后带领学生一起打节拍唱歌。在练习阶段，教师要求学生集体或个人练习并演唱歌曲。在总结阶段，教师对本节课所学内容进行简单的小结。其中，讲解环节的时间最长，包含丰富的师生互动，学生的行为变化多样，是分析学生学习行为的最佳环节。因此，我们抽取每一节课的讲解环节进行分析研究。

我们根据同步互动专递课堂的实际情况，将研究样本按数量划分为两个教学点专递课堂和三个教学点专递课堂。根据筛选样本中的教学点数量来计算课程数量，则一个"两个教学点专递课堂"视频中有 2 节教学内容相同的课，一个"三个教学点专递课堂"视频中有 3 节教学内容相同的课，16 个研究样本共计 37 节课（表 5-1）。

表 5-1　同步专递课堂各教学点课堂教学分布表

样本编号	样本采集日期	专递教学点数量/个	教学点（学生人数）	课程数量/节
1	2018-11-06	2	回头小学（3S） 油市教学点（2S）	2
2	2018-11-19	3	长坪教学点（11S） 荻州教学点（16S） 堰下教学点（4S）	3
3	2018-11-20	2	回头小学（3S） 油市教学点（2S）	2

续表

样本编号	样本采集日期	专递教学点数量/个	教学点（学生人数）	课程数量/节
4	2018-11-20	2	棠棣小学（12S） 高田初小（5S）	2
5	2018-11-22	2	回头小学（3S） 油市教学点（2S）	2
6	2018-11-22	2	棠棣小学（12S） 高田初小（5S）	2
7	2018-12-11	2	回头小学（3S） 油市教学点（2S）	2
8	2018-12-13	2	回头小学（3S） 油市教学点（2S）	2
9	2018-12-13	3	棠棣小学（12S） 梅花初小（1S） 高田初小（5S）	3
10	2018-12-18	2	回头小学（3S） 油市教学点（2S）	2
11	2018-12-18	3	棠棣小学（12S） 梅花初小（1S） 高田初小（5S）	3
12	2018-12-19	3	长坪教学点（11S） 荻州教学点（16S） 堰下教学点（4S）	3
13	2018-12-24	2	长坪教学点（11S） 堰下教学点（4S）	2
14	2018-12-25	2	回头小学（3S） 油市教学点（2S）	2
15	2018-12-25	3	棠棣小学（12S） 梅花初小（1S） 高田初小（5S）	3
16	2018-12-26	2	长坪教学点（11S） 堰下教学点（4S）	2

注：S 代表学生，4S 代表 4 名学生，以此类推。表中学校名称有 3 种，如××小学、××初小和××教学点，均依据录像显示名称列出

（三）教学点规模划分

决定同步互动专递课堂教学规模的指标有两个：①教学点的数量；②每个教

学点的人数量级。为了探索同步互动专递课堂教学点数量和班级规模与音乐课堂教学效率的关系，我们首先将37节课按照教学点数量划分为"两个教学点专递课堂"（Ⅱ）和"三个教学点专递课堂"（Ⅲ）两大类，然后根据教学点的规模设计[①]和样本音乐课堂的班级人数，以5为间隔划分班级人数量级标准（1—5、6—10、11—15、16—20），最后按照班级人数量级与两大类教学点的对应关系进行分类，将它们归为5个小组（T1、T2、T3、T4、T5）。最终，抽取37节课中每节课讲解环节的教学片段。这样就构成了本研究的样本编码表（表5-2）。

表5-2 研究对象划分及样本编码

同步互动专递课堂数	教学点代码	教学点	人数/人	人数量级	组别	讲解环节教学片段总数
Ⅱ	ⅡA	回头小学	3	1—5	T1	18
	ⅡB	油市教学点	2			
	ⅡD	高田初小	5			
	ⅡF	堰下教学点	4			
	ⅡC	棠棣小学	12	11—15	T2	4
	ⅡE	长坪教学点	11			
Ⅲ	ⅢG	梅花初小	1	1—5	T3	8
	ⅢD	高田初小	5			
	ⅢF	堰下教学点	4			
	ⅢC	棠棣小学	12	11—15	T4	5
	ⅢE	长坪教学点	11			
	ⅢH	荻州教学点	16	16—20	T5	2

注：所观察的教学点中没有6—10人的班级

（四）教学点学生学习行为编码

如何量化有效学习行为问题，是本研究的关键点。本研究的逻辑前提是：教学点学生学习行为的有效性是由课堂中每个学生学习行为的有效性决定的，每个

---

① 王远伟，钱林晓. 关于农村中小学合理布局的设计[J]. 华中师范大学学报（人文社会科学版），2008（3）：136-140.

学生学习行为的有效性是由其单位时间内学习投入情况决定的[①]，而学习投入情况又是由一系列可观测的学习行为决定的。如果能够量化单位时间内课堂中每个学生的学习投入情况，就能够量化学生学习行为的有效率。如何将单位时间内课堂中每个学生的学习投入量化？首先，需要区分出有效和无效的学习行为类型。研究小组在反复观察教学视频的基础上，依据陈实的《课堂教学行为研究——基于教学行为三层次分析的视角》中的教学行为分析方法与工具[②]，结合音乐课堂教学行为的特点，设计了音乐同步互动专递课堂讲解环节的学生行为类型及编码体系（表5-3）。

表5-3 音乐同步互动专递课堂学生学习行为类型及编码体系

有效行为（1）		无效行为（2）	
11	听讲	21	交头接耳
12	翻书	22	嬉笑打闹
13	看书	23	发呆、开小差
14	跟唱	24	乱写乱画
15	打节拍	25	捡东西
16	跳舞	26	缺课
17	回答问题		

（五）有效学习行为量化

我们从每一小组的讲解环节教学片段总数中随机抽取72个时间点，依据弗兰德斯视频分析时间抽样要求，将时间点确立为某一时刻前后3 s，据此判断该时刻学生的学习行为类型，然后进行编码记录。

通过对每个时间点每名学生的学习行为进行编码和统计分析（表5-4），计算出每个小组每个时间点的学生学习行为有效率。

[①] 张屹，郝琪，陈蓓蕾等.智慧教室环境下大学生课堂学习投入度及影响因素研究——以"教育技术学研究方法课"为例[J].中国电化教育，2019（1）：106-115.
[②] 陈实.课堂教学行为研究——基于教学行为三层次分析的视角[M].北京：科学出版社，2018：91-130.

表 5-4 学生行为编码统计及学习行为有效率统计（示例）

教学点编码	时间点	学生 a	学生 b	学生 c	…	学习行为有效率
ⅡA	A1（8:02）	X1	X2	X3	…	Y
	A2（10:49）				…	
	A3（12:58）				…	
	…					

注：每个学生的学习行为编码由两个数字组成，X1、X2、X3 根据视频中学生的行为表现进行具体编码，其中 X 编码为 1 或 2，1 表示有效学习行为，2 表示无效学习行为，X 后的编码界定了具体是哪种有效或无效学习行为。A1 表示该组 72 个时间点中的第 1 个时间点，抽取的时间点为视频的 8 min 2 s。学习行为有效率（Y）=（有效行为编码数量/学生行为编码总数）×100%；学生行为编码总数=有效行为编码数量+无效行为编码数量

四、数据分析

研究样本被划分为 5 个小组（T1、T2、T3、T4、T5），每一小组的教学片段总数不同。每一小组抽取 72 个时间点，依据公式计算出每个时间点学生的学习行为有效率，共计 360 个随机学习行为有效率数据。

在 360 个随机学习行为有效率数据中，最直接的变量是小组，隐含变量为班级人数量级和同步专递教学点数量。首先，从宏观视角运用热点图和 Loess 曲线拟合对数据进行分析；其次，从微观视角运用方差分析探究数据的信效度；最后，用均值分析解析学习行为有效率与同步互动专递课堂教学点规模的相关性。

（一）热点图

面对多个变量的庞大数据，要厘清数据间的关系，最好的做法是先一次性观察所有数据。[①]因此，运用直观、清晰、形象的热点图，将这 5 组数据进行可视化显示，可以一目了然地发现数据的差异。

如图 5-1 所示，每一时间点学生的学习行为有效率被表示为一个个大小相同

[①] Yau N. 鲜活的数据：数据可视化指南[M]. 向怡宁译. 北京：人民邮电出版社，2012：186.

的网格，颜色从白色到黑色的变化表示学习行为有效率逐渐升高，网格颜色越深，学习行为有效率越高。从每组的网格颜色可以直观地看到，T1 与 T3 的黑色网格面积占比要大一些，剩下的 3 组过渡色要多一些，数据分布比较均匀。因此，通过对热点图的观察和分析可以得出，T1 和 T3 数据样本反映的学习行为有效率高于 T2、T4 和 T5。热点图只是一个初步判断，还需要精确的统计来验证上述判断。

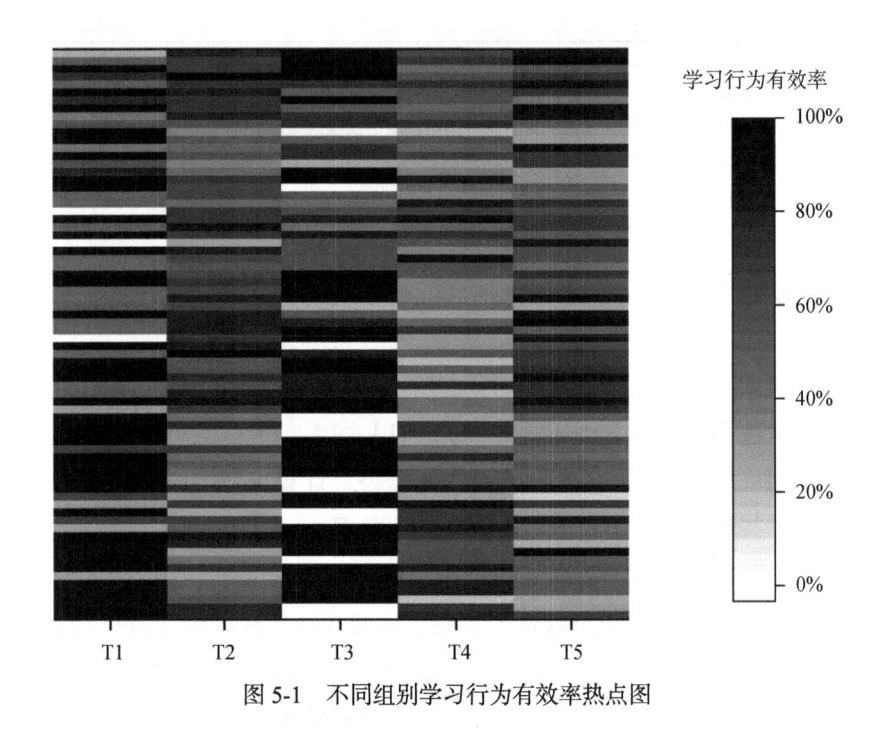

图 5-1　不同组别学习行为有效率热点图

（二）Loess 曲线拟合图

为了直观地显示 360 个数据的区间分布及学习行为有效率变化的宏观趋势，我们采用 Loess 曲线拟合的分析方法。Loess 曲线拟合采用了散点平滑估计的数学方法，更具科学性，并且它用回归线来概括变量之间的关系，使变量之间的关系更易于观察。①

---

①　张颖. 统计学中回归分析及相关内容的教改思考——兼介绍 LOESS 回归[J]. 统计与信息论坛，2000（2）：35-37.

如图 5-2 所示，横轴为 T1—T5 共 5 个小组（截取了 72×5 个时间点），纵轴为学习行为有效率，区间为 [0，1]。图中的空心小圆点表示每个时间点的学习行为有效率。从小圆点的分布区间可以看出，T1 与 T3 组学习行为有效率分布离散度较高，小圆点集中于高值区域的较多，而剩下的 3 组小圆点分布在中间区域的居多，与上述的热点图读出的信息是一致的。对这些数据进行 Loess 曲线拟合，即局部加权散点平滑，可以看出每一组学习行为有效率的宏观变化趋势。从图 5-2 可以很清晰地看出，从 T1 组到 T2 组，效率在宏观上呈现下降趋势；从 T2 组到 T3 组，效率在宏观上呈现上升趋势；从 T3 组到 T4 组，又呈现下降趋势；从 T4 组到 T5 组，有略微上升趋势。通过对学习行为有效率组际 Loess 曲线拟合图的观察和分析，得出如下结论：T1 和 T3 组数据样本反映的学习行为有效率较高。

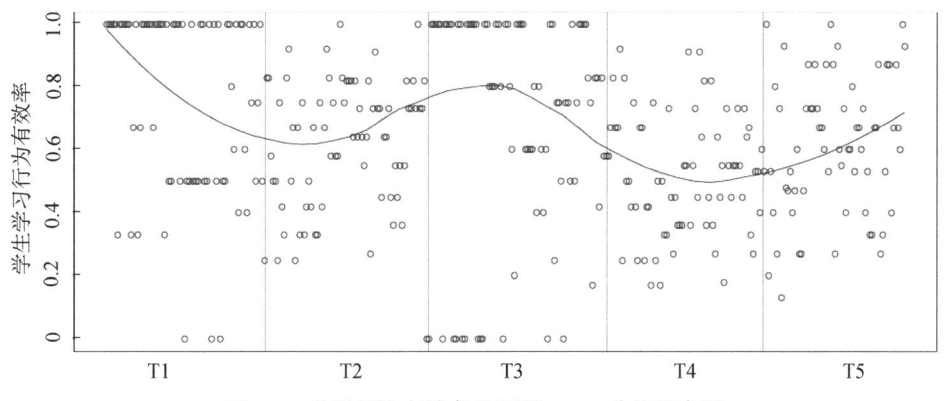

图 5-2　学习行为有效率的组际 Loess 曲线拟合图

以上描述均是从宏观的角度来阐述 5 组数据的变化或相对大小，因此以下采取离散数据较为常用的方差分析法对数据进行细致分析，以获得更加精确的比较数值。

（三）方差分析

对 5 组学习行为有效率数据进行方差分析，结果如表 5-5 所示。

表 5-5　学习行为有效率 F 检验结果

效应平方和（SSE）	误差平方和（SSA）	总变差（SST）	F
25.41	9.59	35	33.77

从表 5-5 可知，$F=33.77>2.397$，因此不同组别的学习行为有效率存在显著差异，即同步互动专递课堂教学点数量和每个教学点的人数规模对学习行为有效率的影响较为显著。

F 检验将 5 个组别中的信息整合到一个统计量中，即 F 统计量。由于模糊了组与组之间更细化的问题，F 检验仅能回答不同组别之间是否存在差异，而不能回答究竟是哪些组别之间有显著差异，哪些组别之间的差异不显著。因此，我们采用 LSD（least-significant difference，最小显著性差异法）分别检验 5 组数据两两配对后是否存在显著差异。课堂效率 LSD 检验结果如表 5-6 所示。

表 5-6　课堂效率 LSD 检验结果

组间两两配对	t	结论
T1 与 T2	3.01	显著
T1 与 T3	1.76	不显著
T1 与 T4	5.35	显著
T1 与 T5	3.89	显著
T2 与 T3	1.24	不显著
T2 与 T4	2.34	显著
T2 与 T5	0.88	不显著
T3 与 T4	3.59	显著
T3 与 T5	2.13	显著
T4 与 T5	1.45	不显著

由表 5-6 可知，10 组配对检验中，有 6 对检验结果显著，即彼此间存在较大差异，剩下的 4 对检验结果不显著，即彼此间的差异不大。

（四）学习行为有效率均值分析

通过热点图和 Loess 曲线拟合分析，我们以形象、生动、直观的可视化图像表达了农村教学点学生学习行为有效率与教学点数量和班级人数量级之间的关系，运用方差分析检验了数据的可靠性。在具体的学习行为有效率分析中，数据太多无疑会成为一种干扰因素，我们往往希望用具体的数据简洁明了地说明一个问题。在本研究中，我们选择用各小组的学习行为有效率均值。学习行为有效率均值是将各小组（T1、T2、T3、T4、T5）每个时间点的学习行为有效率进行加权平均后所得的加权平均值。在本研究中，无法确定 72 个时间点中每个时间点的权重，因此假设每一个时间点学习行为有效率的权重相同，加权平均值等于算数平均值。

学习行为有效率均值的计算公式如下：

$$\bar{Y} = \frac{\sum_{i=1}^{72} y_i}{72}$$

其中，$\bar{Y}$ 代表学习行为有效率的均值；y_i 代表第 i 个时间点的学习行为有效率。利用上述公式计算出各小组的学习行为有效率均值（表 5-7）。可以看出，T1 与 T3 是效率较高的两组，而 T4、T5 是效率较低的两组。

表 5-7 各小组学习行为有效率均值

组别	T1	T2	T3	T4	T5
学习行为有效率均值	0.75	0.64	0.68	0.54	0.60

五、研究结论与相关建议

根据以上数据分析可以看出，同步互动专递课堂教学点数量和班级人数量级与学生学习行为有效率呈显著相关。我们将组别信息、同步互动专递课堂教学点数量、班级人数量级与学习行为有效率均值以表 5-8 的形式呈现。

表 5-8 同步互动专递课堂教学点数量、班级规模与学习行为有效率均值对应表

组别	T1	T2	T3	T4	T5
同步互动专递课堂教学点数量/个	2	2	3	3	3
班级人数量级/人	1—5	11—15	1—5	11—15	16—20
学习行为有效率均值	0.75	0.64	0.68	0.54	0.60

根据表 5-8，我们对音乐同步互动专递课堂的学习行为有效率进行分析。

1. 人数量级相同时，同步互动专递课堂两个教学点与三个教学点的学习行为有效率比较

数据统计显示，班级人数量级相同，同步互动专递课堂教学点数量不同的数据有两组：T1 与 T3、T2 与 T4。

1）T1 与 T3 比较。T1 与 T3 对应的人数量级都为 1—5 人，T1 为两个教学点的课堂，T3 为三个教学点的课堂。从表 5-8 的数据可以看出，学习行为有效率均值 T1>T3，即人数为 1—5 人时，同步互动专递课堂两个教学点的学习行为有效率较高。但 LSD 检验显示，T1 与 T3 的差异不显著，说明在班级规模为 1—5 人时，教学点数量（两个或三个）不会对学习行为有效率产生显著影响。

2）T2 与 T4 比较。T2 与 T4 对应的人数量级都为 11—15 人，T2 为两个教学点的课堂，T4 为三个教学点的课堂。从表 5-8 的数据可以看出，学习行为有效率均值 T2>T4，且 LSD 检验存在显著差异，即学生为 11—15 人时，教学点数量（两个或三个）对学习行为有效率产生了显著影响，同步互动专递课堂两个教学点的学习行为有效率更高。

综合以上两组数据的分析，可以得出结论：当人数量级同为 1—5 人时，同步互动专递课堂两个教学点和三个教学点学习行为有效率不存在显著差异；当人数量级为 11—15 人时，同步互动专递课堂两个教学点比三个教学点的效果好。

2. 教学点数量相同时，班级人数量级对学习行为有效率的影响比较

因为研究样本中的同步互动专递课堂教学点数量为两个或三个，所以按照教学点数量不同分开讨论。

1）两个教学点的课堂 T1、T2 对应的人数量级分别为 1—5 人、11—15 人。从数据可以看出，学习行为有效率均值 T1>T2，且 LSD 检验显示 T1 与 T2 存在显著差异，即当教学点都为两个时，班级人数量级对学生学习行为有效率的影响显著，1—5 人的班级学生学习行为有效率高于 11—15 人的班级。

2）三个教学点的课堂 T3、T4、T5 对应的人数量级分别为 1—5 人、11—15 人、16—20 人。从表 5-8 可以看出，学习行为有效率如下：T3>T4，T3>T5，T5>T4。LSD 检验显示，T3 与 T4、T3 与 T5 存在显著差异，T4 与 T5 的差异不显著，故可以得出结论，同步专递三个教学点时，人数量级为 1—5 人的学习行为有效率高于 11 人以上的人数量级；当人数量级为 11 人以上时，同步专递三个教学点的学生学习行为有效率不高且不存在显著差异。

通过以上两类数据的分析可以得出结论：音乐同步互动专递课堂的学习行为有效率受学生人数量级、教学点数量的影响较大。因此，对音乐同步专递互动课堂教学的建议如下：在教学点数量方面，建议根据人数量级确定，当每个教学点的人数量级在 5 人及以下时，可以同步专递三个教学点，防止教学点过少造成教师教学资源的浪费；当每个教学点人数量级在 11 人以上时，同步专递两个教学点的教学效果比较好。

六、不足与反思

（一）关于数据来源

如前文所述，本研究的数据来源于湖北省农村教学点网校的录屏资料。由于受到网络传播速度等条件的限制，采集的课堂视频的清晰度和流畅度不是很高。针对这种现实状况，我们剔除了无效视频，但有效视频中仍然存在短时间内卡顿和模糊的现象，造成课堂不连续等问题，这对我们的研究产生了影响。

（二）关于样本数据

我们筛选了 16 个有效视频、37 节教学点课堂录像，按教学点数量和人数量级分为 5 组，从每一小组的教学片段中随机抽取 72 个时间点，5 组共抽取了 360 个时间点作为样本数据。但是，由于不同组别教学视频片段有差异，T5 组仅有两个教学视频片段，造成这组数据与其他组数据得出的结论有偏差。因为 T5 组样本点和其他组一样有 72 个，但这些样本点仅来源于两个教学片段，与其他组的教学片段总数为 4、8 甚至高至 18 的样本数据来源相比，就显得来源太少。这是因为教学点人数量级为 16 人以上的班级很少，使研究出现了一定的误差。

七、未来研究方向

教育规律研究从经验主义向科学主义转变是教育变革的趋势之一，也是教育研究范式的一个转变。[①]本研究通过对课堂学习行为的编码与采样分析，用量化的方法分析了农村教学点音乐同步互动专递课堂学生规模人数、教学点数量与学生学习行为有效率之间的关系。通过研究视频，我们发现有无助教、中心校教师课堂画面运用、教学信息传递的社会线索的弱化、学生的个体差异、学生参与度及教师风格等因素也会对教学点课堂效率产生一定的影响，这些都是值得进一步深入挖掘的内容，也是今后可以继续深入研究的方向。

第二节 基于伯明翰 IRF 话语模式的小学音乐同步互动专递课堂师生交互形式及其效果分析

一、案例简介

同步互动专递课堂是指借助网络通信技术，打破空间的限制，使边远地区的农村学校能够同步上城市中心校教师的课程，实现优质教育资源全覆盖，提升农村学校的教学质量。我们以伯明翰 IRF 话语模式为理论基础，构建课堂师生话语交互的编码表，以湖北省崇阳县实验区 6 节小学音乐同步互动专递课堂为例，对同步互动专递课堂的师生交互形式进行分析。我们以实时统计的课堂教学过程中

---

① 武法提，殷宝媛，黄石华. 基于教育大数据的学习习惯动力学研究框架[J]. 中国电化教育，2019（1）：70-76.

随时间变化开小差的人数比例及总人次为标准，将同步互动专递课堂分为有效课堂和低效课堂两类，分析两类课堂的师生话步交互形式的特征，并通过卡方检验分析两类课堂在师生话步交互中的差异。

研究发现：①师生交互中话回频次多且交互类型丰富，能够使小学生在同步互动专递课堂中保持专注，提升课堂效果。②小学音乐同步互动专递课堂的师生交互模式主要有 3 种类型，分别为零反馈式互动（initiation-response，I-R）、权威式互动（initiation-response-follow-up，I-R-F）及多反馈式互动（initiation-response-initiation-response-follow-up，I-R-I-R-F）。低效课堂以零反馈式互动为主，有效课堂以权威式互动为主。③教师的引发话步基本上以 I1 为主，学生的应答话步以 R1 为主。④两类课堂在 I-R 与 I-R-F 形式的频次中存在显著差异。教师反馈话步在师生交互模式中尤其重要。此外，我们还对小学音乐同步互动专递课堂互动模式的优化提出了针对性的意见，以期提高一线教师的课堂教学效果。

二、研究背景及问题

（一）研究背景

义务教育均衡发展成为我国当前教育改革与发展的热点问题。城乡教育发展不均衡是义务教育均衡发展进程中的难题。《国家中长期教育改革和发展规划纲要（2010—2020 年）》明确提出，"加快缩小城乡差距。建立城乡一体化义务教育发展机制……率先在县（区）域内实现城乡均衡发展，逐步在更大范围内推进"。教育不均衡主要体现在办学条件和师资水平两方面。要想改善农村薄弱学校与教学点的教学条件，提升教学质量，就要围绕教学设施和教师队伍在资源配置上做到均衡。

农村偏远地区由于地理位置、经济条件的限制，存在着大量的小规模不完全学校，普遍面临师资薄弱、生源少、教学条件差的问题，这样的学校被称为教学点。教学点在农村教育中一直占据着重要的地位，其建立是为了方便偏远地区的孩子能够就近入学。对于某些特别偏远的教学点，很多优秀教师不愿前往或难以长期任教，所以教学点存在着严重的师资不足情况，这样就导致一个教学点的教师经常跨年级、跨学科教学，英语、信息技术、音乐、体育、美术等学科的教师更是普遍短缺。由此可见，教学点师资不足、开不好课的问题十分严峻，这种现状制约了城乡教育的均衡发展。

农村教育问题一直深受各界人士的广泛关注，国家相关部门和教育研究者尝试利用信息技术解决教学点的教育问题。2012年，教育部提出了"教学点数字教育资源全覆盖"项目。项目中指出，以县城为单位，发挥中心校的作用，组织教学点应用资源开展教学，利用信息技术帮助教学点开好国家规定的课程，提高教育质量，促进义务教育均衡发展，更好地服务农村边远地区的适龄儿童。

在此背景下，同步互动专递课堂应运而生。同步互动专递课堂是指利用网上同步上课的方式，使边远地区的农村学校能够与拥有相对丰富教育资源的城里或乡镇中心校同上一堂课，共享优质教育资源，提高教学质量，有利于实现优质教育资源的全覆盖，提升农村学校的教学质量，促进教育均衡发展。

（二）研究问题

同步互动专递课堂能够打破城市中心校和农村学校的空间距离，让城市中心校的教师和农村学校的孩子通过信息技术直接进行交流。但是，相比传统的面对面授课，空间距离的限制在一定程度上会对专递课堂的师生交流方式产生影响。同步互动专递课堂的师生语言交互方式有什么类型和特点？其实际的效果如何？都是值得我们深切关注的问题。因此，我们以小学同步互动专递课堂为研究对象，基于话步交互模式的相关理论，探究同步互动专递课堂中师生语言交互模式的特征与差异，以及这种模式对学生学习效果的影响。在研究分析的基础上，我们提出针对性建议，为今后同步互动专递课堂教学在县城之间乃至全国范围内的推广提供经验。

三、研究过程

（一）理论基础

英国伯明翰大学的伯明翰学派是系统研究课堂话语的"鼻祖",他们发现在课堂上师生的会话存在严密的等级结构模式,认为话语结构由5个层级构成,从高到低依次是课、课段、话回、话步和话目。其中,话回是交际的基本单位,一般由引发（initiation）、应答（response）和反馈（feedback/follow-up）3个话步组成,简称为IRF。引发话步是一个话回的起始,应答话步是对引发话步的回答,反馈话步是对应答话步做出的反应。

课堂中最典型的师生交互模式为IRF结构,即教师在引发话步提问,学生在回答话步回答,教师继而在反馈话步对学生的回答做出反应。教师反馈话步包括言语反应和体态反应,体现了教师调动课堂的语言水平和能力。

根据话步的三大基本要素是否完整,李小东将课堂对话分为3种基本结构（表5-9）。[1]我们参考此种话步交互模式的分类体系,以真实的音乐专递教学课堂的对话为例,分析小学音乐同步互动专递课堂师生话步交互模式的特征及其效果。

表5-9 话步交互模式结构体系

基本结构类型	次级结构类型	结构式	内涵
无反馈式互动（少话步）	无回应式互动	I-0-0	只有教师启动话轮,学生没有做出回应,因此教师也无法针对学生的回应做出反馈
	零反馈式互动	I-R-0	教师发起一个行为启动话轮,学生给予回应,但教师没有针对学生的回应给出反馈
权威式互动（三话步）	权威式互动	I-R-F	教师发出指令,学生被动应答,教师给出反馈
生成式互动（多话步）	多反应式互动	$I-R_1-R_2\cdots R_n-F$	教师启动一个话轮后,有多个学生回应,或者学生回应的答案很长,教师在学生回应的过程中没有出现评价正误性的反馈,直到出现期望的回答,教师才给出反馈来结束话轮

---

[1] 李小东. 基于行为序列与对话结构的小学优质课课堂教学互动分析——以上海H小学为例[D]. 华东师范大学,2022.

续表

基本结构类型	次级结构类型	结构式	内涵
生成式互动（多话步）	多反馈式互动	$I\text{-}R_1\text{-}F_1\cdots R_n\text{-}F_n$	教师发起一个行为启动话轮，学生给予回应，教师给出的反馈话轮有可能会再次引发学生给出新的回应，同时教师给出新的反馈，然后再次引发学生新的回应，如此迭代直到最终反馈，结束话轮

（二）编码制作与操作

我们以伯明翰模型为基础，对师生课堂的对话交互进行编码。课堂中，师生交互模式多种多样，引发话步也不仅仅是指教师的提问。Tsui 根据话目在各种话步中的功能，将启示话步的构成话目分为 4 类：提问、请求、指令与告知。[①]在课堂中，提问可以对应教师在课堂中随机提出的问题、探究任务等；请求与指令对应课堂中发出的口令，包括让学生维持课堂秩序，以及完成某项学习任务等；告知对应课堂中教师的讲授，其作用是让学生学习并了解某一知识。因此，我们用 I1、I2、I3 对教师的引发话步进行分类编码，分别代表教师指示步、教师提问步及教师讲授步。学生的回答话步也可以依据实际情况分为两类，分别为学生应答步及学生提问步，用 R1、R2 进行编码。教师反馈步则用 F 进行编码。由于反馈与引发话步及学生应答步相关，其实现类型多种多样，包括接受、判断、扩展等，本研究不做详细分类。由此，可以得出课堂师生对话交互编码体系（表 5-10）。

表 5-10 课堂师生对话交互编码体系

编码		内涵
I	I1	教师指示步
	I2	教师提问步
	I3	教师讲授步
R	R1	学生应答步
	R2	学生提问步
F		教师反馈步

[①] Tsui A B M. English Conversation[M]. London：Oxford University Press，1994：52-56.

（三）研究对象

本研究以湖北省咸宁市崇阳县实验区的音乐同步互动专递课堂为研究对象，选取我们于 2019 年 5 月 13 日—2019 年 6 月 1 日随机录制的 6 份课堂视频作为研究样本，研究样本基本信息如表 5-11 所示。

表 5-11　研究样本基本信息

编号	授课教师	授课内容	学生年级	课堂人数/人
课例 1	D 老师	捉泥鳅	一年级	12
课例 2	Z 老师	跳竹竿	二年级	6
课例 3	C 老师	真幸福	一年级	32
课例 4	T 老师	银色的桦树林	三年级	22
课例 5	L1 老师	复习课	三年级	18
课例 6	L2 老师	复习课	二年级	26

四、数据分析

我们对湖北省咸宁市崇阳县实验区的音乐同步互动专递课堂话语模式的分析，主要从以下 3 个维度展开：整体分析、具体分析和相关分析。

（一）师生交互特征分析

1. 师生互动话回模式分析

如图 5-3 所示，不同课例的师生话回交互频次及其模式存在差异。每节课例的时长均为 40 min，在相同的时间内，话回交互频次越多，意味着师生的语言交流越频繁。课例 1—6 的话回频次分别为 38、47、30、33、29、42，即除了课例 2 和课例 6，其余课例每 1 min 内的师生对话不及 1 次，课堂以教师的讲解和学生的听课为主。

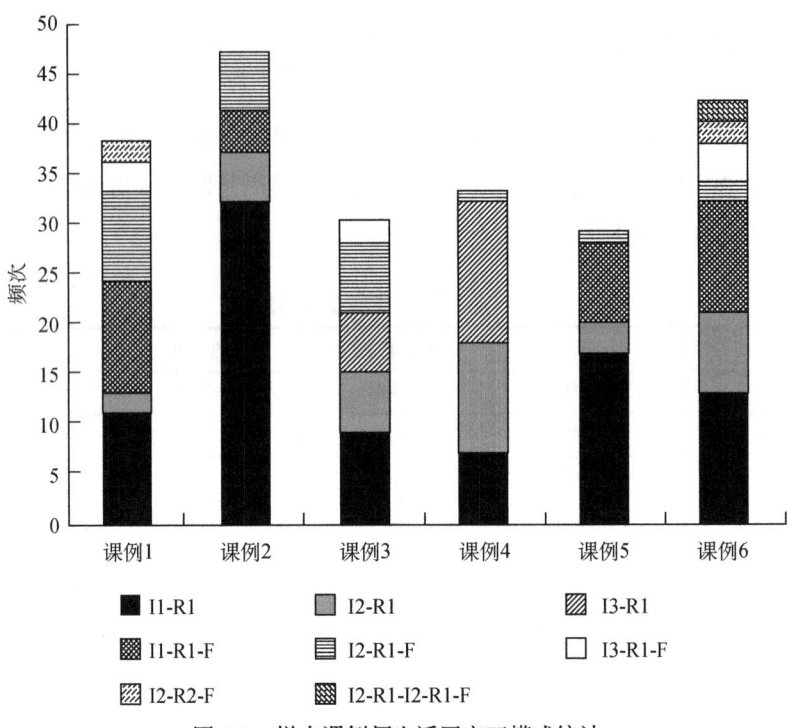

图 5-3　样本课例师生话回交互模式统计

从课堂师生话回交互的模式来看，以 I1-R1、I2-R1 比较常见，即由两个话步组成，分别代表教师向学生提出跟唱或模唱的要求指示，学生根据指示做出回应，以及教师提出问题，学生做出回答。其中，I1-R1 的频次相对较高，原因是为了确保学生在同步互动专递课堂中能够跟上教学进度，教师需要运用大量的指示语言指引学生完成相应的任务，以及维护好课堂秩序。但不同课例的话回交互模式也存在一定的差异。一方面，课堂的主要交互模式不同。从图 5-3 可以明显地看出，课例 2 和课例 5 以 I1-R1 为主，课例 1 和课例 6 以 I1-R1、I1-R1-F 两种模式为主，相比课例 2，教师更加注重反馈；课例 4 以 I3-R1 为主，课例 3 的几种话回模式占比没有特别大的区别。另一方面，话回交互模式的类型也有差异。其中，课例 2、课例 4、课例 5 仅有 4 种模式，课堂对话形式较为单一。课例 3 有 5 种，课例 1 有 6 种，课例 6 最为丰富，共有 7 种不同的交互模式。多样性的语言交互模式能够活跃课堂氛围，提高师生间的语言沟通的有效性，使教学点学生保持专注与兴趣。

2. 师生互动话回结构分析

由图 5-4 可见，绝大多数课例以无反馈式互动为主，即小于三话步会话结构（IR）。一方面，学生在教师引发话步后，基本上能够做出回应，师生间能够进行良好的语言沟通，并未出现教师指示或者提问后学生无人反馈的情况。另一方面，在专递音乐课堂中，大多数教师仍疏于对学生的回应做出反馈，师生交流的连续性不强。专递课堂中师生的交流处于不同的空间中，当学生进行反馈后，教师如果没有及时地给予回应反馈，可能会对学生产生一定的消极影响，不利于学生对知识内容的真正掌握、学生自信心的形成及继续保持专注。课例 1 和课例 6 的权威式互动占比相对较高，即标准的三话步会话结构（IRF 结构），学生的回应或者是提问能够及时得到中心校教师的反馈与解答。虽然这种交互方式是以教师为主掌控课堂，但在专递课堂的时空限制下，是一种较为高效的方式。在 6 个课例中，仅有课例 6 包含生成式互动，即大于三话步会话结构。由此可见，专递课堂的时空限制对师生的充分交流互动造成了一定的阻碍。但这种交互方式可以使教师与学生之间形成较为连续、稳定的语言交流。针对学生做出的不准确回应，教师能够耐心地引导并进行反馈，同时注意让不同的学生参与到交流中。在专递音乐课堂中，教学点学生的人数相对较少，教师可以充分考虑学生的个体差异，创设更多加强语言交互的条件，让学生在交流互动中掌握知识，有所收获。

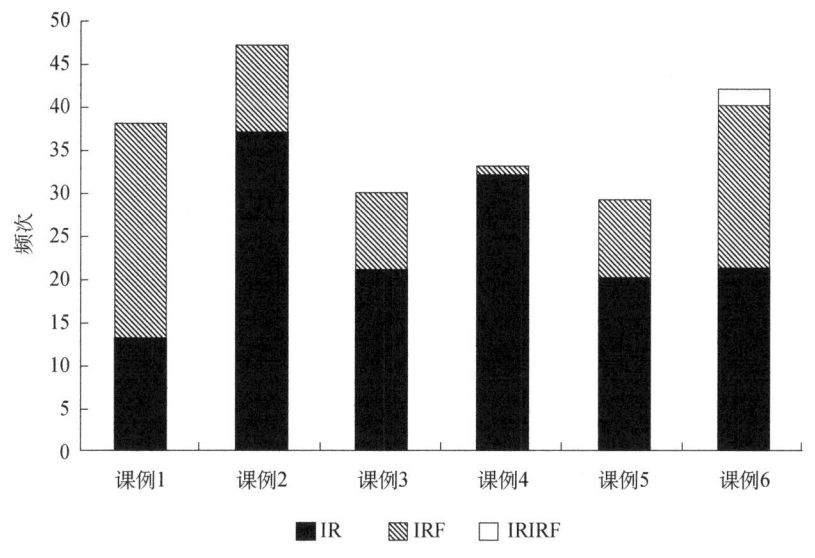

图 5-4 样本课例不同话回结构的占比统计

3. 师生话步类型分析

由图 5-5 可知，不同课例教师引发的话步类型存在差异。课例 1、课例 2、课例 5、课例 6 的教师引发话步以 I1 为主，即在课堂中，教师更多地向学生提出跟唱等要求，或是指示学生保证课堂效率。课例 3 的教师引发话步以 I2 为主，即教师在课堂中更擅长用提问的方式开启对话。课例 4 的教师引发话步以 I3 为主，即教师在课堂中主要以知识讲解、内容分析来引导课堂进程，在教学互动中占据主导地位。这种引发话步的好处是可以及时了解学生对知识的掌握程度。由于远程摄像等原因，教师没办法准确掌握学生的学习情况，提问话步即可通过提问直接得到学生当下的学习反馈。

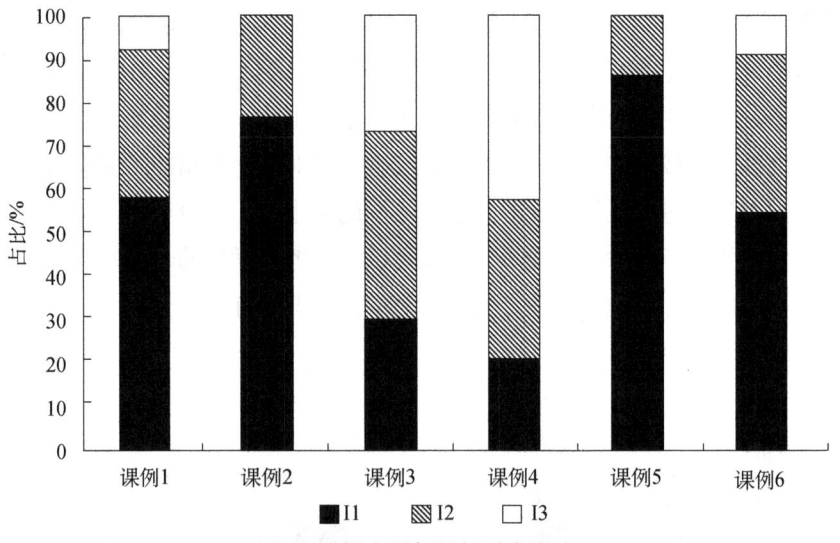

图 5-5 样本课例教师话步统计

由图 5-6 可知，不同课例的学生话步基本呈现出相同的特点，即以回应教师为主，较少提出问题。仅有课例 1、课例 6 分别有两次学生回应话步为提问类型。由此可见，音乐同步互动专递课堂中学生与教师的对话主要以回答问题或者回应教师的指示为主，极少有学生能够主动地向教师提出疑问，对话模式具有很强的单向性，学生学习的积极性和主动性不高。

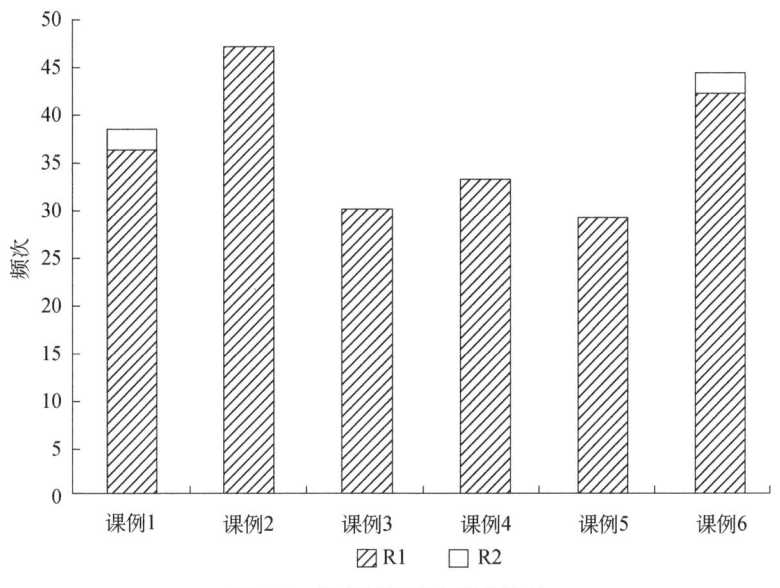

图 5-6　样本课例学生话步统计

4．小结

1）小学音乐同步互动专递课堂教师最常用的话步交互模式为 I1-R1。由于同步互动专递课堂非教师与学生面对面的教学形式，教师与学生之间存在一定的物理距离，I1-R1 为教师指示-学生反馈，教师通过指示规定学生做出与课堂内容相关的动作来吸引全班学生的注意力，是教师提升课堂有效性的方法之一。另外，小学生的自我管理力较差，不容易集中注意力，I1-R1 的交互形式有助于教师对学生的约束与管理，维护课堂纪律。

2）在小学音乐同步互动专递课堂中，教师使用的话步交互差异首先源自教师的个人教学风格，同时也会受到教学点数量、班级人数、课堂整体氛围及课堂类型的影响。

3）在小学音乐同步互动专递课堂中，学生话步主要以回应话步为主，学生较少向教师进行提问，对话模式具有较强的单向性，学生学习的主动性较低，学生的主体性无法得到凸显。

由课堂视频观察可知，每一种交互模式带来的课堂效果都不同，所以研究将进一步统计学生在课堂中累计开小差的总人次并进行分类，结合课堂类型具体分析不同课堂交互模式的特点与差异。

（二）具体案例对比分析

我们以实时统计的课堂随时间变化开小差的人数比例及总人次来衡量同步互动专递课堂的授课效果。图 5-7 所示为各课例随时间变化的开小差人数，通过计算可得各课例开小差的人次及人均开小差次数（表 5-12），并据此将课堂分为有效课堂与低效课堂两类。以下将分别针对有效课堂与低效课堂，分析其主要特点和差异。

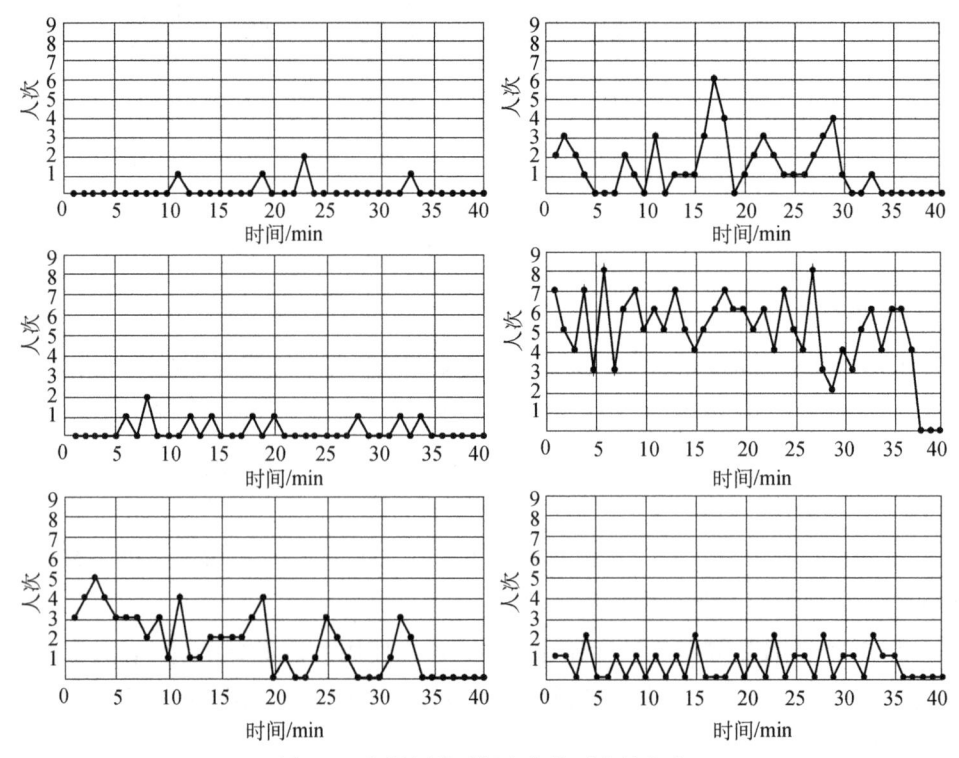

图 5-7　各课例随时间变化的开小差人次
注：从上到下、从左到右依次为课例 1—课例 6

表 5-12　各课例开小差人次统计

编号	授课教师	授课内容	总人数/人	开小差人次/人	人均开小差次数/次	课堂类型
课例 1	D 老师	捉泥鳅	12	5	0.42	有效课堂
课例 2	Z 老师	跳竹竿	6	10	1.67	有效课堂

续表

编号	授课教师	授课内容	总人数/人	开小差人次/人	人均开小差次数/次	课堂类型
课例3	C老师	真幸福	32	73	2.28	低效课堂
课例4	T老师	银色的桦树林	22	52	2.36	低效课堂
课例5	L1老师	复习课	18	196	10.89	低效课堂
课例6	L2老师	复习课	26	24	0.92	有效课堂

1. 课堂有效性与话回频次及话回类型

由表 5-13 可见，无论是话回频次还是话回类型，有效课堂的课例都比低效课堂高。由此可以初步得出结论：同步互动专递课堂中师生话回频次高，能够使学生保持较高的专注度。对于低龄的小学生而言，若课堂交互形式过于单一，学生注意力不容易集中，使用不同的交互模式能够让低年级的小学生尽量长时处于活跃的氛围中。以课例 1 为例，D 老师除了及时通过指示步提醒注意力不集中的学生回归课堂，同时又能运用提问引起学生对知识点的敏感，常常能够根据学生的反应做出积极的反馈，如微笑和点头，因此其课堂效果相对较好。

表 5-13 两类课堂的话回频次及类型统计

课堂类型	编号	话回频次/次	话回类型/种
有效课堂	课例1	38	6
	课例2	47	5
	课例6	42	7
低效课堂	课例3	30	4
	课例4	33	4
	课例5	29	4

2. 师生话步类型

不同课例的教师引发话步的类型是有差异的。我们将教师的引发话步分为 3 类，分别是教师指示步、教师提问步及教师讲授步。课例 1 的引发话步 3 种类型均有，其中指示步相对较多，且包含一定数量的提问与讲授，因此课堂效果较好。课例 2 仅有指示步和提问步，且指示步占绝大多数。综合课例观察可以发现，由于课例 2 的人数较少，教师更容易掌控课堂秩序，能够将更多的时间用来引导学生进行跟唱练习，因此该课例以教师的指示步为主。课例6的引发话步同样是3种类型皆有，但以教师指示步为主，同时教师提问步也相对较多，可见该课堂的教师擅长运用提问来引发话步，这也与该课的课堂类型为复习课有关，需要通过提问帮助学生巩固已学的知识。课例3以教师提问步为主，教师指示步与教师讲授步的占比大致相当。课例4的引发话步以教师讲授步为主，即其主要互动形式为教师讲授与学生的回应，学生在课堂中的主体地位不明显。课例5以教师指示步为主，占较大的比例。通过视频观察可以发现，由于教学点数量及班级人数较多，教师需要分散精力管理3个班级。同时，教师的动作幅度小且琐碎，话语单一，不易引起学生的注意。由于距离的原因，例如，"手撑桌子""注视"等教师行为，教学效果不好，屏幕弱化了诸如此类信息的传达。在这种情况下，教师更应注意肢体动作的幅度与停顿，对设备的操作应干净利落，板书尽量书写稍微简单的内容，遵循学生的认知逻辑，应增加对音乐教学的演示，通过更丰富的肢体语言吸引学生。

从对比中可见，课例5和课例2都是以教师指示步为主，但两者的课堂教学效果有着较大的差异。通过视频观察可以发现，课例5面对的学生人数较多，虽然教师采用了许多指示步，但其主要的目的是管理课堂纪律，而课例2的教学点只有6人，教师更加容易掌控课堂秩序，指示步主要是教师引导学生进行跟唱练习。由此可见，教师对话步的运用会受到课堂规模的影响。当教师指示步更多地用于与课堂讲授知识的引导时，课堂教学效果相对会更好。

因此，教师引发话步的类型除了与教师个人的教授风格有关，还会受到课堂规模、秩序及课程类型的影响。

学生的回应话步分为两类，分别是学生应答步及学生提问步。由表5-14可见，每个课例基本上都是以学生应答步为主，极少数学生会在教师的指示或提问后主动提出疑问。

表5-14 两类课堂的师生话步数量及占比统计

课堂类型	编号	I1 话步数量/次	I1 占比/%	I2 话步数量/次	I2 占比/%	I3 话步数量/次	I3 占比/%	R1 话步数量/次	R1 占比/%	R2 话步数量（次	R2 占比/%
有效课堂	课例1	22	57.9	13	34.2	3	7.9	36	95	2	5
	课例2	36	76.6	11	23.4	0	0.0	47	100	0	0
	课例6	24	54.5	16	36.4	4	9.0	38	95	2	5

续表

课堂类型	编号	I1 话步数量/次	I1 占比/%	I2 话步数量/次	I2 占比/%	I3 话步数量/次	I3 占比/%	R1 话步数量/次	R1 占比/%	R2 话步数量/次	R2 占比/%
低效课堂	课例 3	9	30.0	13	43.3	8	26.7	30	100	0	0
低效课堂	课例 4	7	21.2	12	36.4	14	42.4	33	100	0	0
低效课堂	课例 5	25	86.2	4	13.8	0	0.0	29	100	0	0

3. 交互话回结构

由表 5-15 可见，有效课堂与低效课堂的话回结构有着一定的差异。我们参照前人对话回结构的分类进行分析。两类课堂主要的不同在于，有效课堂的权威式互动占比相对更高。相比零反馈式互动，权威式互动的优点在于，教师在学生的回应步后，能够及时地运用语言对学生的回应做出反馈。由于空间的限制，同步互动专递课堂的学生更加依赖教师在课堂的引导。教师对学生的及时反馈保证了学生集中注意力学习及课堂秩序的稳定。低效课堂的师生互动主要为无反馈式互动，教师反馈步的缺乏可能是学生无法保持专注、开小差人次较高的原因。

表 5-15　两类课堂的不同话回结构数量及占比统计

课堂类型	编号	IR/次	IRF/次	I-R-I-R-F/次	总数/次	IR 占比/%	IRF 占比/%
有效课堂	课例 1	13	25	0	38	34.20	65.80
有效课堂	课例 2	37	10	0	47	78.72	21.28
有效课堂	课例 6	21	19	2	42	50.00	45.24
低效课堂	课例 3	21	9	0	30	70.00	30.00
低效课堂	课例 4	32	1	0	33	96.97	3.03
低效课堂	课例 5	20	9	0	29	68.97	31.03

以上是基于统计数据和课堂实际分析得出的初步结论，以下将进一步通过相关性分析来对统计分析的结论进行检验。

（三）相关性分析

1. 教师引发话步类型与课堂效果的相关性

由于 I1 和 I2 是每个课例均有的教师引发话步类型，我们针对 I1、I2 两类进行卡方分析，探究不同引发话步类型对课堂效果的影响。表 5-16 为课堂类型与引发话步类型交叉统计结果，表 5-17 为卡方检验结果，可见 $p>0.05$，即两类课堂的引发话步类型不存在显著差异。这表明教师采用何种引发话步类型，对课堂效果没有显著的影响。

表 5-16　课堂类型与引发话步类型交叉统计结果　　　　单位：次

项目		引发话步类型		总计
		I1	I2	
课堂类型	低效课堂	41	29	70
	有效课堂	82	40	122
总计		123	69	192

表 5-17　引发话步类型相关性卡方分析

项目	渐进显著性（双侧）	精确显著性（双侧）	精确显著性（单侧）
皮尔逊卡方	1.443[a]	0.230	
连续性修正[b]	1.092	0.296	
似然比	1.432	0.231	
费希尔精确检验		0.274	0.148

注：a 为 0 个单元格（0.0%）的期望计数小于 5，最小期望计数为 30.95；b 为仅针对 2×2 表进行计算

2. 话回交互结构与课堂效果的相关性

由前文案例对比可以发现，两类课堂的零反馈式互动（I-R）与权威式互动（I-R-F）频次呈现出一定的差异，即有效课堂的权威式互动频次高于低效课堂，两种互动方式的区别在于是否有教师反馈步。因此，这里将进一步运用卡方检验分析话回交互结构与课堂效果的相关性。多互动反馈的形式数量少，仅仅出现在课例 6 中，且多互动反馈也具有教师的反馈步，因此将课例 6 的两次多反馈式互动（I-R-I-R-F）归为权威式互动（I-R-F）。表 5-18 为课堂类型与交互结构交叉统计结果，表 5-19 为卡方检验结果，可见 $p<0.05$，即两类课堂的话回交互结构存

在显著差异。由此表明，同步互动专递课堂中教师的反馈对课堂效果具有显著的影响。综合前文的分析，权威式互动多能够提高学生的专注力，避免学生因没有得到教师的关注而开小差，进而改善课堂教学效果。

表 5-18　课堂类型话回交互结构交叉统计结果　　　　　　　单位：次

项目		交互结构		总计
		IR	IRF	
课堂类型	低效课堂	73	19	92
	有效课堂	71	58	129
总计		144	77	221

表 5-19　话回交互结构类型相关性卡方检验结果

项目		渐进显著性（双侧）	精确显著性（双侧）	精确显著性（单侧）
皮尔逊卡方	13.978[a]	0.000		
连续性修正[b]	12.928	0.000		
似然比	14.503	0.000		
费希尔精确检验			0.000	0.000

注：a 为 0 个单元格的期望计数小于 5，最小期望计数为 30.95；b 为仅针对 2×2 表进行计算

五、研究总结与建议

（一）研究总结

1. 小学音乐同步互动专递课堂师生交互模式特征

整体而言，小学音乐同步互动专递课堂的师生话语交互形式较为多样，不同课例之间存在差异。从话步频次和类型来看，话步频次越高，类型越丰富，越容易使学生在课堂中保持专注，减少开小差的人次，提升课堂效果。从话步结构来看，小学音乐同步互动专递课堂的师生交互模式主要有 3 种类型，分别为零反馈式互动、权威式互动及多反应式互动。不同课堂的交互结构有差异，低效课堂以零反馈式互动为主，有效课堂以权威式互动为主。

2. 小学音乐同步互动专递课堂师生话步的特点

具体而言，从师生话步类型来看，教师的引发话步基本上以 I1 为主，一方面是为了维护课堂秩序，对学生纪律进行规范；另一方面是向学生提出跟唱等学习指示要求。学生的应答话步基本上为 R1，即对教师的简单回应，仅有一个课例有学生通过提问进行应答，绝大多数为回应教师的指示或提问。由此可见，教学点学生在音乐同步互动专递课堂中的学习主动性、积极性较低。

3. 话回交互结构对课堂效果有显著影响

研究发现，有效课堂与低效课堂在话回交互结构方面存在显著差异。权威式互动频次多的课堂效果较好，学生开小差的人次较少。这充分说明在小学音乐同步互动专递课堂中，对于学生而言，中心校教师的反馈话步具有重要意义。

（二）教学建议

1. 运用丰富的话步交互模式辅助教学

小学生正处于低龄阶段，单一的互动模式会使他们产生厌烦、懈怠的情绪。小学音乐教育应以激发与培养学生的兴趣为主，故丰富的话步交互模式会令小学生保持新鲜感、提高注意力，从而提高课堂效果。因此，在备课过程中，中心校教师要注意课堂互动方式，采用相互交错的引发话步，使处于不同空间的教学点学生保持专注力。同时，也要从课堂开始就注意维护课堂纪律，为营造良好的课堂氛围奠定基础，避免混乱的课堂秩序影响师生交流的方式。

2. 注重教师反馈步的使用，及时给予学生适当的反馈

低龄儿童在意大人的肯定与赞美，一旦给予积极的反馈，他们会自动赋予自己一种责任感，从而以身作则，认真听课。因此，我们建议教师多采用权威式互动话步结构，提高其使用频率，在学生做出应答话步后及时给予反馈。

3. 考虑同步互动专递课堂的延时性等技术问题，注意动作间的停顿

我们通过观察视频课例发现，绝大部分同步互动专递课堂都有网络延迟的现象。教师和学生隔着屏幕进行交流，所以其实际效果不如传统的面对面授课。故教师在互动中应注意时间延迟现象，在各个动作间留有停顿的时间，以确保学生能够紧跟教学进度，保证学生的积极性。

第三节 同步互动专递课堂教学画面类型与学习效果的相关性分析——以湖北省咸宁市崇阳县某美术教师的课堂为例

一、案例简介

同步互动专递课堂是我国农村教学点的一种教学模式。它以互联网为技术支持，其课堂教学画面和声音是传递教学信息的重要载体。在美术同步互动专递课堂教学进程中，教学画面包括教师面部出现（也称教师画面出现）与教师面部消失（也称教师画面消失）两种类型，这两种类型的画面会直接影响学生对教师存在的感知，从而影响学生在同步互动专递课堂中的互动感。这两种类型的画面对学生学习效果产生了什么影响？我们从两种类型的画面与学生有效或无效学习行为相关性分析的角度，通过量化数据和可视化技术分析教学画面中教师消失后与学生无效学习行为分布的关系。我们采集了湖北省咸宁市崇阳县某小学二年级美术同步互动专递课堂教学视频，通过课堂观察法对教学画面与学生学习行为进行数据统计，并利用 SPSS 与 R 语言进行数据分析与可视化处理。研究发现，教师画面消失与学生的无效学习行为具有极其显著的相关，且其无效学习行为会随着教师画面消失时间的延长而增加。

二、研究背景及问题

（一）研究背景

改革开放 40 多年来，我国高度重视农村教育的发展，积极改善农村教育现状，但在城乡二元结构的体制下，农村教育质量仍有待提高。①2016年，教育部印发的《教育信息化"十三五"规划》指出，要不断扩大教育优质资源覆盖面，优先提升教育信息化，以促进教育公平、提高教育质量，尤其强调了积极推动"专递课堂"建设。党的十九大报告强调"推动城乡义务教育一体化发展，高度重视农村义务教育"，"努力让每个孩子都能享有公平而有质量的教育"。由于农村学校地理位置偏远，办学条件受限，教育发展基础较为薄弱，且学生人数较少，教师数量同样有限，普遍存在美术、音乐等艺术课程开不齐、开不好的现象。面向农村学校实施同步互动专递课堂教学，有利于解决这个问题。同步互动专递课堂利用互联网突破时空限制，促进城乡之间优质教育资源的共享，提高农村教学点的开课率，提高教学点、薄弱学校的教学质量。在同步互动专递课堂教学中，教师在城市的直播教室，其教学对象是农村教学点的学生，与其他模式相比，主讲教师能够结合教学点学生的学情进行专门备课，更好地照顾教学点学生的认知特点、知识基础和学习需要，促进主讲教师和教学点学生之间的双向互动②，提高教学效果。

同步互动专递课堂教学模式已经正式运行了一段时间。韦怡彤等通过课堂行为观察，认为低年级美术同步互动专递课堂模式以教师为中心，忽视了学生的主动提问和同伴交流，不利于学生课堂积极性的提高③；张伟平等使用结构方程模型法进行分析发现，在同步互动专递课堂中，师生互动对学习效果有正向显著影响，氛围和学习态度在师生互动和学习效果之间起到了中介作用④；黄涛等从"同步""互动"两个角度出发，对创新农村专递课堂结构提出建议，认为师生的互动形式应更加多样化⑤；陈实等通过分析农村教学点学生的学习行为，提出小学音乐同步互动专递课堂对应的教学点数量应根据人数量级确定。⑥由此可以看

---

① 《中国农村教育发展报告2019》发布[N]. 中国民族报，2019-02-19（003）.

② 王继新，施枫，吴秀圆."互联网+"教学点：新城镇化进程中的义务教育均衡发展实践[J]. 中国电化教育，2016（1）：86-94.

③ 韦怡彤，王继新，赵晓娜等. 同步互动专递课堂中教学互动行为案例研究——以一年级美术课"画马路"为例[J]. 现代教育技术，2019（12）：41-47.

④ 张伟平，陈梦婷，赵晓娜等. 专递课堂中师生互动对课堂学习效果的影响——以崇阳县小学美术专递课堂为例[J]. 电化教育研究，2020（8）：90-96.

⑤ 黄涛，田俊，吴璐璐. 信息技术助力农村教学点课堂教学结构创新与均衡发展实践[J]. 电化教育研究，2018（5）：47-52.

⑥ 陈实，苟杰婷，钟丽娜等. 专递课堂教学点规模与学习行为有效性相关分析——以湖北省咸宁市崇阳县小学音乐专递课堂为例[J]. 中国电化教育，2019（12）：47-52，60.

出，目前有关同步互动专递课堂的研究主要集中在课堂师生教学行为分析与教学质量提升等方面。

（二）研究问题

多媒体学习理论指出，教师作为教学活动的组织者和实施者，其通过画面呈现的方式能够有效提高教学信息传递的清晰度与精确度，使学习者获得更加真实的学习体验。[①]

在同步互动专递课堂中，学生接收的教学信息中存在"教师画面出现"与"教师画面消失"两种教学画面交替出现的情况，这两种画面与学生的学习效果是否存在较强的相关性？我们从学生学习行为的有效性与无效性方面判断学习效果，分析教师画面消失后学生的学习行为表现。这里选取了湖北省咸宁市崇阳县某小学二年级美术同步互动专递课堂教学视频作为分析对象，探究教学画面与学生课堂行为效率之间的关系，为实际课堂中教学画面的有效运用提供科学依据。

三、研究假设

在教学活动中，82%的信息是通过教师的非言语行为进行传递的，只有18%的信息是通过言语表达来传递的。[②]在义务教育阶段，美术课程具有"凸显视觉性"的课程性质[③]，课堂教学中视觉画面承载了更多的教学信息。在美术同步互动专递课堂中，线上实时同步传递的教学信息主要由教师面部出现讲授画面（教师出现画面）与教师面部消失手绘、手工操作画面（教师消失画面）两类组成，两类画面依据教师的教学设计交替出现，成为传递美术课堂教育信息的重要载体。

---

① Mayer R E. The Cambridge Handbook of Multimedia Learning[M]. New York：Cambridge University Press，2014：57.
② 杨九民，皮忠玲，章仪等. 教学视频中教师目光作用：基于眼动的证据[J]. 中国电化教育，2020（9）：22-29.
③ 中华人民共和国教育部. 义务教育美术课程标准（2011年版）[M]. 北京：北京师范大学出版社，2011：1.

在教学双向互动与教育信息传播的过程中，关键教育信息会受到信息源、传播通道、信宿及干扰4个环节组成的传播系统的影响。在美术同步互动专递课堂中，由于教育信息传播结构中的信息源与信宿处于异地，传播通道为以互联网信息技术为支撑、以多媒体展示为载体的信息通道，学生接收教育信息的过程中，更易受到其他因素的干扰，从而导致学习行为的变化。

学生的学习行为包括学习过程中的一系列运动、动作、反应和活动等①，按效果可分为有效学习行为与无效学习行为。在课堂教学中，促进学生达到学习目标的行为是有效学习行为，例如，认真听讲、练习、回答问题等；阻碍学生达到学习目标的行为是无效学习行为，例如，走神儿、打闹、嬉戏等。与传统课堂教学信息传播系统相比，同步互动专递课堂教育信息传播系统削弱了面对面教学信息传播的流畅感、真实感、亲切感，增加了干扰因素在传播系统中出现的可能性，容易导致教学过程中社会信号的弱化，受教育者的互动感降低。在教学过程中，当教师在屏幕中出现时，教师的目光可以通过镜头被学生接收，这个过程能够提高教师与学生之间的互动效果，这些积极的社会反应有利于增加学生在学习过程中的认知投入，从而改善学习效果。②在以上实验室研究的基础上，我们提出以下假设：在美术同步互动专递课堂中，教师画面出现与消失都会显著影响学生学习行为的有效性（图5-8）。基于实际教学改革需要，我们主要验证教师画面消失是否会显著影响学生的无效学习行为。

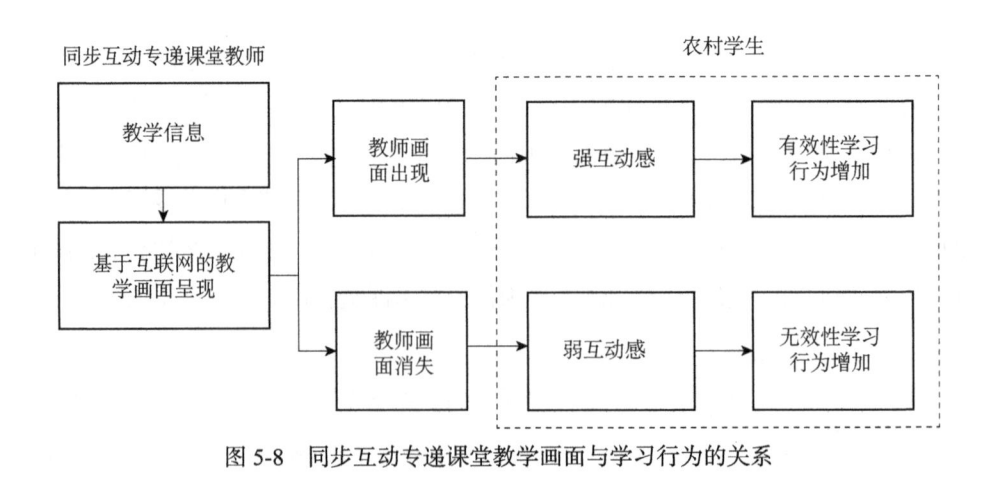

图5-8 同步互动专递课堂教学画面与学习行为的关系

---

① 陈实. 课堂教学行为研究——基于教学行为三层次分析的视角[M]. 北京：科学出版社，2018：5.
② 朱军委. 教育信息化背景下教师课堂教学研究——基于传播学视角[D]. 西南大学，2011.

四、研究过程与分析

（一）研究对象

我们以湖北省咸宁市崇阳县某小学二年级美术同步互动专递课堂为研究对象，选取的样本教学点全部为同一县域的农村教学点，地理位置相近，社会文化传统相似，学生学情相近。为了保持师生间达意程度的较高水平，教学点班级人数控制在 10—20 人[①]；授课教师为崇阳县某小学的同一女性美术教师，该教师在所有教学点均采取"讲授—示范绘画—引导学生绘画—点评"的教学模式；所有教学点的数字化教学环境相同，师生均能通过设备进行实时互动，教学画面由教师画面出现与教师画面消失两类组成。

（二）样本筛选与数据处理

为了确保研究结果的科学性和可靠性，我们依据研究目的对样本进行了如下控制变量处理：选取同一地区、同一年级的美术同步互动专递课堂；教学点班级规模相似；授课教师相同；教学点教师无明显的教学指导行为；中心校教师授课模式相同；数字化教学环境相同，信号传输流畅。通过人工筛选，剔除无效样本，最终选取符合上述要求的 15 个样本进行学生学习行为的数据统计（表 5-20）。

表 5-20　农村教学点美术同步互动专递课堂采集样本

样本编号	学校	授课教师	年级	授课时长	班级人数/人
C1	清水小学	唐老师	二年级	30 min 40 s	17
C2	浮桥教学点	唐老师	二年级	43 min	19
C3	浮桥教学点	唐老师	二年级	42 min	19
C4	长坪教学点	唐老师	二年级	45 min	11
C5	棠棣小学	唐老师	二年级	45 min 30 s	11
C6	独石小学	唐老师	二年级	37 min 45 s	11
C7	棠棣小学	唐老师	二年级	41 min	12

---

① 邵金沙. 专递课堂中学习者临场感影响因素研究[D]. 武汉：华中师范大学，2019.

续表

样本编号	学校	授课教师	年级	授课时长	班级人数/人
C8	清水小学	唐老师	二年级	35 min 25 s	17
C9	独石小学	唐老师	二年级	41 min 20 s	12
C10	独石小学	唐老师	二年级	40 min 25 s	11
C11	长坪教学点	唐老师	二年级	43 min	12
C12	荻洲小学	唐老师	二年级	44 min	16
C13	独石小学	唐老师	二年级	35 min 55 s	12
C14	浮桥教学点	唐老师	二年级	39 min	19
C15	堰市初小	唐老师	二年级	41 min 12 s	15

结合研究样本中学生美术学习的具体特点，对学生无效学习行为进行定义。本研究中的无效学习行为是指无助于学生达成美术教学目标的行为，具体包括走神儿、交头接耳、小动作、随意走动和睡觉等。无效学习行为量化方法采取以 5 s 为单位时间对样本视频进行切片，通过统计每一片段中的无效学习行为学生人数得到原始数据（表 5-21）。据此进行分析，得到关于教师画面出现时间与学生无效学习行为关联的量化证据，共计得到 7152 名学生的无效学习行为占比数据。

表 5-21 学生无效学习行为占比数据（部分，仅列出前 30 s）

时间	C1	C2	C3	C4	C5	C6	C7	C8	C9	C10	C11	C12	C13	C14	C15
00:05	0.00	0.00	0.05	0.00	0.00	0.00	0.00	0.00	0.42	0.00	0.00	0.00	0.00	0.00	0.00
00:10	0.00	0.00	0.05	0.00	0.00	0.00	0.00	0.00	0.25	0.00	0.00	0.00	0.00	0.00	0.00
00:15	0.00	0.00	0.05	0.00	0.00	0.00	0.00	0.00	0.25	0.00	0.00	0.00	0.00	0.00	0.00
00:20	0.00	0.00	0.00	0.00	0.00	0.00	0.00	0.00	0.33	0.00	0.00	0.00	0.00	0.00	0.00
00:25	0.00	0.00	0.00	0.09	0.00	0.00	0.00	0.00	0.58	0.00	0.00	0.00	0.00	0.00	0.00
00:30	0.00	0.00	0.05	0.09	0.00	0.00	0.00	0.00	0.50	0.00	0.00	0.00	0.00	0.00	0.00

为了从总体上分析教学画面类别与学生行为有效性的相关性，我们综合统计 15 个样本教师画面消失与出现时的无效学习行为比率，将有教师出现的画面设置为"1"，将教师消失的画面设置为"0"，并将 7152 个样本导入数据统计软件 SPSS 22.0 中，进行单因素方差分析，检验结果如表 5-22 所示。由表 5-22 可知，$p<0.01$，说明不同画面属性的无效学习行为占比具有极其显著的差异。

表 5-22　描述性统计与单因素方差分析

画面属性	n	M	p
0	4323	0.1859	
1	2829	0.0429	0.00
共计	7152	0.1293	

（三）热点图：样本总体情况分析

为了有效展示大量的数据并进行可视化，最直接的方法就是一次性将其显示出来。[1]我们通过 R 语言，将 7152 个样本数据转换成热点矩阵，生成学生无效学习行为占比热点图（图 5-9）。其中，横坐标表示 15 个样本，纵坐标表示时间变化，我们可以通过热点图中灰度深浅的变化直观地感受动态时间中数据的变化情况。

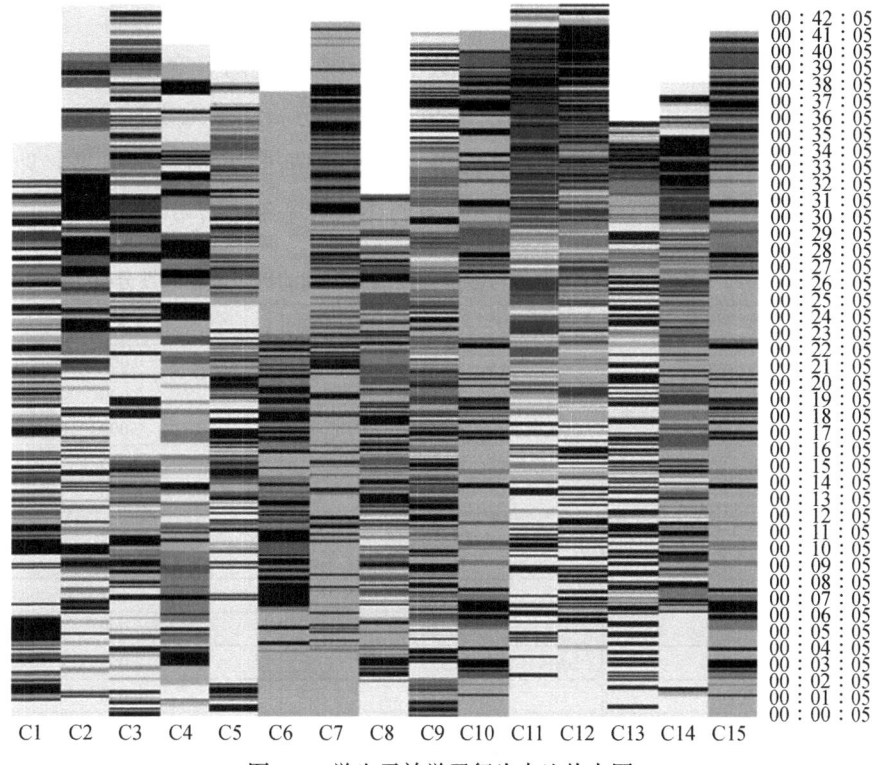

图 5-9　学生无效学习行为占比热点图

---

① Yau N. 鲜活的数据：数据可视化指南[M]. 向怡宁译. 北京：人民邮电出版社，2012：186.

如图 5-9 所示，每一个单元格都体现了每个时间节点学生无效学习行为的占比，颜色浅的单元格表示无效学习行为的占比较低，颜色深的单元格则表示无效学习行为的占比较高。总体来看，每个样本中深色色块的分布看似毫无规律，若结合课堂中教师消失的画面来看，就能发现热点图中偏深色的色块基本上分布在课堂中教师消失的画面，反映出当教师画面消失时，学生的无效学习行为占比偏高。在同一样本中，两个边框间的区域，即当教师出现在屏幕时，单元格的颜色基本较浅，反映出此时学生的无效学习行为占比较低，学习态度较认真，这也充分地验证了前文数据检验得出的结果。

（四）Loess 拟合曲线与热点图：典型片段分析

为了进一步研究学生无效学习行为与教师画面消失时间的关系，我们选取每个样本中教师画面消失时间最长的片段作为典型片段进行进一步分析。在统计学中，皮尔逊积矩相关系数（Pearson 系数）是用来度量两个变量间的相互关系（线性相关）的，常用 r 表示。我们使用 SPSS 22.0 分析学生无效学习行为占比与教师画面消失时间的相关系数（表 5-23）。r 的绝对值越趋近于 1，则两个变量的相关关系越密切；越趋近于 0，则两个变量的相关关系越不密切。

表 5-23　无效学习行为占比与教师画面消失时间的皮尔逊相关性分析

样本	r	p
C1	0.684	0.000
C2	0.710	0.000
C3	0.537	0.000
C4	0.534	0.000
C5	0.626	0.000
C6	0.580	0.000
C7	0.708	0.000
C8	0.109	0.104
C9	0.380	0.000
C10	0.359	0.000
C11	0.571	0.000
C12	0.805	0.000
C13	0.761	0.000
C14	0.638	0.000
C15	0.728	0.000

当 $0.8 \leqslant r \leqslant 1$ 时，变量间高度相关；当 $0.5 \leqslant r < 0.8$ 时，变量间中度相关；当 $0.3 \leqslant r < 0.5$ 时，变量间低度相关；当 $r < 0.3$ 时，变量间弱相关。各样本中，学生无效学习行为占比与教师画面消失时间的皮尔逊相关系数中有 1 个样本变量间呈现出高度相关，有 11 个样本变量间呈现出中度相关，有 2 个样本变量间呈现出低度相关，有 1 个样本变量间呈现出弱相关，反映了整体上学生无效学习行为占比变化趋势具有明显的一致性，且学生无效学习行为占比与教师画面消失的时间呈正相关。

为了使数据的可视化效果更佳，我们绘制了典型片段热点图（图 5-10）。热点图中学生的无效学习行为越多，色块颜色越深。由图 5-10 可知，无论在哪个典型片段内，都会出现无效学习行为占比随教师画面消失时间的延长而变得密集的现象，同时发现在较深的色块中也存在较浅色块，说明无效学习行为的增多出现了反复。

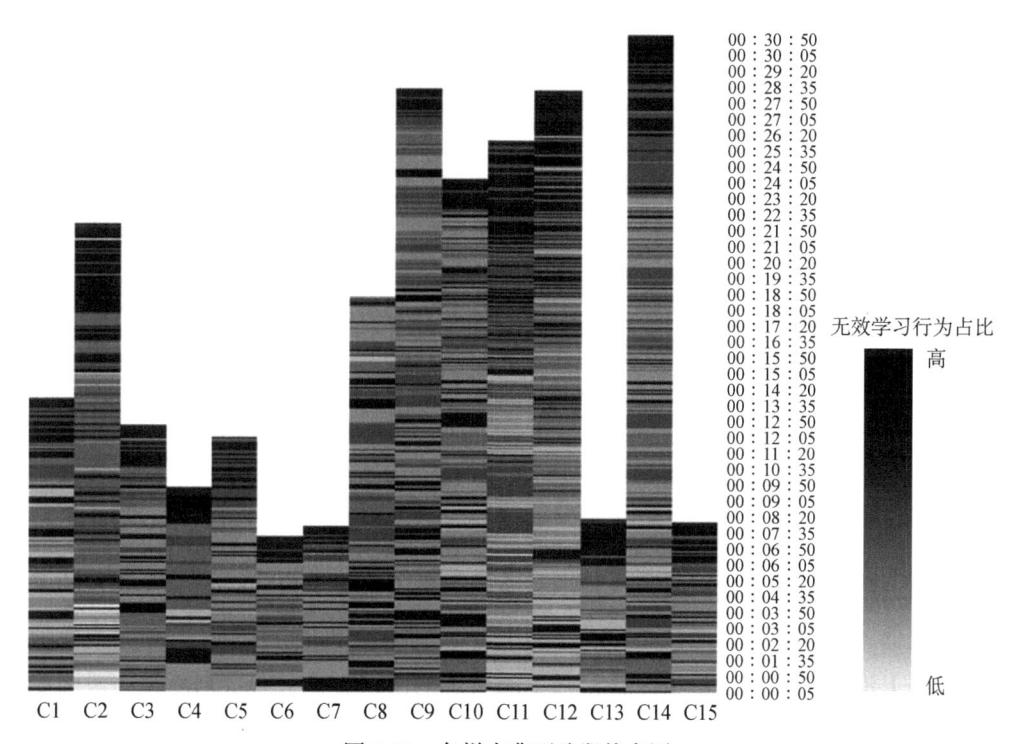

图 5-10　各样本典型片段热点图

出现这些特征，主要是受到了学生学习心理的影响。二年级的学生自我控制力还不强，自主学习能力低，其注意发展处于有意注意阶段，在同步互动专递课堂上与教师的互动感一旦减弱，学生的注意力就会下降，好动好玩的心理会使学生注意力分散，从而导致课堂一些无效学习行为的产生。随着教师画面消失时间的推移，学生更加失控，从而表现为无效学习行为占比整体上升的趋势。

为了进一步探究其原因，我们对研究样本的典型片段进行了多次观察。结果发现，出现无效学习行为时，多是因为学生学习能力不一、进度不同，当教师安排的任务完成时，因低年级学生自主学习能力和自控力不高，从而出现无效学习行为。此外，随着教师画面的消失，同伴干扰被放大，在同伴的干扰和影响下，其他学生也会出现大量的无效学习行为。在同伴的影响下，学习习惯和自控力较差的学生也会难以抵制好玩的心理冲动，或者是受同伴故意打扰行为的影响，无效学习行为在短时间内大量出现，由此可以解释教师画面消失后，学生的无效学习行为会突然增加。另外，在典型片段内，如果城市中心校教师的画面消失伴随着教师声音的消失，这样在没有教师画面和声音的刺激之下，学生就会更快地出现无效学习行为。但是，如果在教师画面消失过程中有指导性语言出现，学生的注意力会重新集中在课堂上。

五、研究结论与建议

（一）研究结论

通过数据分析，我们发现当教学画面为"教师画面出现"时，学生行为的无效性较低；当教学画面为"教师画面消失"时，学生行为的无效性较高。当教师从屏幕上消失时，对于学生而言，师生间仅有的眼神交流、表情判断和面对面传达信息的机会就会消失，导致学生的交互感达到低值，学生的课堂学习行为就会出现无效化趋势。当教师画面消失一段时间后重新出现时，学生的注意力会重新转移到课堂上，学生学习行为的有效性会增强。

在研究样本典型片段中，学生无效学习行为占比（随着时间的延长）呈明显的波动上升趋势，当教师画面消失伴随着教师声音消失时，学生的无效学习行为会更快地出现，当教师声音再度出现时，无效学习行为会减少。

（二）不足与反思

1. 关于研究的课堂录像样本

在样本数量上，农村教学点在地理位置分布上较为分散，且教学规模大小不一，我们只针对湖北省咸宁市崇阳县农村教学点美术同步互动专递课堂进行研究，研究对象范围相对狭窄，教学活动人员相对集中，在样本选择过程中，所参考的实际案例也较少。

在样本质量上，研究对象课堂录像均源自湖北省农村教学点网校的录屏资料，视频画面清晰度与收音质量参差不一，且由于网络速度的限制，部分视频出现了卡顿、声画不统一的现象。由于以上不可避免的状况，我们要对课堂视频进行多次筛选，再度缩小了样本选择的空间。此外，视频质量问题也加大了视频切片、研究观察的难度。

2. 关于研究的过程与方法

在研究过程中，我们通过反复观看录像判断学生学习行为是否有效时，小组成员在事前确定了无效行为的表现，但各个样本中学生的具体表现不同，小组成员判断带有一定的主观性，对学生学习行为有效或无效的判断，可能存在一定的偏差。

在研究方法上，我们采用定量分析的方法对课堂视频进行切片统计，并对学生的无效学习行为进行计量可视化分析，分析结果存在片面性。在条件允许的情况下，应在每节课之后对授课教师、学生进行问卷调查与访谈，将定性与定量的分析方法相结合，使研究方法更加全面。

（三）建议

1. 关注同步互动专递课堂中的教学画面，增设呈现教师画面的设备

由于同步互动专递课堂的性质特殊，与普通课堂教学相比，影响学生行为的因素更多样、更复杂。我们通过数据分析，认为同步互动专递课堂中的教学画面与学生无效学习行为有密切的关联。因此，在同步互动专递课堂教学过程中，必须重视教学画面设计。教师应该适时出现在教学画面中，避免在教学过程中较长时间不出现或者出现的时间比较短。

同步互动专递课堂是基于互联网运行的，师生并未真实接触，学生社会临场感的建立与教师画面的显示密切相关。当显示教师画面时，会增强学生的交互感，学生会感受到教师是真实存在的，进而影响其学习活动。此外，可以在现有显示屏幕条件下，增加单独显示教师活动画面和学生活动画面的屏幕，这样学生在课堂中可以实时看到授课教师的活动，授课教师也可以实时关注学生的变化，增加师生之间的互动。师生双方可以感受到对方的真实存在，避免教师画面不出现造成学生无效学习行为增加的情况，拉近师生的距离。

2. 明确同步互动专递课堂中助教的职责

研究发现，学生无效学习行为与教师画面消失的时间呈正相关。主要原因在于，小学生年龄小，自主控制能力不强，而教师画面长时间消失会导致学生学习缺乏外部监督，从而出现无效学习行为。我们通过对样本课例的观察发现，同步互动专递课堂中存在助教边缘化的现象，具体体现在两个方面：一是课堂秩序的管理职责划分不清；二是助教和主讲教师缺乏合作与配合。当主讲教师的画面消失时，一些助教并没有及时对学生的无效学习行为进行管理和引导，导致课堂持续混乱，无效学习行为得不到控制。因此，在同步互动专递课堂教学中，助教应该与主讲教师配合，在教师画面消失后，助教应该预测学生是否会出现无效学习行为，如果出现，应及时制止，引导学生的注意力重新返回课堂。

第四节 教室空间形制及助教行为对学生学习效果的影响研究——以湖北省咸宁市咸安区大坪教学点美术同步互动专递课堂为例

一、案例简介

如何"开好课"是新时期数字双轨学校教学研究的重点。以往研究十分重视中心校主讲教师行为对学习效果的影响,很少关注教室的空间形制和助教对农村教学点学生学习的影响。为此,我们以湖北省咸宁市咸安区为实验区,选取了该区数字双轨学校农村教学点课堂作为研究样本,通过对研究样本中的师生行为进行编码,特别关注座位空间排布、助教行为等非言语行为对学生学习效率的影响。研究结果为改进助教教学行为及提升教学点学生的学习行为有效率提供了参考和建议。

研究发现,教室空间形制对学生的学习效率有影响。教室第一排学生的学习行为有效率明显高于后排学生,最后排学生的学习行为有效率波动最大。助教的活动越积极,学生的时间利用率越高,学习效果越好。在此基础上,我们还对数字双轨学校课堂教学提出了相关建议。

二、研究背景及问题

(一)研究背景

数字双轨学校是运用现代信息技术,将城市中心校和乡村教学点的课堂教学连接起来的一种方式。它将 N 个由（1+M）组成的教学共同体连接在一起，形成一所独立建制、分层管理、虚实结合的学校，并由当地政府和教育行政主管部门进行统筹安排，以使拥有优质师资资源的中心校和配备网络资源的农村教学点实现课堂教学资源共享。[1]借助数字双轨学校的共享互助机制，城市中心校与农村教学点以"多媒体课堂""同步互动混合课堂""同步互动专递课堂"等形式开展课堂教学。对于教学点的学生来说，尽管在空间上与中心校教师相距较远，但他们与中心校学生同时接收教育信息。另外，教学点课堂教学的顺利开展，需要得到技术和助教的协助。

在数字双轨学校教学点的课堂中，学生人数比城市中心校少，多则十几人，少则几人。利用课堂观察法，便于记录每个学生的学习信息和课堂教学反应。我们选取同步互动专递课堂的课例作为研究对象，因为相对于多媒体课堂，同步互动专递课堂有教学点授课教师的课堂教学与互动过程；相对于同步互动混合课堂，没有城市中心校学生参加，授课教师教学信息的传递直接作用于教学点，排除了城市中心校学生互动的干扰。对于教学点的学生来说，教育信息主要来自屏幕前方城市中心校教师的上课视频，授课教师的空间位置没有变化，因而能够科学地研究教育信息的传递与空间位置的关系。教学行为主体是两名教师，城市中心校教师的课堂教学行为是主教行为，教学点助教的课堂教学行为是助教行为，后者在教学过程中起管理、辅助、协调的作用。主教行为与助教行为在空间上分离，更便于观察者分清主教行为和助教行为的差异，也方便观察者区别、分析这两种行为对学生学习的影响。

（二）研究问题

在数字双轨学校，课堂教学环境和教学信息传递发生了巨大变化。在此背景下，学生的学习行为有什么特殊之处？教室的空间形制对学生的学习产生了哪些影响？学生座位的位置是否会影响学生的学习效率？如果有影响，效率与空间位置的关系表现有何特点？助教的行为是否会对学生的学习效率有影响？对这些问题的探索，能够深入解答数字双轨学校教学环境如何影响学生的学习行为和学习

---

[1] 王继新，施枫，吴秀圆."互联网+"教学点：新城镇化进程中的义务教育均衡发展实践[J]. 中国电化教育，2016（1）：86-94.

第五章
数字双轨学校教学点教学行为分析案例

效率，为教育者选择更有效的教学策略、提升教学质量提供科学依据，对于推进数字双轨学校的教育实践、优化教学设计及环境布局，有着重大的理论与实践意义。

三、研究对象与方法

（一）研究对象与课堂教学现场环境

大坪教学点是湖北省咸宁市咸安区实施同步互动专递课堂的一个教学点。该节课为美术同步互动专递课，教学点的教师通过课堂教学让学生认识自然界的毛毛虫，然后一边演示绘画，一边讲解毛毛虫的绘画过程。通过现场的课堂观察和视频分析可以看出，该课堂教学主要由4个要素构成：城市中心校教师、教学点助教、听课学生和观摩研究人员。图5-11是同步互动专递课堂教学环境构成要素。根据学生的座位，对每个学生进行编号。L和R分别表示教室两列座位的左列和右列，Ⅰ表示教室的第Ⅰ排座位，g和b表示学生的性别，Lg（Ⅰ）表示位于教室第一排左边的女学生，Rb（Ⅰ）表示位于教室第一排右边的男学生，以此类推。

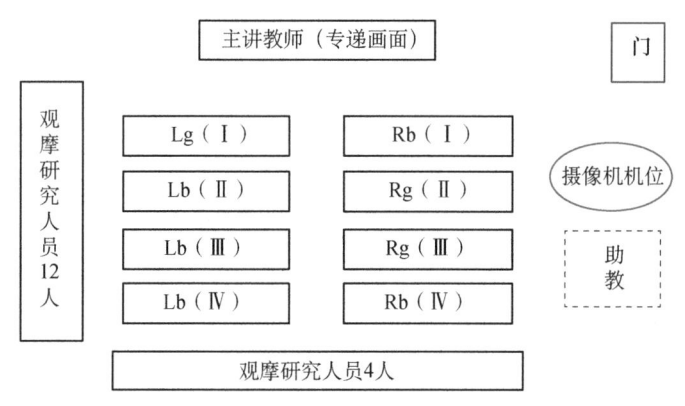

图 5-11 同步互动专递课堂教学环境构成要素
注：实线表示位置相对固定，虚线表示主体对象在教学过程中有空间位移

（二）观察要素与观察编码体系建构

针对同步互动专递课堂的环境构成要素，对该节课的观察要素包括学生的学习行为、学习效果、助教的助教行为、助教行为与学生学习效果的关系、性别因素与学生学习的个体差异性等。课堂教学观察量表是判断观察是否客观、有效的保障，它必须与课堂教学中的观察要素和各要素的具体构成密切相关。针对该节美术课的课堂教学要素和教学行为特点，结合课堂实录，我们确定了学生学习行为编码（表5-24）、助教行为编码（表5-25），它们都属于单编码系统。如果将其中的几个单独编码组合起来，可以形成复合编码表。

表 5-24 学生学习行为编码

分类	编码	内容	内容说明
独立投入学习任务	1x	认真听讲	聆听教师讲解，观看教师演示
	2x	练习	挑选彩笔，动手绘画
	3x	主动回答问题	主动回答教师的提问
与他人交流	4x	与学习同伴互动	与周围同学交流、讨论
	5x	与助教互动	与助教交流、讨论
看他人做	6x	看学习同伴练习	看周围同伴的练习
独立地做与学习无关的事	7x	东张西望	看摄像头，看听课的老师，看教室外，看同伴
	8x	做小动作	玩手，玩笔、橡皮擦、尺子等
	9x	自言自语	说与课堂无关的话
离开座位	10x	离开座位	离开固定座位，做与上课无关的事

助教在教学点课堂教学中起着至关重要的作用。由于教学点的授课教师远在中心校区，授课教师的教学指令通过同步专递视频传送过来，有时难免会受到影响，如果学生听不清楚，需要助教重复；授课教师难以管理课堂的细节，也需要助教辅助进行管理。因此，教学点的助教在学生学习过程中起到了引导、提醒、管理、纠正及反馈的作用。我们通过观摩美术课堂，将教学点助教的行为编码为表5-25。

表 5-25 助教行为编码

分类	编码	内容
行为	1z	旁观
	2z	辅助教学
	3z	巡视
	4z	拍作业
语言	5z	指令
	6z	指导
	7z	鼓励

（三）观察方法与复合编码体系

系统编码、量化分析是课堂行为实证研究中非常有效的方法。为了探索教学点学生学习行为与其空间位置、性别的关系，我们按照 3 s 一次进行抽样，对每个学生的空间位置、每 3 s 的学习行为类型进行观察和统计，得到该教学点 8 名学生的行为类型复合统计表（表 5-26）。复合编码包含教室空间位置、性别和学习行为等信息，如"1xLg（Ⅰ）373"表示教室第一排左边的女学生 1x "认真听讲"行为出现了 373 次。

表 5-26 学生学习行为类型复合统计表　　　　　　　单位：次

编码	Lg（Ⅰ）	Rb（Ⅰ）	Lb（Ⅱ）	Rg（Ⅱ）	Lb（Ⅲ）	Rg（Ⅲ）	Lb（Ⅳ）	Rb（Ⅳ）
1x	1xLg（Ⅰ）373	1xRb（Ⅰ）207	1xLb（Ⅱ）227	1xRg（Ⅱ）207	1xLb（Ⅲ）133	1xRg（Ⅲ）235	1xLb（Ⅳ）280	1xRb（Ⅳ）224
2x	2xLg（Ⅰ）377	2xRb（Ⅰ）438	2xLb（Ⅱ）278	2xRg（Ⅱ）321	2xLb（Ⅲ）304	2xRg（Ⅲ）419	2xLb（Ⅳ）265	2xRb（Ⅳ）403
3x	3xLg（Ⅰ）9	3xRb（Ⅰ）8	3xLb（Ⅱ）0	3xRg（Ⅱ）38	3xLb（Ⅲ）11	3xRg（Ⅲ）3	3xLb（Ⅳ）3	3xRb（Ⅳ）9
4x	4xLg（Ⅰ）0	4xRb（Ⅰ）20	4xLb（Ⅱ）22	4xRg（Ⅱ）13	4xLb（Ⅲ）33	4xRg（Ⅲ）30	4xLb（Ⅳ）4	4xRb（Ⅳ）18
5x	5xLg（Ⅰ）0	5xRb（Ⅰ）13	5xLb（Ⅱ）32	5xRg（Ⅱ）38	5xLb（Ⅲ）6	5xRg（Ⅲ）14	5xLb（Ⅳ）2	5xRb（Ⅳ）15
6x	6xLg（Ⅰ）0	6xRb（Ⅰ）11	6xLb（Ⅱ）13	6xRg（Ⅱ）17	6xLb（Ⅲ）91	6xRg（Ⅲ）26	6xLb（Ⅳ）44	6xRb（Ⅳ）0
7x	7xLg（Ⅰ）87	7xRb（Ⅰ）112	7xLb（Ⅱ）144	7xRg（Ⅱ）158	7xLb（Ⅲ）240	7xRg（Ⅲ）83	7xLb（Ⅳ）159	7xRb（Ⅳ）53

续表

编码	Lg（Ⅰ）	Rb（Ⅰ）	Lb（Ⅱ）	Rg（Ⅱ）	Lb（Ⅲ）	Rg（Ⅲ）	Lb（Ⅳ）	Rb（Ⅳ）
8x	8xLg（Ⅰ）10	8xRb（Ⅰ）42	8xLb（Ⅱ）105	8xRg（Ⅱ）53	8xLb（Ⅲ）33	8xRg（Ⅲ）39	8xLb（Ⅳ）92	8xRb（Ⅳ）119
9x	9xLg（Ⅰ）0	9xRb（Ⅰ）3	9xLb（Ⅱ）35	9xRg（Ⅱ）10	9xLb（Ⅲ）0	9xRg（Ⅲ）1	9xLb（Ⅳ）2	9xRb（Ⅳ）2
10x	10xLg（Ⅰ）0	10xRb（Ⅰ）2	10xLb（Ⅱ）0	10xRg（Ⅱ）1	10xLb（Ⅲ）5	10xRg（Ⅲ）6	10xLb（Ⅳ）5	10xRb（Ⅳ）13

四、分析过程与结论

1. 学生个体学习行为特点解析

通过表 5-26 能清晰看到每个学生在这节课的整体表现，间接推断出其个性特征。Lg（Ⅰ）学生最多的行为是练习，认真听讲次之，有少量的东张西望行为，非常遵守课堂纪律，是所有学生中听讲频率最高的学生，但是不与同伴交流、不与助教交流，甚至也没有自言自语和离开座位的行为，显露出内向性格和留守儿童的特征。Rb（Ⅰ）学生行为多样，尤其以练习最多，且每种行为都有体现，说明比较活泼，也爱学习。Lb（Ⅱ）学生的主要行为是练习，频繁自言自语，很少主动回答问题，可能性格较为内向。Rg（Ⅱ）学生以练习和认真听讲为主，主动参与课堂，积极与助教交流，表现积极。Lb（Ⅲ）学生最常见的行为是练习并与同伴交往，但注意力分散。Rg（Ⅲ）学生行为全面但较少自言自语，表现活跃等。Lb（Ⅳ）学生认真听讲最多，但主动性不高。Rb（Ⅳ）学生主要的行为是练习，做小动作和离开座位的次数多，需要注意课堂纪律。

2. 整体学习行为特点分析

将表 5-26 中每一种行为可视化为柱状图，能够清晰地显示教学点学生每种行为的分布情况（图 5-12）。整体看，"认真听讲""练习"是最主要的学习行为，其次是"东张西望""做小动作"等无效学习行为，其他行为相对较少。

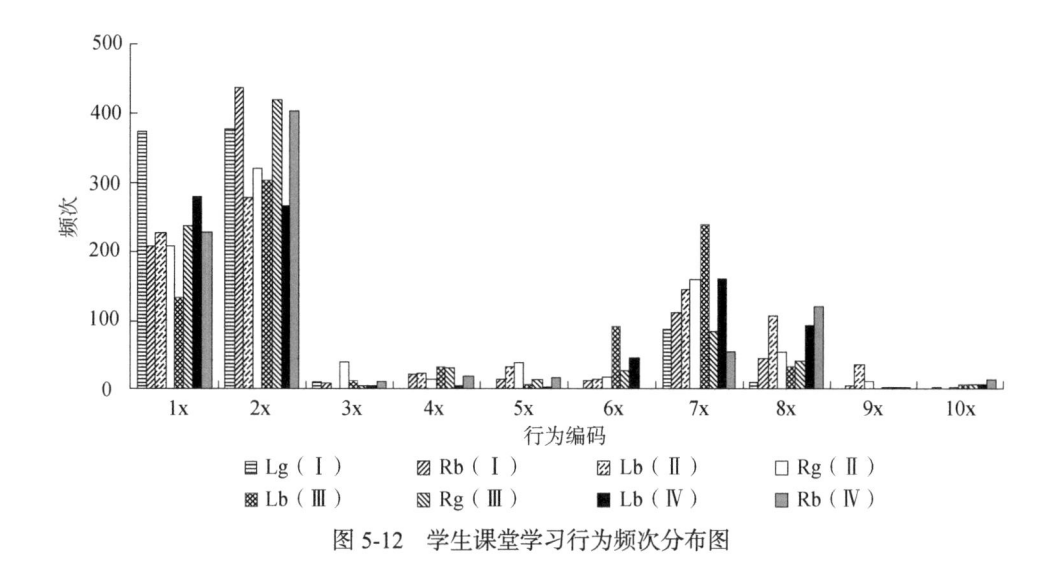

图 5-12　学生课堂学习行为频次分布图

3. 学生学习效率与座位空间的相关性分析

在学生行为编码表中，编码 1、2、3、5 是学生获得知识最主要的，也是最有效的行为类型，用学生时间利用率公式，将学生有效行为编码频次除以每分钟编码的总频次，经过数据处理可以依次计算每个学生每分钟的时间利用率，得到学生的时间利用率分布图。

$$学生时间利用率 = \frac{每分钟1、2、3、5编码的频次}{每分钟编码的总频次}$$

通过评估每个学生的时间利用率，能够分析其学习效率，通过对每个学生的学习效率进行整合分析，能够科学有效地衡量课堂教学效果。学生在学习相关活动上的时间投入比例是重要的效果评估指标。通过比较每分钟有效学习行为与总行为次数，我们获得了学生每分钟课堂学习时间利用率。该方法可以量化学生每节课的时间利用率，并通过图像可视化直观地展示全班学生的学习效率。在分析诸如座位位置等空间因素对学习效率的影响时，此类数据更具说服力。

图 5-13 显示，教室右侧 4 名学生的时间利用率曲线重合较高，分布集中，主要在 0.45 以上，表明右侧学生的整体时间利用率较高。Rb（Ⅰ）和 Rg（Ⅲ）学生的时间利用率相对稳定，大部分在 0.4 以上，说明他们在课堂上的学习效率高，注意力集中。Rg（Ⅱ）学生在课程中间阶段和 Rb（Ⅳ）学生在课程开始及中间阶段的时间利用率较低，表明他们进入有效学习状态效率较低，课堂中易出

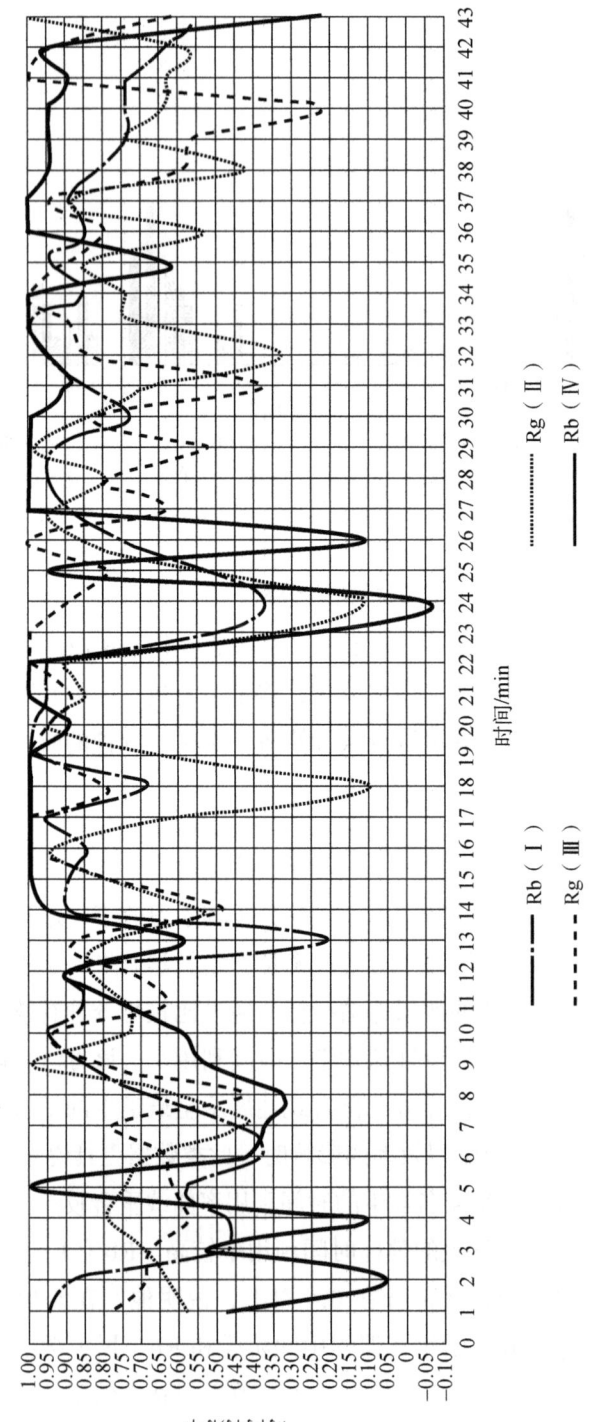

图 5-13 教室右侧学生时间利用率

现走神儿现象。

从图 5-14 可以看出，教室左侧学生的时间利用率分布较分散，各自的时间利用率差异较大，呈现出明显的个人差异。具体而言，Lg（Ⅰ）、Lb（Ⅱ）、Lb（Ⅲ）三名学生在上课 25 min、7 min、5 min，时间利用率降为 0，整节课的时间利用率波动大，反映出他们的注意力、持续力不稳定，易受外界干扰，自我调控能力较弱。Lb（Ⅳ）学生虽然时间利用率始终在 0.20 以上，但波动显著，表明其学习过程中的干扰与调整交替出现。

通过以上分析可以看出，教室右侧学生的时间利用率较左侧学生高。教室左侧坐的是课堂观察者，他们静坐观察课堂，不提供任何帮助行为；教室右侧是助教活动的区域，其为学生提供了有效的帮助，是否是有效的帮助行为提升了学生的学习有效性呢？为了进一步研究这个问题，我们对助教行为和右侧学生的学习行为进行了组合分析。

结合图 5-13 和图 5-14 分析，无论是教室的左侧还是右侧，教室第一排的学生时间利用率均高于后排学生，教室最后排学生的时间利用率波动最大。

4. 学生时间利用率与助教行为的相关性分析

根据表 5-25 的助教行为编码，我们对助教行为进行 3 s 切片的视频分析，通过归类统计，可以直观地展示该节美术课助教行为的分布情况（图 5-15）。我们将助教对学生的影响分为直接影响和间接影响，划分的依据是助教是否对学生产生了明显的行为与语言影响。助教的直接影响行为包括辅助教学、拍作业、指令、指导和鼓励，间接影响行为包括旁观和巡视。计算每分钟助教的直接影响与间接影响的比例，公式如下：

$$助教直接影响比例 = \frac{每分钟2、4、5、6、7编码频次}{每分钟总频次}$$

$$助教间接影响比例 = \frac{每分钟1、3编码频次}{每分钟总频次}$$

通过研究课例视频可以看出，由于助教长时间处于教室的右中部，与右边第二排的学生互动较多，所以助教行为对这些学生的影响尤为突出。也就是说，如果助教的行为与该生的有效学习无相关性，就可以得出助教的行为无法促进学生的有效学习，反之，如果助教的行为与该生的有效学习有相关性，就可以得出助教的行为促进了学生的有效学习。

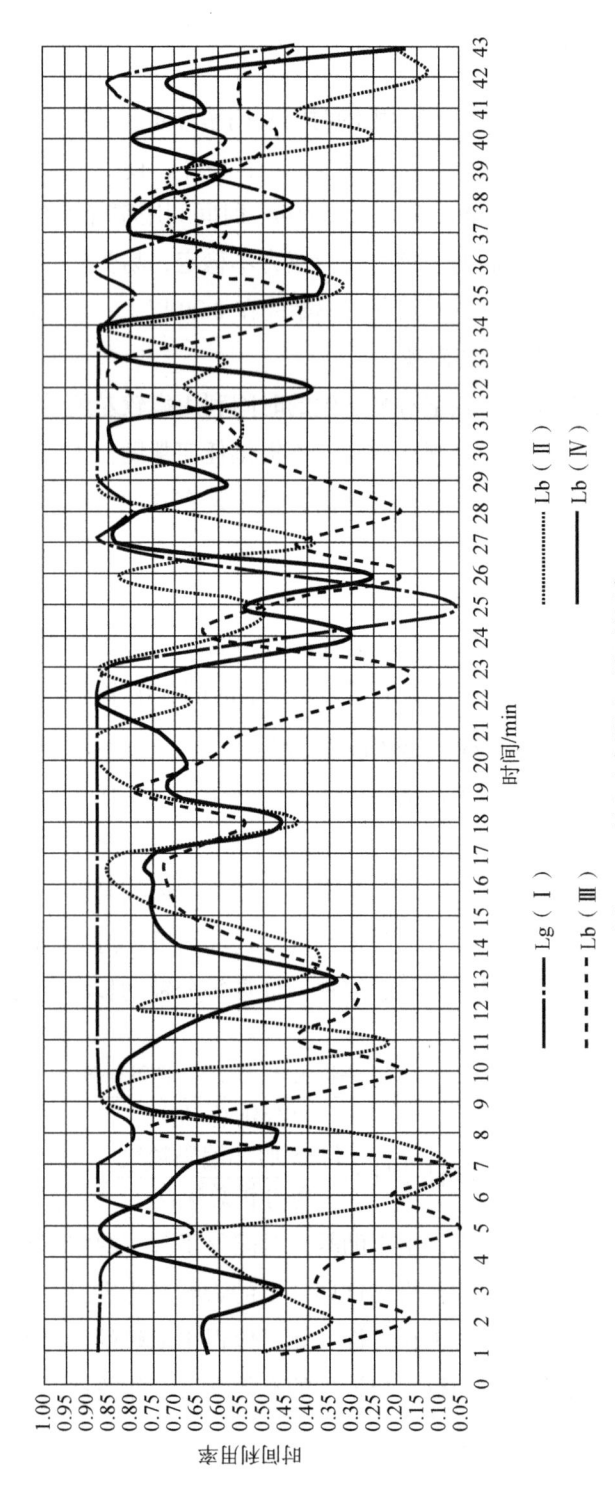

图 5-14 教室左侧学生时间利用率

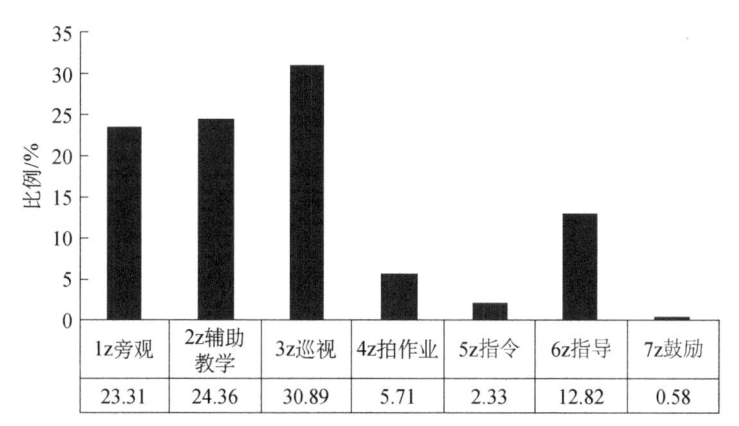

图 5-15 课堂教学过程中助教行为统计分布

	1z旁观	2z辅助教学	3z巡视	4z拍作业	5z指令	6z指导	7z鼓励
比例/%	23.31	24.36	30.89	5.71	2.33	12.82	0.58

根据图 5-16 和图 5-17，我们统计助教行为曲线与学生时间利用率曲线的峰谷对应频次。若两个曲线的峰谷相对应，说明它们呈正相关，反之则呈负相关。

观察图 5-16，可以得出助教的间接影响（例如，旁观或巡视）大多数时间与图 5-13 右侧女学生的时间利用率呈正相关。结合课堂录像分析，我们发现这可能有两个原因：①助教的隐性行为可能有助于维持学生的学习注意力，从而保障学生的高时间利用率。我们应关注助教的隐性行为对课堂的影响，并始终保持助教在场，以确保课堂效率。②当学生的时间利用率较高时，他们的注意力集中，故助教无须维持课堂纪律，仅需要旁观或巡视即可。

通过图 5-17 可以得出，助教的直接影响曲线大体上晚于学生的有效学习曲线变动。这可能意味着当学生的时间利用率降低时，助教开始进行直接介入，随后学生的时间利用率又呈现出上升趋势。因此，我们可以推断，助教的直接互动有助于促进学生的有效学习。

结合课堂视频进一步分析，助教的显性行为对课堂活动的顺利开展起到了重要的辅助作用，例如，递话筒帮助学生回答问题，递彩笔帮助学生进行画画练习，指导学生画画，以及通过命令引导学生的注意力转回课堂等，这些行为能够促进学生有效学习行为的发生，从而提升学习效率。

5. 学生性别与学习效率的相关性分析

根据图 5-18 和图 5-19，可以发现，总体而言，女生的时间利用率高于男生。女生的时间利用率大致维持在 0.75 左右，而男生的时间利用率除个别时段较高外，其他时段相对较低，甚至有些时段学习行为几乎没有发生。具体表现如下：

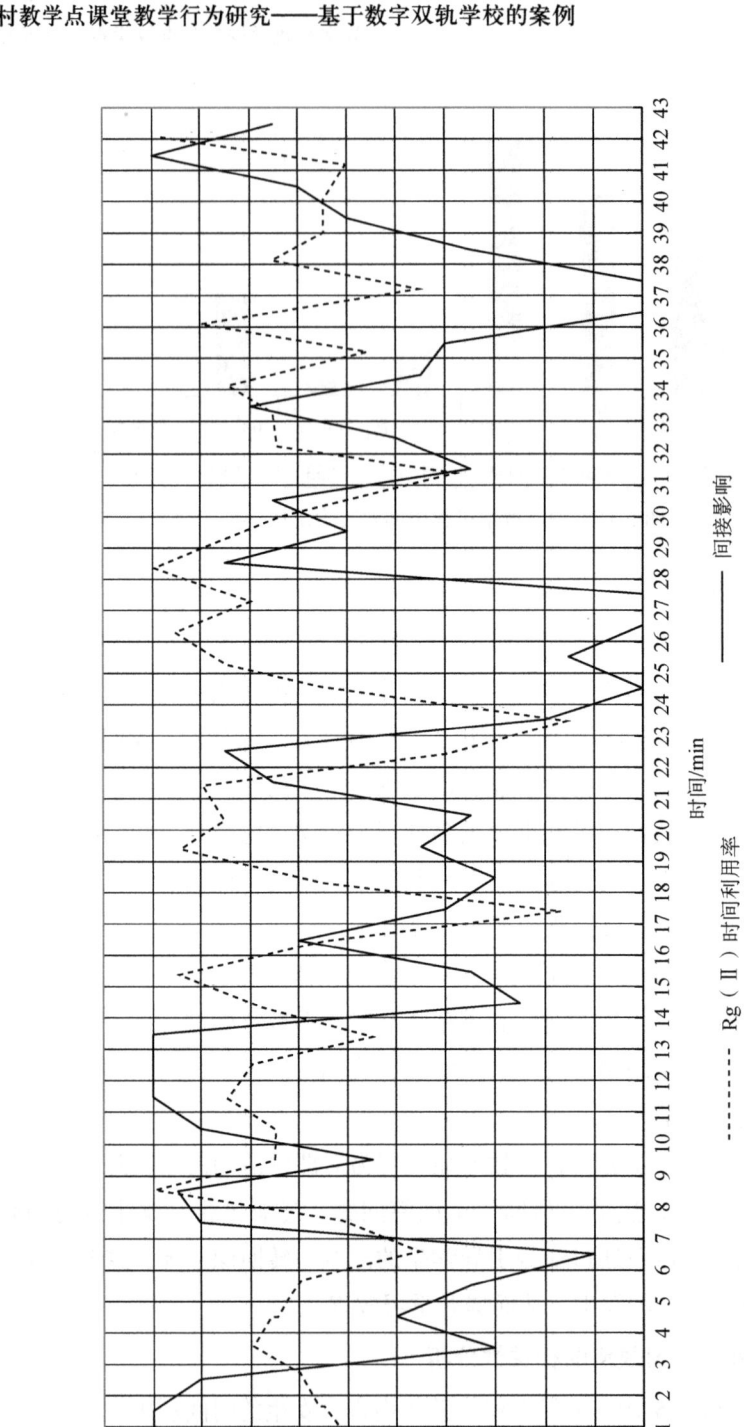

图 5-16 助教间接影响与学生学习效果

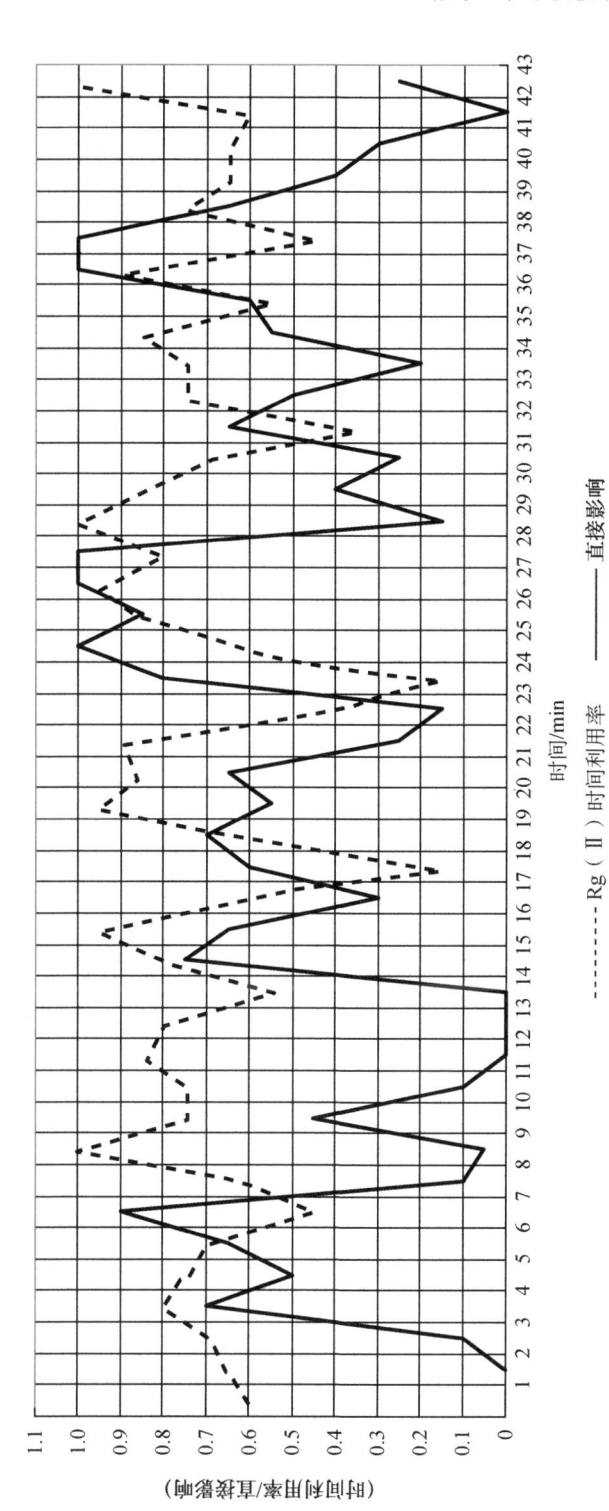

图 5-17 助教直接影响与学生学习效果

图 5-18 男生时间利用率

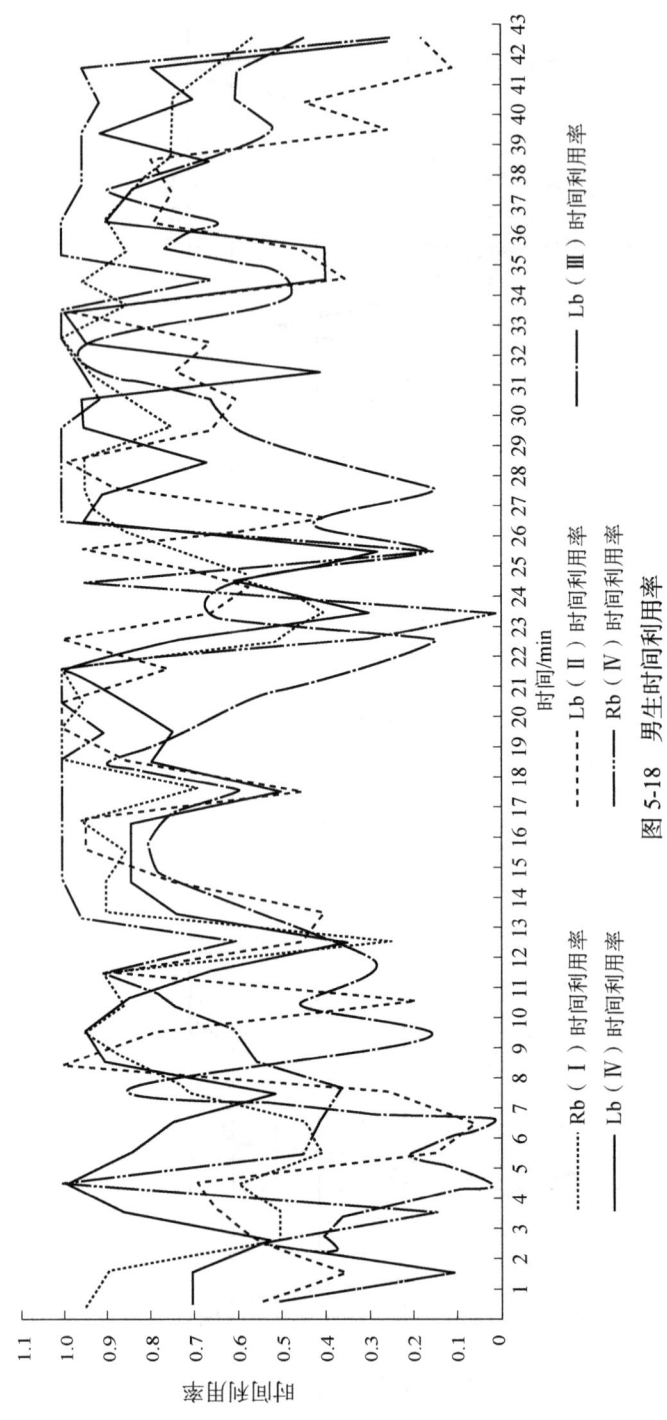

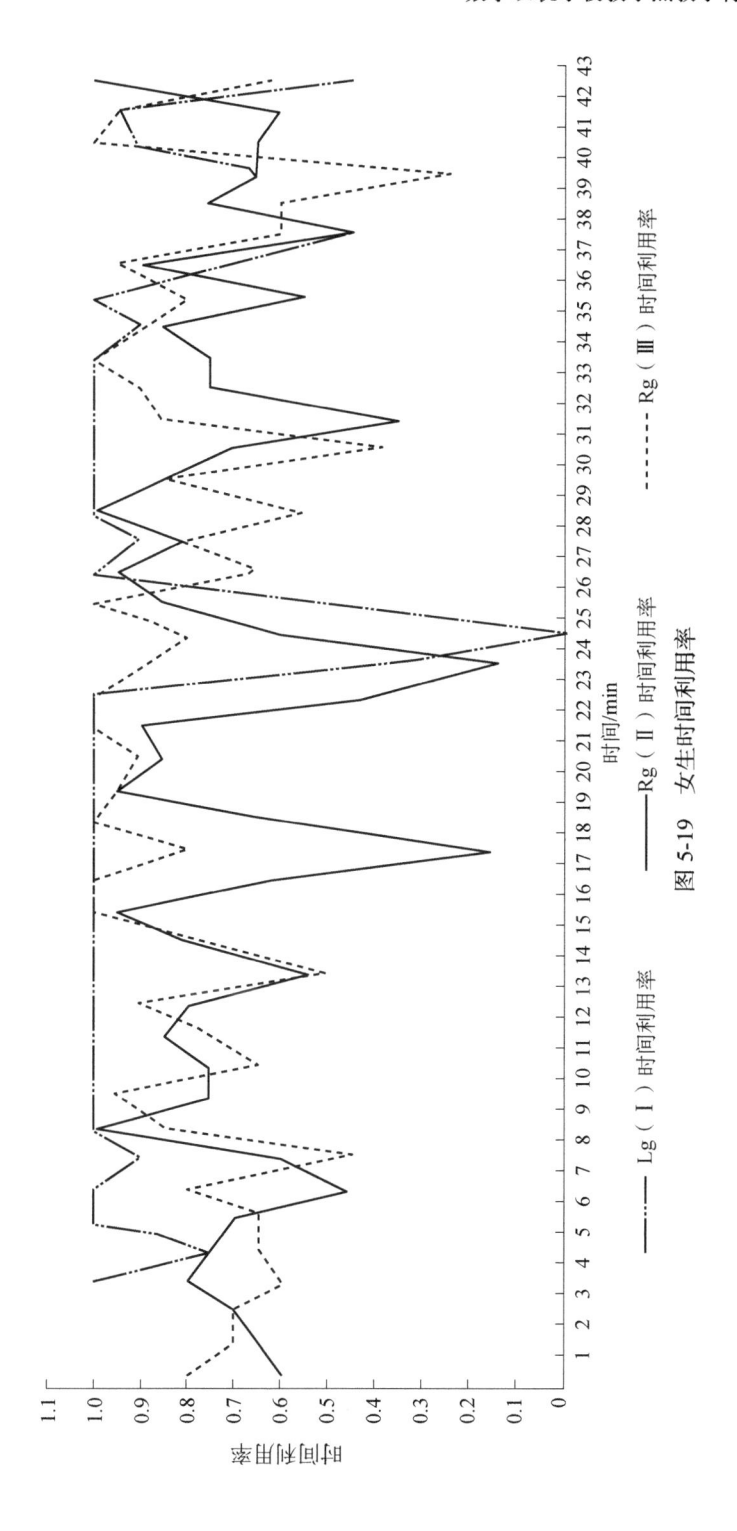

第五章
数字双轨学校教学点教学行为分析案例

图 5-19 女生时间利用率

1）男生。课堂前 15 min，男生的时间利用率普遍较低，时间利用率起伏变化大。此外，在课程开始 22—30 min，男生整体的时间利用率较低，与前后时间区间相比差别显著。最后，接近下课时，男生的时间利用率呈现下降趋势。

2）女生。在整堂课中，女生在 18 min、24 min、25 min、31 min、32 min、40 min 等个别时间节点的时间利用率较低，其他时间段的时间利用率则相对较高。同时，视频观察表明，女生整体上的自我表现力较强，注意力集中，时间利用率高，学习有效性较男生好。

五、教学建议

（一）关注教室的空间形制对学生学习有效性的影响

教室的空间形制会影响学生的学习有效性。我们通过研究发现，在数字双轨学校，教室的空间形制对学生的有效学习行为的发生率有显著影响。教室最后排学生的时间利用率波动最大。这可能和最后排学生与显示主讲教师画面的教学屏幕的空间距离远、临场感较前排学生弱有关。因此，助教需要重点关注位于教室后排的学生，并及时提供帮助。

（二）改善助教行为能显著提升学生学习的有效性

我们通过研究发现，教学点助教的行为与学生的有效学习行为密切相关，因此要充分发挥助教的作用。同步互动专递课堂的学生一般人数偏少，助教有能力关注每个学生。所以，在授课过程中，助教需要在主讲教师的指令下，辅助学生完成授课教师安排的学习任务，当学生难以回答主讲教师的问题时，给学生适当的提示；当学生走神儿或做小动作时，助教需要积极地维持课堂秩序。

（三）中心校教师和教学点助教必须紧密交流与配合

数字双轨学校课堂教学的有效开展，需要中心校主讲教师与教学点助教密切交流，包括课前沟通交流、课中紧密配合、课后积极交流反馈。对于课堂中需要的教学用具，比如，美术课中需要的彩笔，主讲教师应该提前告知助教课前准备好，避免上课时仓皇准备，耽误授课。另外，助教应该多向主讲教师反馈班上学生的状况，对于害羞、性格孤僻的学生，需要助教与主讲教师加强关注，引导学生多与同学和老师交流，促进每个学生身心的健康发展。

第五节　直播教学模式下的教学临场感表现质量评估探究——以山东省淄博柳泉中学 15 节直播课为例

一、案例简介

在远程直播教学中，由于教学环境的变化，师生之间的社会线索被弱化，学生容易产生诸多不良情绪，影响学习效果。教学临场感能够有效增强学生在线学习的临场体验，是影响直播课堂教学效果的重要因素。我们构建了直播教学模式下的教学临场感表现质量评估量表，并以山东省淄博柳泉中学的 15 节直播课为评估对象，运用课堂观察法与内容分析法进行量化和质性评估。研究结果揭示了教学临场感对直播教学效果的重要作用，并针对教师在直播教学课堂中如何建立良好的教学临场感、提升直播教学效果提出了建议。

二、研究背景及问题

（一）研究背景

直播教学是以计算机、多媒体和现代通信技术等为手段，将信息技术与现代教育教学思想有机结合的新型教育模式。①临场感是一种心理沉浸感，即通常所说的"身临其境"的学习感受。直播教学通过现代信息技术实现师生间的互动。有研究指出，在人机交互过程中，由于一些真实的社会线索无形中被过滤，容易导致学习者的临场感不足甚至缺失，从而使学习者在学习时产生孤独感与无助感，降低学习效率。②

针对这一现象，有研究者从教育学视角出发，提出了在线临场感的概念。他们认为在线临场感可以减少学习者在线学习过程中的焦虑感和孤独感，促进深度且有意义学习的发生。③在线临场感由教学临场感、社会临场感和认知临场感组成。教学临场感是指在实现具有个人意义和教育价值的学习成果时，对学习认知和社交过程进行设计、利用与管理④，可以理解为学习者感知教师的虚拟"可视性"。社会临场感是指学习者认同所在的社区，在信任的环境中有目的地进行交流，并通过投射个性发展人际关系的能力。⑤认知临场感是指学习者通过协作、对话和反思来获得意义建构和理解的程度。⑥在3种临场感中，教学临场感被认为是最基本的要素，对认知临场感和社会临场感起到了支持与联结的作用。

Garrison 等创立了在线临场感分析模型。该模型建构了认知临场感、社会临场感和教学临场感分析框架，系统地分析了各临场感之间的相互关系和作用过

---

① 胜楚倩. 远程教育直播课堂的教学模式研究[J]. 教育现代化，2018（14）：146-150.
② 腾艳杨. 社会临场感研究综述[J]. 现代教育技术，2013（3）：64-70.
③ Akyol Z，Garrison D R. Understanding cognitive presence in an online and blended community of inquiry：Assessing outcomes and processes for deep approaches to learning[J]. British Journal of Educational Technology，2011（2）：233-250.
④ Garrison D R，Anderson T，Archer W. Critical inquiry in a text-based environment：Computer conferencing in higher education[J]. The Internet and Higher Education，1999（2-3）：87-105.
⑤ Garrison D R. Communities of Inquiry in Online Learning[EB/OL]. (2009-01)[2024-10-30]. https://www.researchgate.net/publication/284740159_Communities_of_Inquiry_in_Online_Learning.
⑥ Garrison D R，Anderson T，Archer W. Critical inquiry in a text-based environment：Computer conferencing in higher education[J]. The Internet and Higher Education，1999（2-3）：87-105.

程。该框架作为分析和测量网络教学活动的工具被广泛使用，为教学临场感的分析和测量奠定了基础。目前，对教学临场感进行实证研究的研究者大多采用个案研究，使用的分析方法主要有内容分析法和问卷调查法。例如，Anderson 等在 Garrison 等研究的基础上，于 2001 年根据教学临场感评价模型的 3 个基本要素，建立了包括 18 个二级指标体系的计算机会议系统文本内容分析框架。[1]Shea 等于 2003 年编制了教学临场感测量调查问卷，分析了各题项所属维度与学习状况的相关程度。[2]这些研究对于理解和提升网络教学质量具有重要意义。它们提供了系统化和实证化的工具，能衡量和提升网络教学的临场感，这对于提高学生的参与度和积极性，以及提升他们的学习效果极为重要。

（二）研究问题

随着教学临场感分析框架在异步且基于文本的网络课程中的广泛应用，有研究者证实了在线同步课程中教学临场感的存在[3]，并在半同步、同步在线课程中开展了探索性研究[4]。但关于直播课堂教学模式中教学临场感应用的研究较少，且少有针对中等教育课程的研究。直播课堂中，教师通过语音视频、讨论区与学生进行互动交流，可以被认为是一种同步、半文本的学习交互模式。对直播教学模式下的课堂教学临场感进行分析，一方面，能拓展教学临场感的分析和应用领域；另一方面，有助于优化教师在直播教学中的教学临场感。

在网络教学环境中，教学临场感的分析不仅应考虑强度，还应关注表现质量。教师的教学临场感表现质量直接关系到在线学习效果。目前，少有基于表现

---

[1] Anderson T，Rourke L，Garrison D R，et al. Assessing teaching presence in a computer conferencing context[J]. Journal of Asynchronous Learning Networks，2001（2）：1-17.

[2] Shea P J，Pickett A M，Pelz W E. A follow-up investigation of "teaching presence" in the SUNY Learning Network[J]. Journal of Asynchronous Learning Networks，2003（2）：61-80.

[3] Ling L H. Community of inquiry in an online undergraduate information technology course[J]. Journal of Information Technology Education，2007（6）：153-168.

[4] Chou C C. A comparative content analysis of student interaction in synchronous and asynchronous learning networks[EB/OL]. (2002-01)[2024-10-15]. https://www.researchgate.net/publication/232644688_A_Comparative_Content_Analysis_of_Student_Interaction_in_Synchronous_and_Asynchronous_Learning_Networks_PDF；Wang Y P，Fang W C，Han J，et al. Exploring the affordances of WeChat for facilitating teaching，social and cognitive presence in semi-synchronous language exchange[J]. Australasian Journal of Educational Technology，2016（4）：18-37；邵金沙. 专递课堂中学习者临场感影响因素研究[D]. 华中师范大学，2019.

质量评估视角的教学临场感研究。因此，本研究试图回答的问题是：从表现质量评估视角出发，直播教学模式下的教师教学临场感有何特点？存在什么问题？如何进行优化与改进？

三、研究过程与结果

（一）选取研究样本

本研究以山东省淄博柳泉中学为案例进行分析。该校于 2020 年 2 月实施在线教学方案，积累了丰富的直播授课经验，可以作为研究直播教学模式的典型样例。借助"无限宝直播教学平台"，教师能在主讲区投屏、讨论区交流及使用多项互动工具。在线课堂设置了助教，负责辅助管理和解答学生的问题，确保教学顺利、高效地进行。

（二）制定质量评估量表

目前，在网络课程中使用较广泛的教学临场感编码表是 Anderson 等构建的教学临场感分析框架。[①]该框架由设计与组织、促进对话、直接指导 3 个基本部分构成，每个部分包含若干内容和分析指标，共 18 个编码类目。其中，设计与组织维度是从宏观层面进行的教学过程规划，涉及与网络学习相关的媒体使用和礼仪规范等。促进对话维度主要强调学习环境的建构，包括活跃开放的讨论气氛与积极融洽的课堂氛围。直接指导维度则与课程具体的学习内容相关，如教学内容的呈现、拓展、反馈等。

我们根据教学临场感分析框架，构建了直播教学模式下的教学临场感表现质量评估量表。根据研究对象与直播课堂教学的实际情况，在对直播课堂进行预观察的基础上，借鉴已有的研究成果，并运用德尔菲法完成对直播课堂教学临场感

---

① Anderson T，Liam R，Garrison D R，et al. Assessing teaching presence in a computer conferencing context[J]. Journal of Asynchronous Learning Networks，2001（2）：1-17.

表现质量评估量表的构建。首先，对 Anderson 的教学临场感分析框架进行局部调整：参考 Shea 等[①]、Arbaugh 等[②]的量表用法，"寻求/达成共识或理解""总结讨论结果"两项指标反映了教师在活动展开过程中总结学生的观点，以引导其达成共识，将其合并为"寻求/达成共识或理解"；参考 Arbaugh 的量表用法，将"确认学生理解""诊断错误认识"两项指标合并为"确认学生理解"。此外，将"聚焦对话"的内涵延伸为"聚焦学习内容"。然后，根据前人对教学临场感量表编码和问卷内容的阐述，结合课程设计、组织及教学干预的相关理论研究，以反映编码核心内容和可操作性为原则，从内容质量、语言表述、实际效果角度出发，针对每个二级编码制定两个指标作为观察要点。最后，运用德尔菲法，邀请 1 名课程教学论专家和 1 名一线教研员对拟定的评估量表提出修改意见，经多轮修改后，最终确定的直播课堂模式下的教学临场感表现质量评估量表由 3 个一级编码、16 个二级编码、32 个观察要点构成（表 5-27）。

表 5-27　直播课堂模式下的教学临场感表现质量评估量表

一级编码	二级编码	编码规则	示例	观察要点
A.设计与组织	1. 设置课程	清晰传达重要的课程目标及学习主题	"这节课我们来学习……"	①学习目标及主题的表述清晰 ②学习目标及主题有具体说明
	2. 设计学习方法	清晰说明参与课程学习活动的方法，如阅读、观察、分组讨论等	"下面请大家仔细观察这幅图中的……"	①对学习方法进行明确指示 ②基于问题情景或案例展开学习活动
	3. 确认活动时长	明确开展活动的时长，帮助学生跟上学习进度	"3 分钟后我请同学来发言。"	①清晰、具体地指出活动的时长 ②活动任务的时长安排恰当
	4. 有效使用媒体	提示学生使用工具以促进学习	"请把你们的答案写在讨论区内。"	①清晰指示或示范使用何种媒体工具 ②所使用的媒体能促进双向互动
	5. 规范网络礼仪	明确直播学习环境中的行为规范	"请不要讨论与课程无关的内容。"	①明确规范的时机恰当 ②指令清晰有效，课堂纪律良好

---

① Shea P, Pickett A M, Pelz W. A follow-up investigation of "teaching presence" in the SUNY learning network[J]. Journal of Asynchronous Learning Networks, 2003（2）：61-80；Shea P, Li C S, Pickett A M. A study of teaching presence and student sense of learning community in fully online and web-enhanced college courses[J]. The Internet and Higher Education, 2006（3）：175-190.

② Arbaugh J B, Cleveland-Innes M, Diaz S R, et al. Developing a community of inquiry instrument: Testing a measure of the community of inquiry framework using a multi-institutional sample[J]. The Internet and Higher Education, 2008（3-4）：133-136.

续表

一级编码	二级编码	编码规则	示例	观察要点
B. 促进对话	6. 确定意见一致与否	确定学生意见一致与不一致的方面	"A同学认为……，而B同学认为……"	①采用商讨式、征询式话语促进对话 ②明确指出观点一致与不一致的方面
	7. 寻求/达成共识或理解	综合学生观念，设法达成共识	"所以大家认为……"	①对学生的观点进行清晰、中肯的总结 ②学生对讨论结果达成共识
	8. 鼓励、承认学生	鼓励、承认或促进学生发言，对学生的观点表示认同	"很好，你准确地描述了东北三省的位置。"	①语气真诚，有助于激发学习动机 ②具体指出学生发言中好的方面
	9. 营造学习氛围	鼓励学生在课程中大胆发言	"不要羞于表达自己的想法……"	①采用激励性而非强迫/命令式话语 ②课堂氛围愉快积极，师生关系融洽
	10. 吸引学生参与对话	通过提问或指示吸引学生积极参与学习活动	"对于这个问题，谁还有其他想法？"	①提问或指示面向全体学生 ②学生主动参与对话
	11. 评价过程的有效性	评价学生回答中思路、方向的正确性	"大家提到了健康问题，注意讨论的话题是心理健康……"	①能对观点质量、思维方向等做出客观评价 ②提出后续的对话方向
C. 直接指导	12. 呈现问题/内容	教师呈现内容或提问	"为什么这里适宜发展工业？"	①问题/内容陈述具体，有引导性 ②对话内容聚焦于开放性问题
	13. 聚焦学习内容	帮助学生集中注意力或做好课前准备	"这一内容很重要，大家仔细听。"	①教师提醒的时机恰当 ②明确聚焦学习的具体方式
	14. 确认学生理解	通过评价或反馈来确保学生理解	"从……的角度，这一做法不可行，因为……"	①能诊断学生认知存在的问题或学习进度 ②针对认知错误再次提问或提供思考方向
	15. 补充学习内容	教师补充各种渠道的学习信息（文本、相关网站）	"如果想了解更多这个问题，可以下载群里的文件。"	①资源获取便捷 ②资源为学生所需
	16. 回应问题	教师回应学生提出的课程或技术问题	"A同学刚刚问……，这是因为……"	①对学生提出的课程相关问题及时回应 ②回应浅显易懂、能解答学生的疑惑或具有启发性

（三）确定质量评估方案

1. 评估对象

2020年2月14日至4月8日，我们以助教身份通过"无限宝直播教学平台"，不定期录制柳泉中学的初中直播教学视频。我们利用分层抽样的方法，从语文、英语、地理、历史和数学 5 门学科中各抽取 3 位不同授课教师的视频样本，样本的课型均为新授课。由于课堂录像时长为 30—40 min 不等，部分录像包含自主学习等非正式授课内容，故从 15 个视频样本中分别随机选取 20 min 的正式授课片段作为研究对象。授课片段的基本信息如表 5-28 所示。

表 5-28　授课片段的基本信息

编号	科目	年级	教学内容	授课日期	视频选取范围
C1		初二	老王	4 月 2 日	0:0:00—0:20:00
C2	语文	初二	叶圣陶先生二三事	4 月 7 日	0:5:00—0:25:00
C3		初三	记承天寺夜游	2 月 18 日	0:5:00—0:25:00
E1		初一	I'm watching TV	4 月 7 日	0:0:00—0:20:00
E2	英语	初二	Can you come to my party?	4 月 3 日	0:10:00—0:30:00
E3		初三	Could you please…?	3 月 20 日	0:5:00—0:25:00
G1		初一	撒哈拉沙漠以南的非洲	4 月 7 日	0:15:00—0:35:00
G2	地理	初二	东北三省	2 月 18 日	0:5:00—0:25:00
G3		初三	农业	2 月 19 日	0:5:30—0:25:30
H1		初一	隋唐	4 月 3 日	0:5:50—0:25:50
H2	历史	初二	土地改革	2 月 14 日	0:0:00—0:20:00
H3		初三	战后资本主义的新变化	2 月 14 日	0:5:00—0:25:00
M1		初一	平行线的性质	4 月 7 日	0:2:30—0:22:30
M2	数学	初一	平行线的综合应用	4 月 8 日	0:0:00—0:20:00
M3		初二	二元一次方程组的应用	2 月 16 日	0:0:00—0:20:00

注：C、E、G、H、M 分别为语文、英语、地理、历史、数学课。

2. 内容编码

分析单位是指观察、记录和分析数据的离散文本元素。Rourke 等确定了内容分析法中常用的 5 个分析单元，分别是命题单元、主题单元、段落单元、句子单元和消息单元。[①]其中，句子单元按照话语结构进行划分，具有较可靠的标识属性，符合直播教学模式中教师话语的转录方式。我们将 15 个教学片段中教师（包括主讲教师与助教）体现教学临场感的话语按照句子单元划分，并运用内容分析法逐一审查每一个句子中体现的教学临场感编码内容，若一个句子单元包含

---

① Rourke L，Andreson T，Garrison D R，et al. Assessing social presence in asynchronous text-based computer conferencing[J]. Journal of Distance Education，1999，14：50-71.

多个编码信息，则运用消息单元进行多次编码，但句子总数不变。经过转录和单元划分，得到共计 945 个句子样本、1120 个编码。

3. 编码的信效度检验

为了确定编码程序的可靠性，两名研究员在熟悉编码框架内容的基础上进行背对背编码，并使用 SPSS 25.0 对编码结果进行信效度检验。研究使用 Cohen 的 Kappa 系数反映了编码的一致性程度，其计算公式为 $k=\dfrac{F_O-F_C}{N-F_C}$。其中，N 为编码者做出的判断总数，F_O 为编码者同意的判断数，F_C 为偶然达成一致意见的判断数。[1]Kappa 系数值的评价标准是：大于 0.75 或 0.80 表示具有较高的一致性；低于 0.40 表示编码的一致性水平较低；介于两者之间表示一致性水平良好。

结果显示，研究者内部信度的 Kappa 系数为 0.779（>0.75），说明初步拟定的编码指标具有较好的区分度，样本编码的可信度较高。随后，两名研究员针对编码结果不一致的部分进行比较和讨论，直至形成统一判断，最终协商的编码结果用于后续的评估分析。经研究协商，最终确定 1082 个编码。

4. 评估方法

我们参考 ACOP（AIM classroom observation protocol）课堂质量评估系统的评估方法[2]对编码结果进行评分，以反映教师教学临场感的表现效果。该系统采用量化评分和质性评估相结合的综合评估方法，设置了核心指标评分（ratings of key indicator）、综合评分（synthesis rating）和综合评分的证据支持（supporting evidence for synthesis rating）3 个评估模块。评估模块的设置旨在减小评估的主观性，对直播课堂的教学临场感质量进行有效观察和评估。表 5-29 是本研究的评估模块、评估方法及其描述。

表 5-29 评估模块、评估方法及其描述

评估模块	评估方法	方法描述
A. 核心指标评分	利克特三点量表	由两名经过培训的研究员根据核心指标对应的观察要点，判断每一编码单元在多大程度上符合教学临场感期望。依据满足观察要点的个数设 3 个分值，对应三级水平，得分越高（水平越高），表示该指标越符合期望。符合两个观察要点计分为 3，符合一个观察要点计分为 2，两个观察要点均不符合计分为 1

---

[1] Neuendorf K A. The Content Analysis Guidebook[M]. Thousand Oaks：Sage Publications，2002：146-166.
[2] 周丐晓，刘恩山. 从美国 ACOP 课堂教学质量评估系统看对有效教学的追求[J]. 外国教育研究，2020（5）：103-118.

续表

评估模块	评估方法	方法描述
B. 综合评分	利克特五点量表	综合评分是研究员对该编码下教学临场感的整体评价，而非二级编码得分的均值。为了区分水平程度，采用利克特五点量表计分，研究员判断该二级编码在多大程度上符合教学临场感期望，计分为1—5分，依次对应5级水平。1—5依次为非常不符合、不符合、不确定、符合和非常符合
C. 综合评分的证据支持	质性观察记录	该部分通过质性观察和描述的方式，对教师的教学临场感表现进行评估。要求研究员用简洁的文字对综合评分的依据做出详细的阐述，包括课堂特征、教师行为、学生行为、类型丰富度等，同时尽可能多地提供相关证据和示例支持自己的评估结果

（四）分析教学临场感表现质量评估结果

下面在对评估对象的整体编码分布情况进行分析的基础上，从整体质量、核心指标水平分布、综合评分情况三方面，对教师的教学临场感表现质量进行评估。最后，分析主讲教师与助教在直播教学中的教学临场感表现。

1. 教学临场感编码的整体分布情况

编码的分布情况从整体上反映了评估对象的教学临场感状态。研究样本的教学临场感编码分布如图5-20所示。在直播课堂中，教师在"直接指导""促进对话""设计与组织"上均表现出了较强的教学临场感，其中"直接指导"的教学临场感强度最大。"呈现问题/内容""鼓励、承认学生""吸引学生参与对话""设计学习方法"的编码量占比较大，反映了教师通过同步直播平台在该类别上与学生进行了更充分的互动。"寻求/达成共识或理解""确定意见一致与否"的占比较低，体现了在直播教学中师生间没有充足的时间确定共识达成和意见一致。

2. 教学临场感整体质量以良好为主

为了更清晰地反映教学临场感的整体质量情况，按照百分制换算每个教学片段的标准分。根据计算结果（表5-30），评估对象的标准分为74.8—84.4，整体均分为79.3，说明直播课堂的教学临场感整体质量以良好为主，无对象达到优秀级别（85分及以上）。此外，在学科分布上，直播教学片段的教学临场感质量存在一定的差异，但差异不显著。

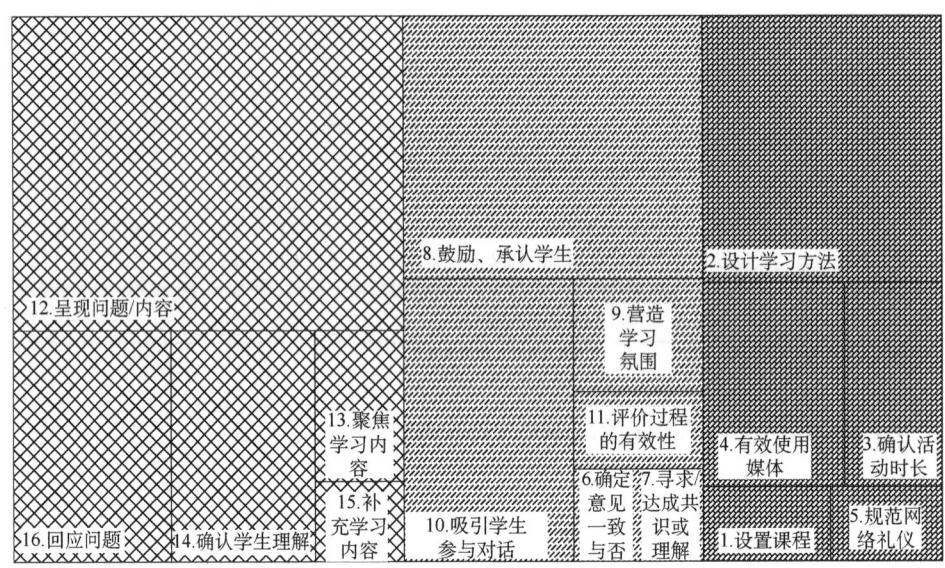

▨ A.设计与组织 ▤ B.促进对话 ⊠ C.直接指导

图 5-20 样本片段中教学临场感编码分布

注：图中不同的板块颜色代表不同的一级编码类别，板块面积表示各编码类别的占比，板块的内外部位置表示类别的层级大小

表 5-30 15 个教学片段的教学临场感评估得分

教学片段	编码总数	研究员 1 编码总分	研究员 1 标准分	研究员 2 编码总分	研究员 2 标准分	平均值 编码总分	平均值 标准分
C1	36	86	79.6	84	77.7	85.0	78.7
C1	50	122	81.3	113	75.3	117.5	78.3
C3	38	90	78.9	90	78.9	90.0	78.9
E1	91	212	77.6	205	75.0	208.5	76.3
E2	86	209	80.9	199	77.1	204.0	79.0
E3	91	228	83.4	222	81.2	225.0	82.3
G1	88	210	79.5	203	76.8	206.5	78.2
G2	69	171	82.5	157	75.8	164.0	79.2
G3	105	266	84.4	264	83.7	265.0	84.1
H1	89	217	81.2	213	79.7	215.0	80.5
H2	82	200	81.2	199	80.8	199.5	81.0
H3	57	135	78.9	131	76.5	133.0	77.7
M1	85	210	82.3	209	81.9	209.5	82.1
M2	65	151	77.4	146	74.8	148.5	76.1
M3	50	116	77.3	117	77.9	116.5	77.6

注：C、E、G、H、M 分别为语文、英语、地理、历史、数学课；标准分的换算公式是：标准分 $=33.33\times\dfrac{\text{编码总分}}{\text{编码总数}}$

3. 核心指标的教学临场感水平分布

表 5-31 显示了两名研究员对 3 个一级编码的评分情况。由此可见，教师的教学临场感话语在"设计与组织""促进对话"一级编码上的水平接近，且高水平编码的比例大。尽管"直接指导"的编码占比大，其高水平编码的比例却低于"设计与组织""促进对话"。这说明在直播课堂环境中，教师在直接指导上的教学临场感表现还有较大的提升空间。

表 5-31　15 个教学片段的教学临场感评估得分　　　　　单位：%

一级编码	研究者	水平三	水平二	水平一
A. 设计与组织	研究员 1	61.86	37.52	0.62
	研究员 2	64.28	35.10	0.62
	平均	63.07	36.31	0.62
B. 促进对话	研究员 1	62.80	34.00	3.30
	研究员 2	61.90	36.40	1.80
	平均	62.35	35.20	2.55
C. 直接指导	研究员 1	52.60	47.00	0.40
	研究员 2	52.00	48.00	0.00
	平均	52.30	47.50	0.20

研究员对 16 个二级编码进行了评分。整体上看，除编码 8 外，两名研究员对其余编码的评估结果差异较小。根据各编码在水平三所占的比例，以 20% 为组距，可以将 16 个二级指标分为 5 个等级。编码 3、5、6、9 和 15 属于核心指标等级五，编码 4、11、14 的质量次高，属于核心指标等级四。编码 8 和 13 处于中间等级。编码 1、2、7、10 和 16 属于核心指标等级二。在众多编码中，编码 12 反映的教学临场感表现质量最低，为等级一。

在"设计与组织"环节，直播课堂中教师的课堂组织临场感较高，而在课程和学习方法设计上稍显不足。教师在编码 3 "确认活动时长"、编码 5 "规范网络礼仪"和编码 4 "有效使用媒体"上的教学临场感水平较高。结合编码的评估情况分析，直播教学中教师一般会在课前明确学习规范及活动时间安排，课中能按照设定时间组织活动，以便学生对课程安排有清晰的认识。此外，大部分媒体工具能有效地促进师生、生生的双向交互，如讨论区、抢答器、举手等，这些工具的使用有利于增加直播课堂中学生的临场体验，提高学习参与度。评估水平较低的是编码2"设计学习方法"，原因是学习活动较少基于问题情景或案例展开，缺少"浸润式学习"设计。

在"促进对话"环节，师生的互动积极，但课堂互动的覆盖面有限。编码6"确定意见一致与否"、编码9"营造学习氛围"和编码11"评价过程的有效性"大部分位于水平三，教学临场感表现质量较高，说明教师在直播教学环境中营造了积极的课堂氛围，善于引领学生的思维方向。编码10"吸引学生参与对话"处于水平二的居多。结合具体情况来看，柳泉中学以年级为单位开展直播教学，师生人数比悬殊（约1∶250），教师虽指示学生通过举手、抢答等形式参与学习活动，但大多以点名的方式提问。师生间的实质性互动局限于少数被点名的学生，其余学生的参与感偏低。

在"直接指导"环节，教师善于调动学生积极思考，但问题的开放程度不足。编码14"确认学生理解"和编码15"补充学习内容"的评级较高。编码14需要教师对学生的回答进行梳理并引导学生的思维方向。在实际教学中，这对于发展学生的思维能力、促进深度学习尤为重要。就编码15而言，大部分直播课堂以讲练结合的方式教学，教师在课中和课后发布练习题检测学生的学习效果，能及时获得教学反馈。在编码12"呈现问题/内容"中，教师呈现的大部分问题或内容都较为具体、明确，但大多数属于封闭性问题，能引发学生高阶思维发展的开放性问题较少（图5-21）。

4. 核心指标的教学临场感综合评分

核心指标等级是教师教学临场感表现质量的微观评估结果，而综合评分等级是研究者对各个二级指标进行的总体评价，它从宏观角度反映了各编码的整体质量，弥补了核心指标评价整体性不足的问题。将二者相结合，能最大限度地提高教学临场感质量评估的全面性和准确性。

两位研究员综合评分的Kappa系数为0.902（p=0.000），评分的一致性程度很高。由图5-22可以发现，核心指标等级与综合水平等级在编码7、编码8、编码10和编码15的等级差距较大，说明从单一的视角进行4个编码的质量分析，容易导致评估的片面性，需要从多角度进行分析。

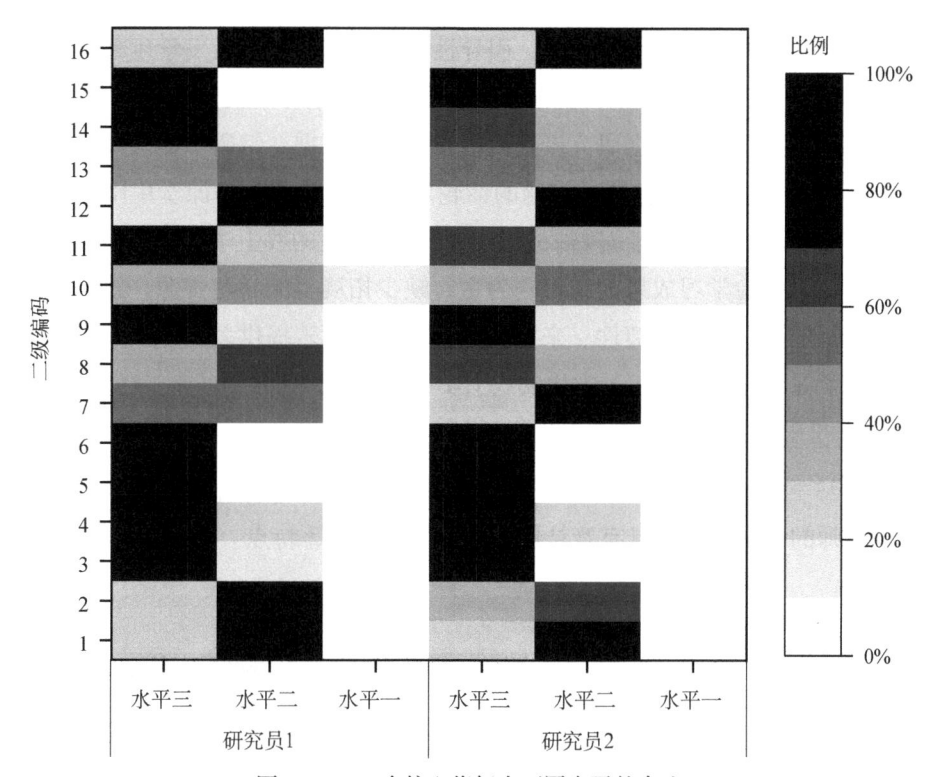

第五章
数字双轨学校教学点教学行为分析案例

图 5-21 16 个核心指标在不同水平的占比

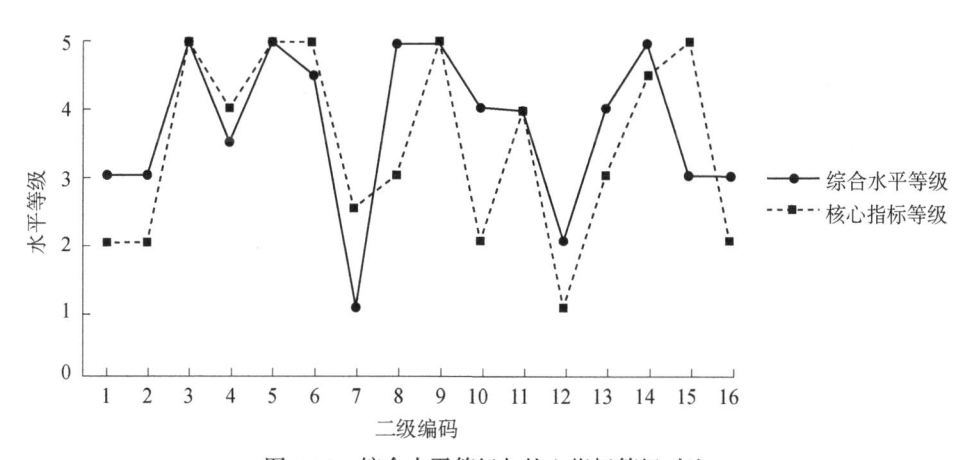

图 5-22 综合水平等级与核心指标等级对比

编码 8 和编码 10 的综合水平等级比核心指标等级高。结合评估细节来看，教师在这两个编码的教学临场感话语频繁，在有限的课堂时间内部分话语未达到高水平，但教师的话语亲切、真诚，引导性强，能够极大地激发学生参与课堂活动的兴趣，整体上营造了较浓厚的线上学习氛围。相对来说，编码 7 和编码 15 的综合水平等级较低，根据研究者提供的质性支持证据，编码 7 的教师临场感话语量较少（仅 4 次），针对同一问题的话轮较少，反映了直播课堂中师生间较少引发深入的学习讨论。对于编码 15，教师提供了便捷的线上学习资料，但资源类型较单一，以检验学习成果的练习题为主，缺少拓展类的学习资源。线上教学的突出优点是资源获取的便捷性、来源的丰富性，教师若提供多元化的学习资源供学生选择学习，能更好地满足学生的线上学习需求。

5. 主讲教师与助教的核心指标水平分布

图 5-23 显示了助教与主讲教师各自的教学临场感水平分布，分析发现，助教与主讲教师的教学临场感具有互补性与增强性两个显著特点。

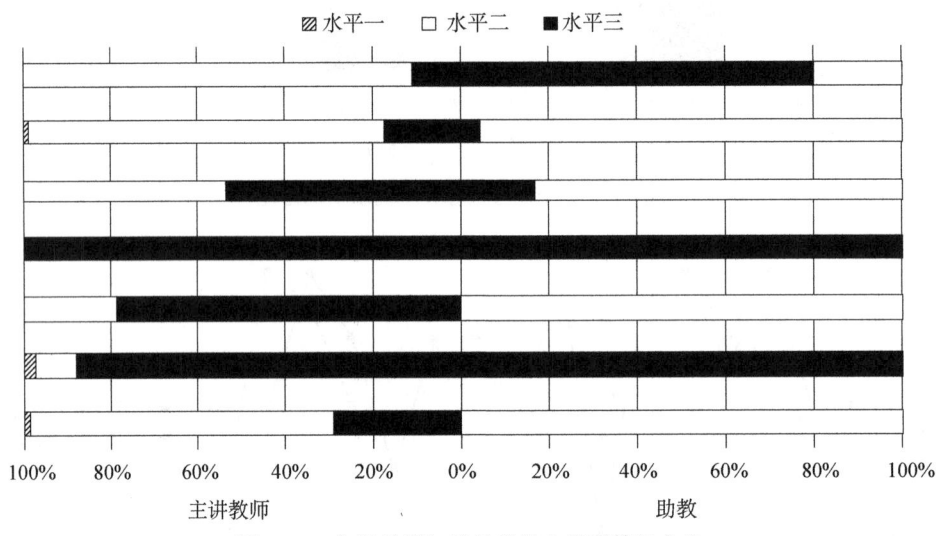

图 5-23　主讲教师与助教的核心指标等级占比

编码 3 "确认活动时长"和编码 5 "规范网络礼仪"的助教教学临场感表现质量水平较高，对教师整体的教学临场感起到了增强作用。助教在讨论区内复述教师对时长安排的重要性话语，便于受网络卡顿影响和注意力转移的学生跟上学习进程。此外，多次以留言的形式规范学生的线上学习行为，是助教协助主讲教师管理课堂的直接体现。

对比发现，编码16"回应问题"的助教教学临场感表现质量远高于主讲教师，较好地弥补了主讲教师教学临场感偏低的不足。质性观察记录显示，助教对学生问题的回应及时，且更具针对性。尤其是在主讲教师与学生交互的过程中，主讲教师容易专注于个别学生的回答而忽略其他学生在讨论区的发言，而助教往往能通过留言对学生的生成性问题或疑虑与困惑进行解答。

四、总结与讨论

（一）研究结论

通过对15个直播教学片段的教师教学临场感话语进行质量评估，我们得出了以下结论。

1）评估对象中教师的教学临场感表现质量整体处于中上水平。

2）教师在设计与组织直播课程，以及促进课堂对话中的临场感表现更佳，但在直播教学过程中未能高质量地给予学生直接指导。

3）在直播课堂上，师生的互动较频繁，教师注重积极引导，学习氛围较浓厚，但活动的深入性、情景性不足，问题的开放性有待提高，课堂互动的覆盖面有限。

4）课外学习资源的丰富度欠佳，互联网的资源优势在直播课堂中缺少充分体现。

5）助教与主讲教师的教学临场感表现出增强性与互补性的特点。

（二）教学启示

教学临场感对直播学习效果有重要影响，本研究的分析结论对直播教学模式下优化教师的教学临场感、提升在线课堂教学效果有如下启示。

1. 借助课程组织与学习氛围营造，优化教师教学临场感

课程设计与组织是实现有效直播教学的关键环节，学生能从教师对学习活动的安排中感受到教师的支持，从而建立学习临场感。例如，在英语课例 E3 中，教师正式上课前便列出各时间段的学习内容并强调了活动要求，课中教师随时指导学生使用学习工具参与学习活动，明确活动的时间节点等。教师通过对学习方法、工具和时间的清晰指示，帮助学生快速适应直播学习环境、有目的地参与课程学习活动。对于教师而言，课程的精心设计与组织有利于在直播教学中把控学习进程、提高教学效率。对于学生而言，积极的学习氛围是直播课堂的重要因素，教师对学生的鼓励和认可能够激发学生的学习动机，增强学习成就感，减少对网络学习的抵触情绪。

2. 通过深入讨论与课外资源共享，实现深层次在线学习

在线直播教学更应充分利用信息技术的优势实现深层次学习。教师在组织深入讨论、提供课外资源的临场感方面表现欠佳，反映了直播课堂教学尚未转向深度在线教学。教师的教学临场感不仅应体现在持续提出问题引发学生思考上，更应体现在挖掘有价值的生成性问题、引导学生运用所学知识进行深入分析上。针对直播课堂中讨论深度不足的问题，教师可以利用在线交流工具，通过征求不同意见、分享独到观点、组织学生互评等多种方式展开深入的讨论。此外，教师还可以充分利用互联网资源，为学生提供丰富的课外学习材料，如知识拓展、方法指导等，这样不仅能满足学生的不同学习需求，也能提高在线学习的乐趣。

3. 助教积极辅助教学与及时反馈，提升直播教学效率

助教作为线上教学的重要参与角色，会影响学生的在线学习体验与学习效果。直播课堂较传统课堂更具开放性，并且教学界面与交流界面分离，主讲教师难以兼顾学生的实时反馈，尤其需要助教辅助主讲教师管理课堂。其中，提高直播教学的互动性，是使学生感知教师临场感的重要途径。与主讲教师不同，助教以讨论区为教学"主场"，可以及时地对学生的提问、回答给予回应，有利于学生及时获得反馈信息，建立学习临场感，实现深度学习。因此，助教要与主讲教师密切配合，提前熟悉课程内容，课中关注课堂动态、提供实质性的反馈，切实发挥辅助作用。

第六节 基于 GCITIAS 的名师课堂教学行为研究
——以山东省淄博柳泉中学为例

一、案例简介

课堂教学行为对教学效果、学生成长甚至课改落实等有重大影响。教学行为受到教师专业素养的影响：不同职业发展阶段的地理教师有不同的教学思路、教学方式及教学特色，其展示出的教学行为有效性也有差异。

我们采用文献分析法和融合信息技术的地理课堂互动分析编码系统（geography class and information technology-based interaction analysis system，GCITIAS），以山东省淄博柳泉中学 2 名经验型初中地理教师的课堂教学为研究对象，通过课堂教学行为观察，挖掘经验型地理教师课堂教学行为的主要特征，得出相关结论，据此对一线地理教师地理课堂教学行为的改进提出建议。

二、研究背景与问题

（一）研究背景

国内外已有实证研究表明，课堂教学行为会显著影响学生学习的程度。余蓉蓉通过分析 PISA（programme for international student assessment，国际学生评估项目）2012 年中国上海数据，发现教师课堂管理能力对学生的数学成绩有正向影响。①穆肃等通过量化389节优质课发现，教师的语言、媒体操作和反馈行为都会影响学生的活动。②此外，不同教师的教学观念和专业素养通过课堂教学行为体现出来。顾小清等指出，对课堂教学进行全面分析，能够帮助教师分析和反思自己的教学行为。③如果借助一定的技术和方法量化课堂教学行为，则能够帮助教师更全面、准确地了解课堂中自己的行为、学生的行为及师生之间的交互，据此帮助教师对自身的教学行为进行反思和改进。因此，对课堂教学行为进行研究，能促进教师的专业成长。

（二）研究问题

不同职业发展阶段的地理教师课堂教学行为存在较大的差异。相较于新手型教师，经验型教师对课堂节奏的把握较好。经验型教师是指教龄长于10年，且经过专业人员认证其具有经验教师特征的教师。在经验型教师阶段，如果能得到专业帮助，有较快成长为专家型教师的可能。我们以柳泉中学的经验型地理教师的课堂教学为例，分析其课堂教学行为特征，为其专业成长和职业进阶提供参考与建议。

三、研究设计

（一）样本选择

山东省淄博柳泉中学是由淄博市教育局主办的一所公办初级中学，于2016年成立。2021年，柳泉中学一共有3名教龄超过10年的初中地理教师，通过对这3名初中地理教师及该校领导的访谈，我们最终确定了Z1教师和Z2教师作为

---

① 余蓉蓉. 教师课堂教学行为、学生学习投入与数学成绩的关系——基于PISA上海测试[J]. 教育测量与评价，2019（8）：29-36.

② 穆肃，董经，唐冬梅等. 信息化课堂教学中教师行为对学生活动的影响[J]. 中国电化教育，2019（8）：91-98.

③ 顾小清，王炜. 支持教师专业发展的课堂分析技术新探索[J]. 中国电化教育，2004（7）：18-21.

经验型地理教师。2 名教师的基本情况如表 5-32 所示。

表 5-32　筛选的经验型地理教师的基本情况

教师	教龄	备注
Z1	25 年	一级教师，淄博市优秀班主任、市骨干教师、市教育先进个人，区教学能手
Z2	20 年	一级教师，区教学能手，获山东省绿色学校园丁奖，全国、省市初中地理优质课一等奖、省课程资源评比一等奖

我们分别抽取 2 名教师的 4 节课堂视频作为本次的研究样本，要求视频时间相近且内容范畴相近（表 5-33）。

表 5-33　选取的课例样本情况

课例编号	授课教师	课例内容	所属范畴	课例时长	录课时间
K1	Z1	川藏铁路	交通地理	34 min 23 s	2020 年
K2	Z1	非洲	区域地理	38 min 16 s	2019 年
K3	Z2	我国铁路干线的分布	交通地理	40 min 38s	2019 年
K4	Z2	地球的自转与公转	系统地理	38 min 47s	2020 年

（二）研究方法

1. 文献分析法

现有观察工具在充分挖掘地理课堂特点上存在不足。研究者发现，基于信息技术的互动分析编码系统（information technology-based interaction analysis system，ITIAS）等无法体现出具体学科课堂的特点，如无法反映地理课堂感受性强、实践性强、地图利用性强的特点。研究者结合数据库对相关文献进行阅读、梳理和整合，从课堂教学行为和课堂观察工具的改进等方面进行文献分析，了解相关研究进展，为基于 GCITIAS 的地理课堂教学行为研究提供了理论依据。

2. 课堂观察法

我们基于 ITIAS 互动分析系统，结合地理课堂的特点，并运用德尔菲法构建了融合信息技术的 GCITIAS（表 5-34）。

表 5-34　融合信息技术的 GCITIAS

分类		编码	内容		
教师语言	间接	1	接受学生感受		
		2	鼓励或表扬		
		3	接受或采纳学生观点		
		4	提问	4A. 提封闭性问题	
				4B. 提开放性问题	
	直接	5	讲授	难度较小的地理知识	5A. 地理位置、分布与特征知识
				难度中等的地理知识	5B. 地理因果关系知识
				难度较大的地理知识	5C. 地理过程知识
					5D. 地理联系知识
				5E. 其他（背景、承转等）	
		6	指示		
		7	批评		
学生语言		8	学生被动应答		
		9	学生主动讲话		
		10	与同伴讨论		
沉寂		11	有助于教学的沉寂		
		12	无助于教学的混乱		
教师操作		13	运用信息技术呈现教学内容		
		14	板书、板图、板画、展示教具等		
		15	操作地理实验		
学生操作		16	运用信息技术展示习得内容		
		17	做练习（个人进行地理计算、填绘图表等）		
		18	操作地理实验		

我们按照课堂录像分析的惯例，采用每隔 3 s 记录一次的编码方式。结合在编码过程中发现的问题，对该编码系统做出如下说明。①当一个区间内同时出现多种行为时，记录为所占时间较长的一种行为。②当教师操作行为与教师言语行为同时出现时，若教师言语为指示、重复学生的话或表扬学生等，则记录为操作行为；若教师言语为讲解知识或提问，则记录为对应的言语行为。③单独或几个

学生上台运用信息技术展示习得内容或操作实验，其他学生在座位上练习，记录为"16. 运用信息技术展示习得内容"或"18. 操作地理实验"。④"11. 有助于教学的沉寂"是指学生思考问题且教师无行为。⑤将学生观看多媒体演示且教师和学生都无其他行为记录为"13. 运用信息技术呈现教学内容"。⑥当学生操作或教师操作与学生语言或教师语言同时发生时，记录为"课堂上不常出现的行为"。⑦当学生回答与教师操作同时发生时，记录为"8. 学生被动应答"。⑧当教师提问后，有学生举手，则记录为"8. 学生被动应答"，没有学生举手，教师直接叫某一名学生进行回答，则记录为"6. 指示"。

四、数据处理与分析

（一）数据处理

1. 视频切片

首先对 4 个视频分别进行整理，截去开头和结尾与课堂无关的片段，然后采取 3 s 一切片的方式，对视频进行手工切片。为了确保手工切片的准确性，这一操作由 3 名研究者共同完成并核对。

2. 视频编码

为了确保研究的科学性，我们找来 3 名熟悉本领域的研究生一同对 4 个课例进行编码。首先，编码者细致地了解了 GCITIAS 中各个编码的内涵；其次，编码者选择课例 4 进行试编码。在试编码过程中，发现了几处不好确定编码的问题，针对这些问题，编码者进行了统一，最后进入正式编码。

3. 一致性检验

正式编码完成后，编码者对编码结果进行了一致性检验。将数据导入 SPSS 进行验证，验证结果如表 5-35 所示。K4 样本的克龙巴赫系数达到 0.8 以上，且 K1、K2 和 K3 样本的克龙巴赫系数也在 0.7 以上，说明 3 名编码者对 4 个样本编码的一致性较高，可信度较高，由此形成了本研究所需的 4 个课例的原始数据。

表 5-35　编码者编码的信度系数

课例编号	克龙巴赫系数
K1	0.789
K2	0.775
K3	0.795
K4	0.826

（二）数据分析

在课堂中，不同教学行为发生的频次不仅可以反映该节课中教师和学生的行为特点，也可以反映一堂课的课堂结构、氛围、层次等。在这里，我们对经验型地理教师的课堂结构、教师行为等进行分析。

1. 课堂结构

课堂中，以"诱发—回答—反馈—学生提问"为主要的师生言语互动行为链条，行为链条的发生过程会伴随教师操作行为和学生操作行为，同时也存在"沉寂与混乱"的情况。因此，教师行为、学生行为和沉寂与混乱的占比能够反映课堂的结构。其中，教师行为频次是指 1—7 和 13—15 列次数除以总次数，学生行为频次是指 8—10 和 16—18 列次数除以总次数，有助于教学的沉寂频次是指 11 列次数除以总次数，无助于教学的混乱频次是指 12 列次数除以总次数，对 4 节课的课堂结构相关指标的数据进行统计，得出了如表 5-36 所示的结果。

表 5-36　经验型地理教师课堂结构　　　　单位：%

项目	Z1		Z2	
	K1	K2	K3	K4
教师行为	32.95	43.25	44.77	57.58
学生行为	64.48	53.93	52.39	33.15
有助于教学的沉寂	0.43	0.82	1.68	7.72
无助于教学的混乱	2.14	2.00	1.16	1.54

大部分地理课堂体现了学生的主体性。由表 5-36 可以看出，在教师行为与学生行为的比例上，大部分课堂中的学生行为比例高于教师行为比例。K4 的教师

行为比例高于学生行为比例，但仍低于弗兰德斯通过大规模课堂教学分析建立的一般课堂语言常模（68%）。[1]因此，Z2教师的这节课也可以归为过渡型课堂，说明经验型地理教师具有学生主体意识。通过观察课堂录像可以发现，柳泉中学的这2名地理教师上课都使用了HiteVision交互平板，使用过程中注重运用信息技术满足师生之间的交互需求。在4节课中，教师通过HiteVision交互平板展示图片、资料、学生练习完成情况等，创造机会让学生上台利用HiteVision交互平板展示自己或小组所习得的知识或讨论的结果，给予学生足够的展示时间。

在经验型地理教师的课堂上，教师行为和学生行为的比例差距较小。仔细观察，课堂1师生行为的比例大约为0.5∶1，课堂2为0.8∶1，课堂3为0.9∶1，课堂4为1.7∶1。研究者观察录课视频发现，在经验型地理教师的课堂上，学生行为之后伴随着对学生回答的重复与对该知识点的深入讲解及提示，这样做不仅有利于确保大部分学生对知识点的掌握，也有利于加深学生对知识点的理解。

经验型地理教师对软件操作的熟练度较低。研究者观察4节经验型地理教师的地理课发现，在这4节课中，经验型地理教师在操作HiteVision交互平板及ForClass软件时，熟练度较低。另外，在课堂1、2中，在学生上台进行展示的时候，Z1教师会走到教室后面认真倾听并观察学生，在学生展示结束后，Z1教师从教室后面走回讲台需要时间，研究者将这些时间编码为"无助于教学的混乱"，因此课堂1、2中"无助于教学的混乱"比例较高。

2. 教师行为

（1）操作行为

教师的操作行为是地理课堂上真实存在的行为，不可忽视。在本研究中，教师的操作行为包括"13.运用信息技术呈现教学内容""14.板书、板图、板画、展示教具等""15.操作地理实验"。我们分别对4节课的教师操作行为数据进行提取和分析，得出如表5-37所示的结果。

---

[1] Flanders N A. Analyzing Teaching Behavior[M]. New Jersey：Addison-Wesley Educational Publishers Inc，1970：100.

表 5-37　经验型地理教师的操作行为　　　　　　　　　　单位：%

项目	Z1		Z2	
	K1	K2	K3	K4
13. 运用信息技术呈现教学内容	8.70	7.12	10.06	7.16
均值	7.91		8.61	
14. 板书、板图、板画、展示教具等	1	1	0	3.23
均值	1		1.62	
15. 操作地理实验	0	0	0	0.70
均值	0		0.35	

经验型地理教师利用信息技术辅助教学的意识较强。研究者通过观察课堂发现，由于地理是一门与地图、图像分不开的学科，因此在上课过程中，经验型地理教师更善于利用多媒体来展示地图、图像等资料，为学生提供学习信息。例如，同样是上交通地理部分的课，Z1、Z2 教师在讲授"川藏铁路""我国铁路干线的分布"内容的过程中，提供了多样的专题地图来引导学生分析问题。此外，还利用多媒体播放新闻、动画等视频资料，为学生提供学习背景，帮助学生理解知识。

经验型地理教师使用地理"三板"技能的效果一般。从表 5-37 可以看出，在"板书、板图、板画、展示教具等"这一行为上，经验型地理教师所占的比例较低。通过观察视频，我们发现在经验型地理教师的课堂上，教师板书的行为相对较少，但在 Z2 教师讲授应用型地理内容"地球的自转与公转"时，多次运用地球仪等教具帮助学生理解抽象的知识。

经验型地理教师运用地理实验辅助教学的能力需要提高。从表 5-37 可以看出，在"操作地理实验"这一行为上，除了课堂 4，其他课堂上教师均无此行为。课堂 4 即 Z2 教师讲授的"地球的自转与公转"，在此课堂中，Z2 教师利用手电筒操作，讲授太阳直射点与地球公转的知识点，让学生产生直观感受，从而更加深刻地理解知识。

综上所述，柳泉中学经验型地理教师的课堂操作行为多样，善于利用地理教具与地理实验进行教学，运用信息技术进行地理教学的意识也较强，能够合理安排课堂时间。

（2）讲授行为

讲授语言是课堂上知识信息传递的载体，无论是何种形式的课堂，都有讲授行为的存在。结合袁孝亭对地理知识分类的观点①，本研究将教师的讲授行为分为讲授"5A. 地理位置、分布与特征知识""5B. 地理因果关系知识""5C. 地理过程知识""5D. 地理联系知识""5E. 其他（背景、承转等）"。4 种类型的地理知识既相互独立又相互联系，恰当把握不同类型知识的讲授比例与先后顺序，在一定程度上有利于提高教学效果。因此，本研究对 4 节课的教师讲授行为数据进行提取，为了方便比较，我们还对数据进行了均值处理，结果如表 5-38 所示。

表 5-38　经验型地理教师的讲授行为　　　　　　　　单位：%

项目	Z1		Z2	
	K1	K2	K3	K4
5A. 地理位置、分布与特征知识	3.99	2.66	4.00	2.67
均值	3.33		3.34	
5B. 地理因果关系知识	3.42	1.23	1.81	3.79
均值	2.33		2.80	
5C. 地理过程知识	0	1.56	0	0.42
均值	0.78		0.21	
5D. 地理联系知识	1.85	3.32	0.81	3.37
均值	2.59		2.09	
5E. 其他（背景、承转等）	2.71	5.39	6.67	6.46
均值	4.05		6.57	
总计	11.97	14.16	13.29	16.71

经验型地理教师对地理难易知识比例的统筹较为合理。从表 5-38 可以看出，经验型地理教师讲授地理位置、分布与特征知识的行为占比较大，说明柳泉中学的经验型地理教师对课堂难易知识的安排方式较为合理。地理位置、分布与特征知识属于静态的、单因素的，因此相对简单。在初中地理课堂中，学生的思维尚不成熟，合理安排难易知识的讲授时间，可以提高教学效果。

经验型地理教师重视讲授难度较大的地理知识。地理联系知识包括要素联系、区际联系、因果关系和人地关系等，旨在培养学生运用联系、发展的眼光看问题，需要学生调动较为高阶的思维才能理解和掌握。在 4 名经验型地理教师的

---

① 袁孝亭. 地理课程与教学论[M]. 长春：东北师范大学出版社，2020：45-48.

课堂上，教师多在课堂的最后将本节课的知识点联系起来，不仅能加深学生对本节课所学知识的理解，还能培养学生用联系和发展的眼光看问题。此外，经验型地理教师在课堂的尾声，多将知识点升华至人地关系、区际关系等更为高阶的层面。

经验型地理教师在课堂上会穿插课外地理知识。从表5-38可以看出，在讲授行为中，"其他（背景、承转等）"的比例较高。观察课堂可以发现，经验型地理教师在学习材料的呈现上，内容较多、种类较丰富，善于引导学生从多个方向思考问题。例如，在讲授交通地理时，Z1教师在讲授"川藏铁路"内容的课堂上提供了视频、图像、表格、新闻等材料，且有些部分的材料由2—3份小材料组成。此外，经验型地理教师在讲解地理知识点的时候，会穿插很多看似与本节课无关实际却息息相关的地理信息，这与经验型地理教师的多年经验积累有关。

（3）提问行为

课堂上的提问行为分为"提封闭性问题""提开放性问题"，其比例可以在一定程度上反映课堂上师生互动的层次。我们对4节课中的相关数据进行了统计，结果如表5-39所示。

表 5-39 经验型地理教师的提问行为　　　　　　　　　　单位：%

项目	Z1		Z2	
	K1	K2	K3	K4
4A.提封闭性问题	4.71	6.66	9.68	16.01
均值	5.69		12.85	
4B.提开放性问题	0	1.00	0	0
均值	0.5		0	

经验型地理教师在开放性问题的提问上有所欠缺。从开放性问题的比例来看，4节课的开放性问题比例均接近0。教师提出有固定答案的封闭性问题，学生遵循定向角度寻找确定答案并回答，是师生间的浅层互动过程；教师提出结构多点的、没有唯一答案的劣构、开放性问题，学生调动分析、综合、创新等多方面的思维进行回答，是师生间的深层互动过程。[①]研究证明，当教学内容所需要的

---

① 蒋旺喜，党旗，章苏静.基于课堂观察的高校课堂师生互动现状分析研究[J].软件导刊（教育技术），2019（6）：3-5.

行为复杂性较低时，封闭性问题和开放性问题使用的最佳比例是 7：3，当教学内容强调的行为复杂性较高时，二者的比例是 6：4。但 4 节课中二者的比例远低于这个值，且 4 节课师生互动的层次和深度都较低。

（4）反馈行为

教师反馈行为是指在课堂中教师对学生的行为的反应和回馈，具有承上启下的作用。在本研究中，教师的反馈行为包括"1. 接受学生感受"，即不对学生的回答做明确的评价，"2. 鼓励或表扬"，即对学生的行为提出明确的赞扬，"3. 接受或采纳学生观点"，即重复学生的回答并表示赞同，以及"7. 批评"。我们对相关数据进行统计，结果如表 5-40 所示。

表 5-40 经验型地理教师的反馈行为　　　　　　　单位：%

项目	Z1		Z2	
	K1	K2	K3	K4
1. 接受学生感受	1.00	2.02	0.13	1.69
均值	1.51		0.91	
2. 鼓励或表扬	0.29	1.33	0.90	2.57
均值	0.81		1.74	
3. 接受或采纳学生观点	1.57	7.78	5.94	6.00
均值	4.68		5.97	
7. 批评	0	0	0	0
总计	2.86	11.13	6.97	10.26

经验型地理教师多以"接受或采纳学生的观点"这一方式给予学生反馈。我们观察 4 节经验型地理教师的课堂发现，在学生回答或者展示之后，教师先是大概重复学生的回答，然后表示赞同，接着讲授相关知识点。此外，2 名经验型地理教师的课堂上没有出现"批评"行为，说明在课堂上师生互动较为积极。

经验型地理教师强调对学生进行深层次评价。我们观察经验型地理教师的课堂可以发现，2 名教师都擅于给学生留白，即在学生回答或展示自我之后，能及时发现学生回答中存在的问题，但经验型地理教师先不做具体的评价，而是通过"有没有人要补充的"等提问方式，引导学生自己找出问题，使学生对该知识点的印象更为深刻，也打破了"教师独尊"的课堂地位，更是营造了师生相互交流、沟通和学习的氛围。

（5）指示行为

本研究中，指示行为是指教师在课堂上、在学生活动前做的指示行为及对课堂纪律的管理行为。我们对相关数据进行统计（表5-41），结果表明经验型地理教师会在活动前给学生提供指示让其注意班级纪律的维持，使学生能领会活动的意义及维持教学秩序。

表 5-41　经验型地理教师的指示行为　　　　　　　　　　单位：%

项目	Z1		Z2	
	K1	K2	K3	K4
6. 指示	3.71	2.18	4.77	3.51
均值	2.95		4.14	

3. 学生行为

课堂上学生的行为包括言语行为和操作行为。在课堂上，一般学生行为是由教师行为诱发的，因此学生行为在一定程度上可以反映出教师的行为特征。为了方便分析，我们将学生行为分为应答行为与活动行为。

（1）应答行为

学生应答行为包括"8. 学生被动应答"和"9. 学生主动讲话"，本研究对相关数据进行提取统计，结果如表5-42所示。

表 5-42　经验型地理教师课堂上的学生应答行为　　　　　单位：%

项目	Z1		Z2	
	K1	K2	K3	K4
8. 学生被动应答	1.85	1.62	7.10	14.04
均值	1.74		10.57	
9. 学生主动讲话	0	0	0	0

在经验型地理教师的课堂上，以学生被动应答为主，没有学生主动说话。学生说话的主动性反映了学生在课堂上思考的主动性，若学生主动说话，则表示学生在该课堂主动思考的可能性更大。我们观察4节课后发现，与一般的地理课堂相同，在教师提问之后，学生举手回答，该应答方式较为被动，但也能保证课堂纪律。

（2）活动行为

本研究中，活动行为是指学生在课堂上在教师的引导下进行的学习行为，包括"10. 与同伴讨论""16. 运用信息技术展示习得内容""17. 做练习（个人进行地理计算、填绘图表等）""18. 操作地理实验"。本研究对相关数据进行提取统计，结果如表 5-43 所示。

表 5-43　经验型地理教师课堂上的学生活动行为　　　　单位：%

项目	Z1		Z2	
	K1	K2	K3	K4
10. 与同伴讨论	51.65	15.21	11.23	0
均值	33.43		5.62	
16. 运用信息技术展示习得内容	10.98	35.60	23.61	2.67
均值	23.29		13.14	
17. 做练习（个人进行地理计算、填绘图表）	0	1.50	10.45	16.43
均值	0.75		13.44	
18. 操作地理实验	0	0	0	0

经验型地理教师对学生活动的设计较为合理。对于较复杂的问题，设计学生小组合作讨论活动，并给予学生足够的时间，运用信息技术展示结果，交互平板的使用符合地理课堂以图表为主的特点。学生可以利用交互平板展示小组成果，同时在上面写、画，实现师生、生生的有效互动。

4. 互动行为动态

前文全面分析了柳泉中学经验型地理教师的课堂教学在课堂结构、教师行为和学生行为上的特征，对教师课堂的基本行为特点有了初步了解。实际上，课堂中的教师行为和学生行为不是相互割裂和静态的，而是一个动态的交互过程。为了进一步挖掘地理教师的课堂教学行为特点，下面将分析柳泉中学经验型地理教师在师生互动行为动态上的特点。

动态折线图能够直观地传达出师生课堂互动随时间推移的变化过程。[1]我们利用 Excel，将每分钟作为一个时间段，计算该时间段内教师行为、学生行为和沉寂混乱的比例，绘制了 4 节课的师生行为动态曲线图，结果如图 5-24 所示。其

---

[1]　韦怡彤，王继新，赵晓娜等. 同步互动专递课堂中教学互动行为案例研究——以一年级美术课"画马路"为例[J]. 现代教育技术，2019（12）：41-47.

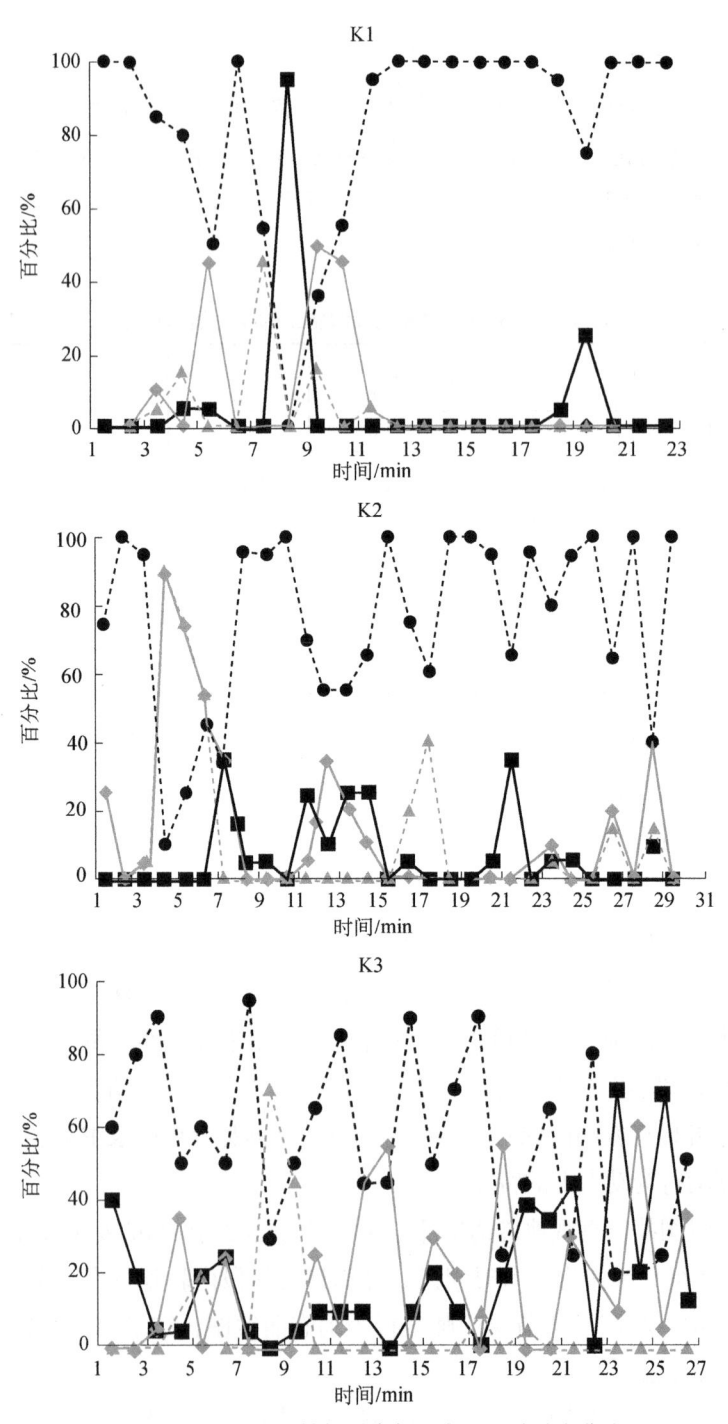

图 5-24　经验型地理教师课堂师生言语互动动态曲线图

K4

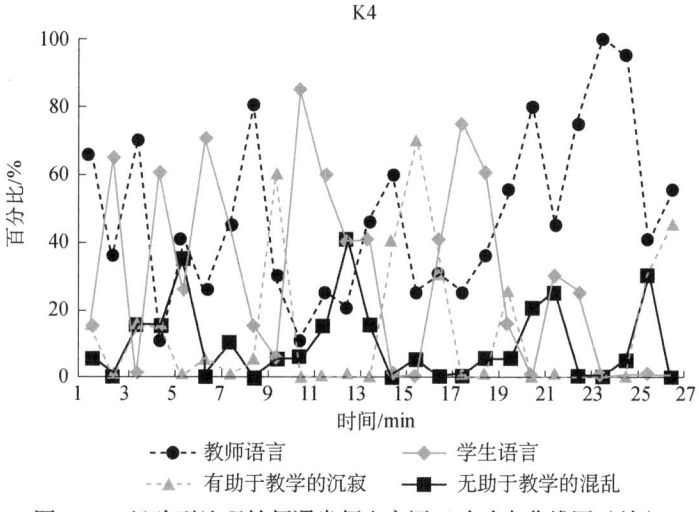

图 5-24 经验型地理教师课堂师生言语互动动态曲线图（续）

中，横坐标代表时间，纵坐标代表行为比例。经验型地理教师的课堂师生互动的有效性较高。从图 5-24 可以看出，在 Z1 教师的课堂中，教师行为和学生行为的曲线波动相对很小，且在教师行为"波底"的时间中，学生行为基本上处于"波顶"，且在学生行为"波顶"之后，出现了师生行为曲线的交替，说明 Z1 教师在上课过程中，能够给予学生大量展示自我的机会和时间。通过观察 Z1 教师的课堂可以发现，在学生进行小组讨论的时候，虽然教师没有其他行为，但其走到各个学生小组中间，与学生一同探讨问题并给予指导；在学生上台展示自己的时候，Z1 教师没有发出声音，而是在学生讲完之后，通过重复学生的回答，引导全学生对其进行评价或找出问题。这样，教师仅作为一个引导者，不精确评论学生的对错，不盲目与学生互动，而是让学生评价学生，将话语权完全交给学生。在 Z2 教师的课堂中，教师行为和学生行为的曲线波动都很大，且其中有接近 80%的时间段中，教师行为和学生行为共同出现，说明 Z2 教师在课堂上与学生交互的次数很多。通过观察 Z2 教师的两节课可以发现，其在学生回答或上台展示的时候，通过不断提问，一方面是为了引导学生正确分析问题，另一方面是为了引起其他学生的注意，防止走神儿，能够调动学生的学习积极性，师生互动的氛围较好。

五、结论与建议

（一）结论

本研究结合地理课堂的属性特点，运用 GCITIAS 分析了柳泉中学经验型地理教师课堂教学行为的频次特点，得出了以下结论。

1. 经验型地理教师的课堂节奏把握能力较强

教学环节时间安排合理，经验型地理教师并不会花大量的时间在板书上，而是会借助教具快速、直观地让学生理解抽象的知识，从而保证教学进度。

2. 经验型地理教师融合地理信息技术与教学深度的能力较高

经验型地理教师更善于利用多媒体展示地图、图像等资料，为学生提供信息，利用信息技术来呈现教学内容，从而辅助教学。

3. 基于学生高阶思维培养的地理知识难度安排合理

经验型地理教师对地理联系性知识的讲解较多，在讲授交通地理和区域地理时，都采取了循序渐进的方式，对难度适中且较重要的地理知识进行口头强调并讲解，将难度较大的知识交给学生合作讨论，符合大多数学生的认知规律，有利于锻炼学生的高阶思维。

4. 经验型地理教师给予学生的反馈层次较高

从反馈方式上看，经验型地理教师在学生回答或展示之后，大多不给出明确的回复，而是引导学生进行自我评价或相互评价，这样的反馈方式更有利于将课堂主导权交给学生，启发学生思考，形成良性互动，更为高效。

5. 经验型地理教师较少使用地理教具和地理实验辅助教学

从上文的数据可以发现，经验型地理教师利用地理实验、教具辅助教学的行为频次很低，且学生操作地理实验的行为频次为 0。在 4 节课中，只有 1 节应用型地理课涉及地理实验和教具的使用，且在这节课中，也仅仅是教师做实验给学生看，没有让学生参与其中，忽视了学生的参与，不利于学生对地理知识进行直观的理解和深入把握。

6. 经验型地理教师课本以外的地理专业知识较丰富

经验型地理教师在讲授课本已有知识点的同时，会提供更为详细的地理背景或适当穿插课本以外的地理信息辅助学生理解。

（二）建议

由以上内容可以看出，经验型地理教师在教学中有许多优点值得其他教师学习和借鉴，我们据此提出相关建议供一线教师参考。

1. 结合教学，提升具有地理学科特性的学生活动设计能力

首先，应正确认识地理学科的特性。地理学科有其独特性，不像政治、历史学科那样需要进行大量记忆，也不像物理、化学学科那样需要进行大量的逻辑思维练习。因此，在地理课堂上，教师应根据本节课涉及的内容、内容的难度及学生的学情合理设计学生活动。对于学生做练习这一活动，在地理新授课堂中不宜大量出现，可以在知识全部讲解结束之后，根据预想的学生掌握程度进行。

其次，应结合教学内容难度和学情合理安排地理活动。对于较简单的知识，采取学生预习和教师快速讲解的方式进行传授，对于较复杂的、需要学生调动高阶思维才能解决的知识，采取生生合作讨论的方式进行。

2. 理解技术，培养融合地理学科教学的信息技术使用能力

首先，应增强教师运用信息技术辅助地理教学的意识。一线教师除积极参加学校、学科组组织的信息技术培训外，还要提高自身利用信息技术辅助教学的意识，重点培养学生的信息素养。

其次，应理性看待信息技术，将其与地理教学进行有效融合。地理学科具有区域性和空间性，在课堂上利用信息技术辅助教学，可以有效地提高学生对知识的理解程度。其一，地理教师应根据具体内容，选择合适的呈现工具，如对字数较多的内容，可以采用计算机呈现；对字数较少且重要的内容，可以采用地理"三板"呈现，以提高效率。其二，一线地理教师需要合理安排利用信息技术呈现的图片、表格和动画等资料，呈现内容不可过于冗杂，要保证学生能够清楚、准确地接收这些信息。其三，一线地理教师在课堂上尽量少出现边操作信息技术边讲授的行为，因为电脑硬件和软件的不确定性容易导致课堂出现混乱。其四，

一线地理教师应提高自己利用地理信息技术辅助教学的意识，使用如 Google Earth、ArcGIS 等软件辅助教学，不仅能让学生直观地感受抽象的地理空间事物和空间关系等，还能培养学生学习地理的兴趣。最后，也是最重要的，信息技术仅作为辅助教学的工具，不可以喧宾夺主，否则会成为扰乱课堂秩序、降低教学效果的"凶手"。

3. 根据学情，掌握基于地理思维培养的地理知识讲授能力

适量安排复杂的地理知识，有利于对学生高阶思维的培养。地理联系知识和地理过程知识等难度较大的地理知识，需要学生以联系和发展的眼光进行理解。教师在引导学生对相关问题进行分析的时候，无形中培养了其分析评价能力、知识联系能力，以及以动态的眼光看待事物的意识。当然，各类地理知识的讲授还应根据具体学情进行。在每一节地理课上，都会涉及一些难度较小的地理知识，也会涉及一些难度较大的地理知识，如何安排这些知识的讲授，需要教师根据具体学情进行统筹。例如，在上应用型地理课时，对平均水平相对较高的班级，可以采取讲练结合的方式，在基础知识讲解完成的基础上，设计一些难度稍大的练习题，当堂培养学生应用地理工具解决实际问题的能力；对平均水平相对较低的班级，应重点对基础知识进行讲解，最好将不同类型的知识按照难度大小循序渐进地进行传授，再辅助适量难度适中的练习进行巩固。

最后，还要增加提开放性问题的比例。根据布鲁姆的认知分类理论，学生的高阶思维包括分析、评价、创造等。教师提出的没有固定答案的、劣构的开放性问题，需要学生调动分析、评价和创造等思维进行回答，因此开放性问题对于锻炼学生的高阶思维非常有利。

4. 以生为本，提高促进师生良性互动的地理课堂反馈能力

教师应根据学生回答情况采取合适的反馈方式。在地理课堂中，师生之间的互动多体现在教师与学生的问答，以及教师对学生回答所做的反馈上，教师的反馈方式会影响师生互动的效果。在学生回答简单问题时，简短的评价性词语能够让学生及时、精准地得知自己的回答是否正确。对于较复杂的问题，学生回答或者上台展示之后，教师仅运用简单的评价性词语进行反馈，不利于营造师生互动的积极氛围，使得师生互动流于表面、不够深入，不利于调动学生积极学习的兴趣。

教师可以借鉴经验型地理教师的可取之处，在学生回答一些简单问题之后，以简短的评价性语言进行反馈；在学生进行小组成果展示之后，可以不做及时反馈，引导学生进行自我评价或相互评价，把评价权交给学生，这样可以营造师生平等、开放的互动氛围；在学生回答过程中，若学生的答案不够完整，教师可以通过适当的追问加以引导，促进师生的良性互动。

5. 关注实践，增强运用实验辅助教学的地理教学实践能力

教师应适当运用地理实验和教具辅助教学，注重对学生实践力的培养。使用地理实验是常见的一种教学方法，但由于考试中很少涉及，常被地理教师忽略。《义务教育地理课程标准（2022年版）》中明确指出，地理实验、社会调查、野外考察是地理学常用的研究方法，也是地理课程重要的学习方式。[①]地理实验和教具制作是课堂中较易进行的活动，因此地理实验和教具制作等活动对培养学生的实践力十分重要。在日常的教学实施过程中，特别是在应用型地理课上，地理教师可以结合实际情况，利用地理实验辅助教学，并适当增加学生动手实验和制作教具的机会，培养学生的动手实践能力。例如，在"地球的自转与公转"教学课堂中，教师在利用手电筒模拟太阳直射点之后，可以让学生进行操作，这更有助于学生对抽象地理知识的理解。

6. 学无止境，提高有利于拓宽学生视野的地理知识储备能力

教师可以通过大量阅读地理相关书籍、适当参加地理相关活动等，增加除课本以外地理知识的储备。地理是一门综合性学科，多要素综合是其突出特征，每一种地理现象的发生都是多个要素综合作用的结果。现今，我们要求学生学习地理不能仅局限于课本，很多地理现象的产生原因不是仅靠课本就能解答的，广阔的地理视野对学生学习地理非常关键。因此，丰富的课外地理知识储备对于地理教师而言尤为重要，学生接受地理教育主要是通过地理教师，地理教师是地理知识的最直接传播者，教师的课外地理知识储备丰富与否，会直接影响学生的地理视野。此外，若地理教师拥有一定的地理知识储备量，其讲授技巧、反馈效果和教育机智等也会相应地提高，在课堂上也会更加从容。

---

① 中华人民共和国教育部. 义务教育地理课程标准（2022年版）[M]. 北京：北京师范大学出版社，2022：5.

六、研究展望

在对柳泉中学地理教师的课堂教学行为进行研究的过程中，我们进行了一些思考：在课堂师生互动过程中，师生之间的互动频率是越高越好吗？教师给予学生的反馈是越及时越有效吗？在做这项研究之前，我们对这些问题的回答都是肯定的，但做完这项研究之后，我们对其进行了重新思考，希望未来可以针对这些问题做更为深入的研究。

参 考 文 献

陈安福, 何毓智. 课堂教学管理心理[M]. 成都: 四川教育出版社, 1990.
陈红娜. 现阶段我国农村教育发展存在的问题与路径选择——基于亚洲国家之间的比较[J]. 教育教学论坛, 2012(S5): 193-194.
陈实. 课堂教学行为研究——基于教学行为三层次分析的视角[M]. 北京: 科学出版社, 2018.
陈实, 苟杰婷, 钟丽娜等. 专递课堂教学点规模与学习行为有效性相关分析——以湖北省咸宁市崇阳县小学音乐专递课堂为例[J]. 中国电化教育, 2019(12): 47-52, 60.
陈向明. 王小刚为什么不上学了——一位辍学生的个案调查[J]. 教育研究与实验, 1996(1): 35-45.
陈向明. 质的研究方法与社会科学研究[M]. 北京: 教育科学出版社, 2000.
陈杏年. 抗战时期国民政府的教育政策论略[J]. 徐州师范学院学报, 1995(2): 12-17.
程宏宇. 认知风格影响课堂学习行为机制初探——基于跨文化比较研究的视角[M]. 杭州: 浙江大学出版社, 2012.
程云, 刘清堂, 王锋等. 基于视频的改进型 S-T 分析法的应用研究[J]. 电化教育研究, 2016(6): 90-96.
大力推进教育体制改革创新——论学习贯彻习近平总书记全国教育大会重要讲话[N]. 人民日报, 2018-09-17 (002).
邓登明. 农村中小学数字化教学资源应用现状调查与发展对策研究——以湖南农村中小学为例[J]. 中国教育信息化, 2020(16): 16-20.
丁钢. 中国教育:研究与评论(第 21 辑)[M]. 北京: 教育科学出版社, 2018.
董利亚, 冯锐. 在线学习社区培育与发展模型的构建及其策略研究[J]. 远程教育杂志, 2016(2): 98-105.

董鹏, 顾亦然. 教育信息化背景下的教师发展路径研究[J]. 经济研究导刊, 2019(19): 155-157.

杜宝良. 用名师课堂录像促进农村教育资源均衡化发展[J]. 中国教育信息化, 2009(10): 47-49.

杜萍. 课堂管理的策略[M]. 北京: 教育科学出版社, 2005.

杜育红. 农村教育: 内涵界定及其发展趋势[J]. 华南师范大学学报 (社会科学版), 2013(1): 19-22, 157.

范青. 互联网+同步互动课堂为农村教学点课堂教学注入新活力[J]. 中国教育技术装备, 2021(19): 38-40.

范先佐, 郭清扬, 赵丹. 义务教育均衡发展与农村教学点的建设[J]. 教育研究, 2011(9): 34-40.

范先佐, 曾新, 郭清扬. 义务教育均衡发展与农村中小学教师队伍建设[J]. 教育与经济, 2013(6): 36-43, 53.

方林佑. 虚拟教学共同体——大学教学模式的新探索[J]. 中国大学教学, 2013(1): 43-45.

菲利普·库姆斯. 世界教育危机[M]. 赵宝恒, 李环等, 译. 北京: 人民教育出版社, 2001.

冯晓英, 孙雨薇, 曹洁婷. "互联网+"时代的混合式学习: 学习理论与教法学基础[J]. 中国远程教育, 2019(2): 7-16, 92.

冯晓英, 王瑞雪, 吴怡君. 国内外混合式教学研究现状述评——基于混合式教学的分析框架[J]. 远程教育杂志, 2018(3): 13-24.

付卫东, 王继新, 左明章. 信息化助推农村教学点发展的成效、问题及对策[J]. 华中师范大学学报 (人文社会科学版), 2016(5): 146-155.

高毅哲, 林焕新. 十年, 义务教育实现县域基本均衡发展[N]. 中国教育报, 2022-06-22 (001).

顾小清, 王炜. 支持教师专业发展的课堂分析技术新探索[J]. 中国电化教育, 2004(7): 18-21.

郝红喜. 县域推进双师课堂 助力农村教育均衡发展——以河北省沙河市为例[J]. 中国教育技术装备, 2022(23): 19-21.

郝文武. 农村教育和乡村教育的界定及其数据意义[J]. 教育研究与实验, 2019(3): 8-12.

郝文武. 新时代乡村教育振兴的新目标与新路径[J]. 陕西师范大学学报(哲学社会科学版), 2022(1): 60.

何东昌. 十二大指明了开创教育事业新局面的道路[J]. 江苏教育, 1982(11): 2-5.

侯景新, 蒲善新, 肖金成. 行政区划与区域管理[M]. 北京: 中国人民大学出版社, 2006.

胡建玮, 张永富, 赵新宪等. 乡村振兴背景下开放教育实现教育扶贫和人才培养的实践探索——以包头"一嘎查村(社区)班子一名大学生"项目为例[J]. 现代农业, 2022(5): 32-34.

胡小勇, 曹宇星, 宋宇等. "三个课堂"促进新时代教育公平发展的研究[J]. 中国电化教育, 2021(10): 1-7.

华中师范学院教育科学研究所. 陶行知全集(第一卷)[M]. 长沙: 湖南教育出版社, 1984.

黄涛, 田俊, 吴璐璐. 信息技术助力农村教学点课堂教学结构创新与均衡发展实践[J]. 电化教育研究, 2018(5): 47-52.

蒋旺喜, 党旗, 章苏静. 基于课堂观察的高校课堂师生互动现状分析研究[J]. 软件导刊 (教育技术), 2019(6): 3-5.

雷励华, 李志昊. 同步互动课堂临场感及其提升路径研究[J]. 中国教育信息化, 2023(2): 112-122.

雷励华, 左明章. 面向农村教学点的同步互动混合课堂教学模式研究[J]. 电化教育研究, 2015(11): 38-43.

雷万鹏, 张雪艳. 论农村小规模学校的分类发展政策[J]. 教育研究与实验, 2011(6): 7-11.

黎锦兰. 乡村振兴背景下农村学前教育资源配置存在的问题及优化策略研究[J]. 南宁职业技术学院学报, 2023(3): 110-114.

李广文. 教育数字化转型背景下区域名师课堂研修应用模式研究[J]. 中国现代教育装备, 2023(16): 60-62.

李森. 现代教学论[M]. 北京: 人民教育出版社, 2011.

李小东. 基于行为序列与对话结构的小学优质课课堂教学互动分析——以上海 H 小学为例[D]. 华东师范大学, 2022.

李小娟, 刘清堂, 吴林静等. 混合同步课堂中师生多模态互动行为的动态协同分析[J]. 电化教育研究, 2022(8): 43-50.

李晓华. 中国教育卫星宽带传输网"基础教育同步课堂"IP 频道正式开播[J]. 中国电化教育, 2002(1): 13.

李兴洲. 公平正义: 教育扶贫的价值追求[J]. 教育研究, 2017(3): 31-37.

李雅瑄. 技术赋能乡村教育振兴的推进现状及路径研究——以"三个课堂"创新应用实践为例[J]. 教育与装备研究, 2023(7): 61-66.

廖其发. 农村基础教育应适当体现农村特色[J]. 湖南师范大学教育科学学报, 2015(3): 5-10.

廖伟, 陈毅, 吴庆年. 农村教学点网校建设策略与方法——以咸安数字学校建设为例[J]. 中国教育技术装备, 2017(1): 41-42.

林涛涛. 促进初等教育公平与构建和谐社会[J]. 重庆社会科学, 2007(4): 118-120.

凌道明. 教育学教程[M]. 成都: 西南交通大学出版社, 2011.

刘丽群. 农村课程资源开发深层困境: 乡村文化边缘化[J]. 中国教育学刊, 2009(7): 63-65.

刘鹏照. 集团化办学: 扩增优质资源的创新之路[J]. 教育家, 2020(36): 46-48.

刘圣泽. 专递课堂的架构与应用模式探究[J]. 中国教育技术装备, 2020(5): 89-91.

吕迪. "互联网+教育"背景下的专递课堂: 特征、挑战与优化对策[J]. 现代教育, 2023(1): 9-14.

穆肃, 董经, 唐冬梅等. 信息化课堂教学中教师行为对学生活动的影响[J]. 中国电化教育, 2019(8): 91-98.

穆肃, 周德青, 胡小勇. 人工智能技术赋能下乡村教育精准帮扶的实施模式与对策——以双师专递课堂为例[J]. 中国电化教育, 2023(9): 18-26.

欧阳明月. "后扶贫"时代社会工作介入农村留守儿童教育扶贫实践经验[J]. 农村经济与科技,

2023(4): 272-275.

庞丽娟. 当前我国农村中小学布局调整的问题、原因与对策[J]. 教育发展研究, 2006(4): 1-6.

彭世华. 发展区域教育学[M]. 北京: 教育科学出版社, 2003.

钱志亮, 石中英. 关注中国农村教育[J]. 教育科学, 2004(6): 60-61.

秦玉友. 农村小规模学校发展的基本判断与治理思路[J]. 教育研究, 2018(12): 81-86.

秦玉友. 农村义务教育师资供给与供给侧改革[J]. 教育研究, 2020(4): 139-151.

璩鑫圭, 童富勇. 中国近代教育史资料汇编·教育思想[A]. 上海: 上海教育出版社, 2007.

任飞翔, 刘德飞, 吴若菡. 信息化助推云南农村基础教育精准扶贫模式初探[J]. 云南开放大学学报, 2018(1): 33-38.

沙景荣, 看召草, 李伟. 混合式教学中教师支持策略对大学生学习投入水平改善的实证研究[J]. 中国电化教育, 2020(8): 127-133.

沈毅, 崔允漷. 课堂观察: 走向专业的听评课[M]. 上海: 华东师范大学出版社, 2008.

胜楚倩. 远程教育直播课堂的教学模式研究[J]. 教育现代化, 2018(14): 146-150.

师亚飞, 童名文, 王建虎等. 混合同步学习: 演进、价值与未来议题[J]. 电化教育研究, 2021(12): 100-107.

孙刚成, 温保保. 教育公平视角下的农村教育资源配置策略[J]. 延安大学学报 (社会科学版), 2014(2): 113-116.

孙冉, 杜屏, 杨靖. 特岗教师会促进农村学生发展吗——基于新人力资本理论的视角[J]. 湖南师范大学教育科学学报, 2022(1): 105-115.

孙雨晴. 湖北崇阳小学音乐远程专递课堂教师教学行为优化——基于 S-T 分析方法和量化编码分析方法[J]. 湖北开放大学学报, 2022(4): 22-28.

汤敏. 教育扶贫: 社会组织能做点什么?[J]. 中国教育发展与减贫研究, 2018(1): 45-49.

汤敏. 用"双师教学"模式改造乡村教师培训[J]. 中国教师, 2015(19): 78-80.

陶青青. 乡村性的流失与重塑: 基于空间、产业和身份的视角[J]. 理论与改革, 2023(2): 61-72.

腾艳杨. 社会临场感研究综述[J]. 现代教育技术, 2013(3): 64-70.

田俊, 王继新, 王萱等. "互联网+"在地化: 教学共同体对留守儿童孤独感改善的研究[J]. 电化教育研究, 2019(10): 82-88.

汪基德, 冯永华. "农远工程"的发展对我国基础教育信息化的启示[J]. 教育研究, 2012(2): 65-73.

汪滢, 陈文峰, 汪基德等. "三个课堂"常态化按需应用的县域推进机制——以河南省叶县教育信息化 PPP 模式为例[J]. 电化教育研究, 2022(9): 73-79, 97.

王国民. 协同推进学校专递课堂构建的现状、问题与策略[J]. 岭南师范学院学报, 2022(6): 57-63.

王焕玲, 张娜. 语言学概论[M]. 长春: 吉林大学出版社, 2014.

王慧. 中国当代农村教育史论[M]. 北京: 光明日报出版社, 2014.

王继新, 张伟平. 信息化助力县域内教育优质均衡发展研究[J]. 中国电化教育, 2018(2): 1-7.

王剑, 冯建军. 对我国农村教育城市化的审视[J]. 教育发展研究, 2005(15): 22-24.

王永固, 聂瑕, 王会军等. "互联网+"名师工作室促进乡村教师专业发展: 机制与策略[J]. 中国电化教育, 2020(10): 106-114.

王钰. 数字教材内容组织研究——基于认知负荷理论视角[M]. 武汉: 武汉大学出版社, 2022.

王远伟, 钱林晓. 关于农村中小学合理布局的设计[J]. 华中师范大学学报(人文社会科学版), 2008(3): 136-140.

韦海铭. 基于"一校带多点"的专递课堂项目联通式发展策略与实践[J]. 教育信息技术, 2019(10): 39-42.

韦怡彤, 王继新, 赵晓娜等. 同步互动专递课堂中教学互动行为案例研究——以一年级美术课"画马路"为例[J]. 现代教育技术, 2019(12): 41-47.

魏龙飞, 丁莉. 当前农村教育发展面临的问题及对策[J]. 山西广播电视大学学报, 2023(1): 48-50.

邬志辉. 中国农村教育发展的成就、挑战与走向[J]. 探索与争鸣, 2021(4): 5-8.

邬志辉, 秦玉友等. 中国农村教育发展报告2020—2022[M]. 北京: 科学出版社, 2022.

吴为善, 严慧仙. 跨文化交际概论[M]. 北京: 商务印书馆, 2009.

吴文波. 卫星架桥共谱华章——记成都七中东方闻道网校[J]. 教育信息化, 2006(24): 72.

武法提, 殷宝媛, 黄石华. 基于教育大数据的学习习惯动力学研究框架[J]. 中国电化教育, 2019(1): 70-76.

向葵花, 陈佑清. 聚焦学习行为: 教学论研究的视域转换[J]. 课程·教材·教法, 2013(12): 30-35.

肖建彬. 中国教育问题分析: 基于政策与实践的思考[M]. 广州: 广东人民出版社, 2015.

徐继存等. 中国乡村教化百年嬗变[M]. 北京: 中国社会科学出版社, 2019.

徐占吉. 县域专递课堂建设与应用模式的探索[J]. 文教资料, 2020(11): 173, 190-191.

薛杨. 专递课堂应用的要素分析与模式探究[J]. 吉林教育, 2017(44): 41-42.

严友田, 李冰景. 名师"1+X"同步课堂建设力促孝感市基础教育均衡发展[J]. 软件导刊(教育技术), 2014(4): 3-4.

杨家寿, 黄启后. 农村教育转轨与师专办学机制[J]. 昆明师专学报, 1991(4): 1-7, 23.

杨九民, 皮忠玲, 章仪等. 教学视频中教师目光作用: 基于眼动的证据[J]. 中国电化教育, 2020(9): 22-29.

杨聚鹏, 吴珊. 城乡教育一体化政策的百年历程及启示[J]. 宁波大学学报(教育科学版), 2023(5): 26-35.

杨南. 基于名师教学视频资源的自我研修: 模仿、重组与嫁接[J]. 教育理论与实践, 2019(29): 35-37.

杨晓蕾, 梁梅红. 多模态互动视阈下TED演讲模式研究[J]. 外文研究, 2021(9): 23-31, 103.

杨倬. 信息化促进县域义务教育资源共享实践研究——以咸安区为例[D]. 华中师范大学, 2018.

姚亚杰. 国内同步课堂文献综述[J]. 开放学习研究, 2019(4): 41-45, 53.

姚岩. 党的十八大以来我国农村教育的改革与发展[J]. 中小学校长, 2022(10): 18-22.
游旭群. 重塑教师教育培养体系 着力打造优秀乡村教师[J]. 教育研究, 2021(6): 23-28.
余蓉蓉. 教师课堂教学行为、学生学习投入与数学成绩的关系——基于 PISA 上海测试[J]. 教育测量与评价, 2019(8): 29-36.
袁孝亭. 地理课程与教学论[M]. 长春: 东北师范大学出版社, 2020.
张翠凤. 新型城镇化视域下农村教育资源配置面临的挑战与策略——以青岛市为例[J]. 教育探索, 2015(7): 28-31.
张德禄, 王正. 多模态互动分析框架探索[J]. 中国外语, 2016(2): 54-61.
张冬毛. 关于教育公平的伦理学审视[D]. 湖南师范大学, 2006.
张光陆. 探究式交谈对学生深度学习的影响: 基于课堂话语分析[J]. 全球教育展望, 2021(5): 3-14.
张桂. 乡村教育的位育之道: 基于加速逻辑的哲学反思[J]. 当代教育论坛, 2023(1): 108-114.
张乐乐, 顾小清. 多模态数据支持的课堂教学行为分析模型与实践框架[J]. 开放教育研究, 2022(6): 101-110.
张磊. 基于双轨数字学校的教学共同体发展研究——以咸安"郭林路小学-盘源、干坑"教学共同体为例[D]. 华中师范大学, 2017.
张玲, 何德. "互联网+教育"赋能乡村教师队伍建设: 宁夏示范实证[J]. 教师教育学报, 2021(1): 30-37.
张庆华, 杨鲁新. 基于课堂话语分析的英语精读课教师学科教学知识研究[J]. 外语教育研究前沿, 2022(1): 71-78, 92.
张睿, 李孝川. 农村地区优质在线教育资源的共建共享研究[J]. 职教通讯, 2021(9): 87-93.
张伟平. 信息化助力乡村教学点质量提升的机制和机理研究[D]. 华中师范大学, 2019.
张伟平, 王继新. 信息化助力农村地区义务教育均衡发展: 问题、模式及建议——基于全国 8 省 20 县(区)的调查[J]. 开放教育研究, 2018(1): 103-111.
张伟平, 陈梦婷, 赵晓娜等. 专递课堂中师生互动对课堂学习效果的影响——以崇阳县小学美术专递课堂为例[J]. 电化教育研究, 2020(8): 90-96.
张翔. 教育扶贫对象精准识别机制探究[J]. 教育探索, 2016(12): 94-96.
张屹, 郝琪, 陈蓓蕾等. 智慧教室环境下大学生课堂学习投入度及影响因素研究——以"教育技术学研究方法课"为例[J]. 中国电化教育, 2019(1): 106-115.
张颖. 统计学中回归分析及相关内容的教改思考——兼介绍 LOESS 回归[J]. 统计与信息论坛, 2000(2): 35-37.
赵丹. 农村教学点问题研究[D]. 华中师范大学, 2008.
赵冬冬, 曾杰. "互联网+"视域下跨区域教学共同体建设研究——兼议"三个课堂"应用[J]. 中国电化教育, 2021(2): 97-104.

郑旭东, 饶景阳, 贾洋洋. "三个课堂"促进义务教育优质均衡发展: 演进历史、战略价值、关系解析与概念框架[J]. 现代教育技术, 2021(6): 14-22.

周丐晓, 刘恩山. 从美国ACOP课堂教学质量评估系统看对有效教学的追求[J]. 外国教育研究, 2020(5): 103-118.

周鹏生. 教师非言语行为研究简论[M]. 北京: 民族出版社, 2006.

周泉, 陈实, 王继新. 农村小学音乐课堂质量提升对策研究——基于TIMSS和质性研究的课堂分析[J]. 中国电化教育, 2019(5): 20-26, 48.

朱洪. "恩施三式" 破解少数民族地区教育均衡发展难题[J]. 中小学数字化教学, 2018(2): 71-73.

朱军委. 教育信息化背景下教师课堂教学研究——基于传播学视角[D]. 西南大学, 2011.

Akyol Z, Garrison R. The development of a community of inquiry over time in an online course: Understanding the progression and integration of social, cognitive and teaching presence[EB/OL]. (2008-12-17)[2024-10-20]. https://www.semanticscholar.org/paper/The-Development-of-a-Community-of-Inquiry-over-Time-Akyol/146aee688ab67f15ce67b0503348b88a76d80843.

Arbaugh J B, Cleveland-Innes M, Diaz S R, et al. Developing a community of inquiry instrument: Testing a measure of the community of inquiry framework using a multi-institutional sample[J]. The Internet and Higher Education, 2008(3-4): 133-136.

Flanders N A. Analyzing Teaching Behavior[M]. New Jersey: Addison-Wesley Publishers Co., 1970.

Garrison D R, Anderson T, Archer W. Critical inquiry in a text-based environment: Computer conferencing in higher education[J]. The Internet and Higher Education, 1999(2-3): 87-105.

Garrison D R, Anderson T, Archer W. Critical thinking, cognitive presence, and computer conferencing in distance education[J]. American Journal of Distance Education, 2001(1): 7-23.

Garrison R. Implications of online learning for the conceptual development and practice of distance education[J]. The Journal of Distance Education, 2009(2): 93-103.

Hargreaves A. Teacher collaboration: 30 years of research on its nature, forms, limitations and effects[J]. Teachers and Teaching: Theory and Practice, Routledge, 2019(5): 603-621.

Krishnaveni R, Sujatha R. Communities of practice: An influencing factor for effective knowledge transfer in organizations[J]. IUP Journal of Knowledge Management, 2012(1): 26-40.

Ling L H. Community of inquiry in an online undergraduate information technology course[J]. Journal of Information Technology Education, 2007(6): 153-168.

Mayer R E. The Cambridge Handbook of Multimedia Learning[M]. New York: Cambridge University Press, 2014.

Mckerrow R E. Principles and Types of Speech Communication (14th) [M]. New York: Longman, 2000.

Oztok M, Zingaro D, Brett C, et al. Exploring asynchronous and synchronous tool use in online courses[J]. Computers & Education, 2013(1): 87-94.

Richardson J C, Swan K. Examining social presence in online courses in relation to students' perceived learning and satisfaction[J]. Online Learning, 2003(1): 68-88.

Rourke L, Andreson T, Garrison D R, et al. Assessing social presence in asynchronous text-based computer conferencing[J]. Journal of Distance Education, 1999, 14: 50-71.

Shulman L S. Knowledge and teaching: Foundations of the new reform[J]. Harvard Educational Review. 1987(1): 1-22.

Warner A G. Developing a community of inquiry in a face-to-face class: How an online learning framework can enrich traditional classroom practice[J]. Journal of Management Education, 2016(4): 432-452.